品读

PINDUKETANG

课堂

五一小学幸福素养课程的实践与研究

主编◎陈姗

中国书籍出版社
China Book Press

图书在版编目(CIP)数据

品读课堂:五一小学幸福素养课程的实践与研究 /陈姗主编.
-- 北京:中国书籍出版社，2019.3

ISBN 978-7-5068-7262-1

Ⅰ．①品… Ⅱ．①陈… Ⅲ．①小学教育－教育改革－
研究 Ⅳ．①G622.0

中国版本图书馆CIP数据核字(2019)第060915号

品读课堂——五一小学幸福素养课程的实践与研究

陈 姗 主编

责任编辑	庞　元
责任印制	孙马飞　马　芝
封面设计	天宇文化
出版发行	中国书籍出版社
地　　址	北京市丰台区三路居路97号（邮编：100073）
电　　话	（010）52257143（总编室）　（010）52257140（发行部）
电子邮箱	eo@chinabp.com..cn
经　　销	全国新华书店
印　　刷	北京成业恒信印刷有限公司
开　　本	787毫米×1092毫米　　1/32
字　　数	350千字
印　　张	25.75
版　　次	2019年4月第1版　 2019年4月第1次印刷
书　　号	ISBN 978-7-5068-7262-1
定　　价	48.00元

编委会

序
PREFACE

　　2019年，正值伟大祖国70华诞，五一小学也迎来了栉风沐雨的第65个春秋。值此重要的时间节点，五一小学结集出版此书，全面介绍学校在陈姗校长带领下进行的课堂变革思考与探索。我应陈姗校长之邀为此书作序，不胜欣喜。

　　我们对事物的深入认识需要经历不断地审问与深思。富有高度、深度及广度的思考，会引领我们更好地把握事物的本质，并寻求更有价值的推广、延展与持续深化。由于我们是教育者，是实践者，这就决定了我们必须做"行走着的思想者"。《品读课堂》就是这样一本书，它记录了五一小学陈姗校长及干部教师团队对教育的不断深思与持续探索的珍贵足迹。

　　这本书系统梳理了学校在课程建设，特别是课堂变革中的基本思路，并且对这些思路的内涵理念、基本步骤、成效反思等作了较为细致的探讨。他们以素质教育为指向，以课堂新样态新课程为背景，着力将先进的教育理念用系统的方式外化出来，将抽象的教育理论用行为的方式表现出来，将教育规则用操作的方式凸显出来，力求为学校和教师提供更加清晰的理论指导和应用指南。

书中汇集了五一小学干部教师深研教材、创新课程、变革课堂等方面的思考与实践，有对教育革新的理解，有优秀教学设计、教学反思等鲜活案例的精细诠释，也有对钻研践行过程的总结与反思。它既是教育教学智慧的结晶，也是学校的宝贵财富。它的出版发行有效促进了优秀教育成果的交流与推广，可以在与更多的业界同行沟通中引发大家对教育以及教学实践更深入的思考，真正推动学校内涵发展。

　　春之耕耘，秋之收获。愿陈姗校长驾着五一的航船继续迎风破浪，克难进取，开拓创新，在反思中成长，在总结中提高，驶向五一教育的辉煌明天！

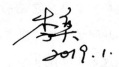

2019.1.

第一章 国家课程

第三节　英语篇

第四节　音乐篇

第五节　美术篇

第六节 体育篇

第七节 科学篇

第二章 校本课程

第一节 拓展课程

第二节　融合课程

■ 融合性学习

第一章

国家课程

GUOJIAKECHENG

智慧教学范式的思考与实践

谭中玲　隋红军

英国哲学家弗朗西斯·培根认为，思想是行动的先导，言简意赅地指出了"思想"在人类行为过程中的重要性。我校从2009年提出"为学生的幸福人生奠基"的办学理念开始，到2012年参与海淀区"课程整合、自主排课"的实验项目，围绕幸福素养具体内容、如何落实等问题，着力进行学校的课程改革，直到2016年"中国学生发展核心素养"正式发布，我们系统构建了"幸福素养教育体系"。整整8年时间，我们始终在思考与探索，该打造"怎样的课堂"才能更好地"为学生的幸福人生奠基"。

一、"智慧教学范式"的前期思考与实践研究

谈到"智慧教学范式"，我们不得不先说课程改革中"教与学"方式的变革。

前面说到，我们是从2012年开始着手进行课程改革的。当时我们以培养"独立行走的学习者、个性发展的学习者、知行合一的学习者"为目标，聚焦"道德、人文、健康、科学、艺术"五种素养，通过对课程结构与课程内容的调整，力争改变现有课程面貌，实现课程的多样性与差异性。经过4年多的不懈努力，我校"幸福素养课程体系"终于初步完成了顶层设计，基本实现了内容的细化与完善。然而，我们并没有停止课程改革的步伐。2016年，伴着"中国学生发展核心素养"的发布，我们在构建学校"幸福素养教育体系"过程中，又对原有课程进行了一次集中完善，进一步强化了课程的创新性与可选择性。

完善后的"幸福素养课程"（见下图）涵盖"人文情怀、科学创新、体育健

康、艺术审美、劳动技术"五大领域，每个领域都包含基础课程和拓展课程。此外，我们还开发了"幸福起航""主题研究""创意实践"等融合性课程，用以突破学科间、课内外、校内外壁垒，最终实现用体验带动感知，以行动促进思考，行中求知、知行合一，培养学生实践创新能力与综合素养。

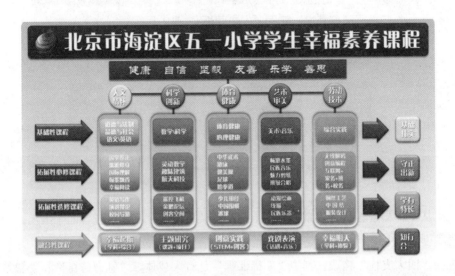

事实上，伴随着课程改革悄然发生的，便是"教与学"方式的变革。例如语文，我们最早在阅读领域做了"三读"教学的尝试，先对单元内容进行整体重组，再通过"预读、导读、自读"课进行整体教学，这种方式变传统的"单文本"阅读为群文或整本书阅读，拓展了学生思维的广度和语文学习的视野。再如数学，我们也是对整册教材进行内容重组，然后再通过核心导学、自学互学、主题研学"三学"课型，来引导学生在"做"中学，在"研"中学，在主动建构中发展数学思维能力，启蒙数学思想。还有英语、体育、科学等其他学科，都在"教与学"方式的变革方面做了许多的尝试。让我们感到欣喜的是，这些尝试确确实实改变了我们传统课堂"教与学"的面貌，学生在课堂中的主体性与课堂中真实学习的发生越来越得到凸显。

不过尽管如此，我们在构建"幸福素养教育体系"的过程中，对"教与学"方式的变革产生了新的思考，围绕"课堂"，围绕办学理念，我们应当构建一个上位的，能够统领各个学科的"教与学"方式变革的课堂教学概念模型。

至此，"智慧教学范式"便水到渠成地在我们对"教与学"方式变革的思考与实践研究中萌芽了。

二、"智慧教学范式"基本内涵与实践价值

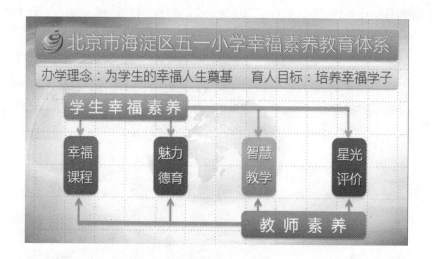

从"幸福素养教育体系"（见上图）的架构来看，其本身包含四个维度，即理念维度、学生维度、实施维度和教师维度。"智慧教学范式"处于第三维度，这一维度由"四大支柱"构成，其中"幸福课程"是育人载体，"魅力德育"和"智慧教学"为育人路径，"星光评价"是保障措施。叶圣陶曾说"教是为了不教。"作为落实"为学生的幸福人生奠基"办学理念和"培养幸福学子"育人目标的两条重要路径之一，"智慧教学范式"承载着引领学校课堂教学变革的重任，它决定了我们的课堂将往何处去。

然而，若想从众多学科中提炼出具有共同意义的关注维度和实施要求，用以揭示所有学科课堂教学的基本规律与价值追求，难度之大可想而知。为尽快攻克这一难关，2016年11月到12月的时间里，我们全体教学干部几乎抽出一切可以利用的时间加班加点、反复研讨论证。都说"功夫不负有心人"，我们终于在不断推翻与重构中渐渐达成共识——聚焦于学生、教师、媒介三个教学要素，初步构建起了一个彼此关联互动、相互促进的教学范式结构雏形。随后，我们又邀请专家和一线教师进行细致研讨，对这一"范式"内容进行适当调整，并正式确定为"海淀区五一小学智慧教学范式"。（见下图）

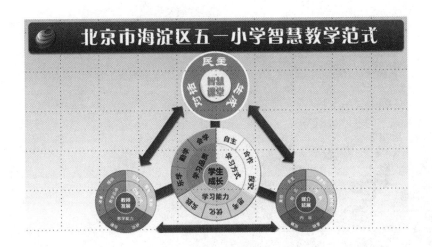

　　我们的"智慧教学范式"由教师、学生、媒介为基本结构要素，体现的是以学生为中心的教学思想，追求的是"民主、对话、生成"的智慧课堂。"智慧教学范式"有"四个倡导"，即倡导以学生为中心创设自主学习时空；倡导主动探究、自主合作的学习方式；倡导教师做导师，发挥"引导、激发、支持"的作用；倡导教学媒介在不断更新、延展中满足师生发展需求，以此引领师生亲历学习过程，发展智慧、共同成长。我们把学生成长视为"智慧教学"的原点，同时也把"智慧教学"看作学生成长的舞台。

　　应当说，我们的"智慧教学范式"是学校对于打造"怎样的课堂"的一个上位的解读，也是我们对于学校教学核心工作的一种理念性的引领，它体现着我们对于学校教学乃至于教研的深刻理解。基于这种理解，我们各学科教学干部和部分骨干教师还在推进学校幸福素养教育进一步促进"教与学"方式变革的过程中，相继在之前探索与尝试的基础上研制了各自的"学科课堂教学样态"。这些"学科课堂教学样态"符合学科特点，实操性强，对于指导教师通过课堂教学培养学生学科素养，具有巨大的实践价值，实实在在加快了我校"课堂革命"的步伐。

第一节

语文篇
YUWENPIAN

智慧教学范式——语文学科课堂样态

高鹏飞　张育红

语文是什么？"语文"是"语"和"文"的统称，"语"指的是语言文字，"文"说的是文学。语文是我们的母语，在教学中存在两种倾向，一是"工具论"推崇者，强调基础知识的牢固、方法的运用，这一倾向让语文走向了呆板僵化；一是"人文论"拥护者，教学中贯穿人文精神的熏陶、情感的体验，这一做法让语文学科模糊化。对于此，韦志成教授在《现代阅读教学论》一书中谈了自己的看法：能正确理解和运用祖国的语言文字，积累丰富的语言材料，具备熟练的语文交际能力和深厚的语言文化，即民族文化。《语文课程标准》指出，"语文是最重要的交际工具，是人类文化的重要组成部分，工具性与人文性的统一，是语文课程的基本特点。"这是语文学科的立足点，同样也是最终归属之处。根据这样的认识，语文团队进行了深入地思考、广泛地交流，大家认为语文教学应该是稳重和灵动的，是具有文化底蕴和时代气息的，是大气磅礴和寻细探微的；我们的学生应该是会运用、善运用语言进行言语的；是善于倾听、主动表达、喜欢阅读、热爱写作的。在这一共识下，所有语文人不断探索，积极实践，努力构建凸显语文学科本质，展现学生本体的语文场。经过不断地修正，语文课堂样态产生了，它诞生于老师们中间，服务于老师、学生，并推动老师们不断前进，培养并提高学生语文素养。

语文课堂样态图

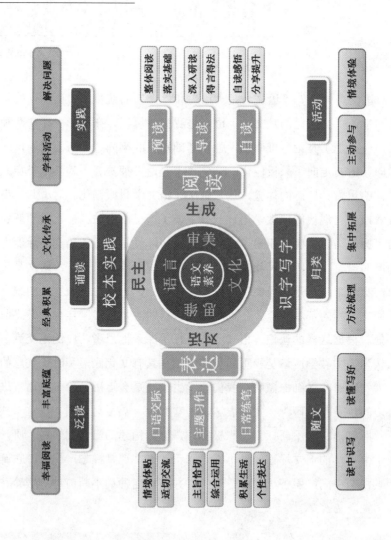

语文课堂样态解读

语文学科，围绕"语言、思维、审美、文化"四大素养，以识字写字为基石，以阅读、表达为两翼，以校本实践为载体，构成语文学科课堂样态。

语文课堂重识字写字基础，通过随文、归类、活动多种方式帮助学生识写汉字，培养学生热爱祖国文字的情感。随文识字，建立阅读和识字之间的关联，读中识字，在识字过程中又巧妙推动阅读，做到读懂写好；归类识字，注重方法梳理，运用方法，学以致用；活动识字，创设真实情景，引导学生积极参与，在活动中识字，培养学生识字的兴趣。

在阅读方面，突出学科特点，以读为核心，以单元整体构架为方式，推出"三读"课型，分别是预读课、导读课和自读课。预读课从整体上把握单元主题，了解写作背景，进行字词教学，梳理课文脉络，初步把握文章的内容，感受文章典型的写作特点，引导学生深入质疑，定位在得思。导读课引导学生在遣词造句，布局谋篇，表达效果等方面，深入文本，领悟一定的"读法、学法、写法"，定位在得法。自读课指导学生运用在导读课上习得的学习方法，自读自学、自读分享、自读交流，培养学生阅读、表达、思辨、合作等综合能力，定位在得益。

在表达方面，重视学生的多元表达，创设多元的表达空间，口语交际、主题习作、日常练笔，旨在提高学生的口语表达及书面表达的能力，从而培养学生语言综合运用素养。口语交际以话题为载体，以校园生活、社会生活为内容，以课堂和活动为交流平台，进行适切交流，引导学生爱交流，会交流；主题习作，以教材内容、学校热点为核心确定习作主旨，引导学生运用所学进行完整的自我表达；日常练笔，一为读写结合，提倡仿写、续写，一为引导学生关注自我、关注生活、关注社会，旨在丰富积累，个性表达。

在大语文观的理念下，语文教学注重引导学生在生活中学习语文，在实践中学习语文，开发多种校本实践活动。在泛读领域，通过群文阅读、整本书阅读等内容的研究，一方面，从纵向上拓展原有预读、导读、自读"三读"课型的内涵；另一方面，在横向上拓宽学生的学习领域，通过学习经典，诵读经典，丰富学生的文化底蕴，同时，为学生创设多种学科实践活动，培养学生解决问题的能力。

无论哪一种课型，都引导学生运用自主、合作、探究的学习方式，最终形成"民主、对话、生成"的课堂样态。

语文课堂变革—— 识字教学

　　识字教学是低年级语文教学的重中之重，也是学好语文的基础，让学生喜欢识字，掌握识字方法，养成识字习惯，是五一小学语文学科多年来一直研究探索的方向。

　　在识字过程中，根据学生识字特点，采取加一加、减一减、换一换、猜一猜等相应的识字方法识字，并适时创设生生、师生交流识字方法的机会，碰撞中发现特点，寻找规律，建立生字之间的关联，形成识字路径，适当拓展，恰当运用，并鼓励学生利用方法自主识字，逐步养成主动识字的习惯，形成独立识字的能力。

　　根据低年级教材特点，挖掘教材资源，在拼音中识字，结合插图特点，图文结合，努力做到识字、写字、阅读三位一体巧结合，在提高识字能力的同时，巧妙推动阅读。学习在课上，实践在课下，生活中处处皆是识字资源，引导学生根据课上所学识字方法，鼓励学生在生活中识字。利用识字小报的制作，识字集锦的积累等形式，定期开展生活中识字交流活动，激发学生生活中识字的兴趣，学以致用，大量识字，为孩子独立阅读做好准备。

巧用插图 识字读文

付映晖

2017年9月，一年级正式使用了"部编版"语文教材。第一次接触这套教材，感受到了教材的中国味、语文味、儿童味，令人爱不释手。这套教材图文结合，课文童趣十足，非常符合低年级的认知特点。一年级下册的《小猴子下山》就是这样一篇课文，课文内容贴近学生生活，故事情节充满童趣，语言明白易懂，文中丰富的插图能激发学生阅读识字的兴趣。

设计这篇课文的教学时，我充分放手让学生自主阅读，除了借助拼音识字，还充分借助图画识字阅读，调动学生的生活经验，发展自主学习的能力，激发学生的学习动力和阅读信心，丰富学生阅读体验，从而发展学生的语言，并在发展语言能力的同时发展思维能力，这也是我校"语文学科课堂样态"所倡导的。下面是我的几个教学片段：

一、利用插图，集中学习生字

在归类识字的过程中，借助插图做动作理解字义，让学生真正认好字，夯实语文知识，并为接下来的学习打下基础。

环节一：巧用插图，学习生字。

1.课件出示："扛、扔、摘、捧、抱 "这几个字。

师：请一个小组开火车读一读。

师：你发现了什么？

生：这几个字都有提手旁，都是手的动作。

师：对，提手旁的字多与手的动作有关。课文中的主人公小猴子，就做了这些动作，你们看：（相机出示小猴子做这些动作的图片）

师：你们能把小猴子的动作和生字进行配对吗？

生拖动图画到相应字的下面，并做动作说一说字的意思。

2.课件出示："掰"。

师：谁来读一读这个字？看图猜猜这个字的意思？

生：两只手把东西分开就是"掰"。

3.课件出示：蹦、追

师：这两个表示动作的字你认识它们吗？

生：认读生字。

师：看图说说这两个动作与什么有关？

生："蹦"是脚的动作所以是足字旁，"追"与行走有关所以是走之旁。

师：字的偏旁能表示字的意思，多有趣啊！

二、图文结合，推动阅读理解

在阅读教学中，首先，引导学生结合插图进行观察，借助"小猴子来到什么地方，看到什么，心情怎样，做了什么"这样课文反复出现的句式学习说话，同时让学生练习绘声绘色地朗读。接着，借助第一自然段的构段特点，教会学生整理信息，理解课文内容，利用插图，理解词语意思，练习朗读。最后，让学生通过图文对照的形式合作学习，读出自己的感受，以读代讲，提高学生的朗读水平，并通过观察图画，体会小猴子的心情，让学生在学习故事中收获启发，实现阅读表达与思想教育的共同成长，从而突破难点。

环节二：观察插图，情感朗读，引导学习第一自然段。

师：看图，观察小猴子的动作和表情，你知道了什么？

生：我知道了小猴子扛着玉米特别开心，眉毛都笑弯了。

师：我们看看课文是怎么写的？

生：读课文，想一想，小猴子下山看到了什么？做了什么？

生：小猴子下山看到了又大又多的玉米，掰了一个扛着往前走。（边说边板贴）

师：从图上看不仅仅玉米的个头大，而且这样大的玉米到处都是，读出来。

师：此时小猴子心情怎样？

生：高兴、开心。

师：谁来高兴地读一读。

环节三：自主阅读，结合插图，感悟学习第二自然段。

师：看图，观察小猴子的动作和表情，你又知道了什么？

生：我知道了小猴子扔了玉米去摘桃子，高兴得笑开了花。

师：一起看看课文是怎么写的？

生：自读课文，边读边想：小猴子看到了什么？做了什么？

生：小猴子看到了又大又红的桃子，就把玉米扔了，去摘桃子。（边说边板贴）

师：小猴子看到桃子开心极了，谁能读出来。

环节四：小组互学，图文对照，体验学习第三、四自然段。

师：下面我们两个人一小组互学3、4自然段。

出示互学提示：

①找一找3、4自然段描写的是哪幅图？

②看看小猴子的表情和动作，文中是怎样写的，读出感受。

生：读3、4自然段。（边读边帖板书）

环节五：观察表情，体会心情，理解学习第五自然段。

师：课文读到这里，再看小猴子的样子，此时的小猴子手挠着头，他在想什么？

生：我怎么什么都没有呢？

生：我为什么要见一个喜欢一个呢？

师：你想对小猴子说些什么？

生：小猴子你应该专心做好一件事后，再做其他事。

生：小猴子你做事要有目标，不能见一个爱一个。

教学反思：

1. 归类识字，学会方法显自主

本课中出现了较多带有"提手旁"的字，如"扛、扔、摘、捧、抱"，这些字多与手部的动作有关，所表示的意思各不相同，在课上我把这一串字单拿出来，让孩子们进行归类识字。课文中配有多幅生动的插图，图中小猴子的动作正好与这几个带有"提手旁"的字的字义相符合，因此，结合动词的特点，借助课文插图，让学生在课上进行动作表演，再通过图文对应连线的小游戏，来帮助学生区别、理解字义。

2. 利用插图，读懂内容促理解

教学时，我先带领学生集中观察第一幅图，引导学生先观察，你看到了什么？小猴子的动作和表情怎样？他是怎么做的？读出小猴子的心情！采取这样的方式，让学生读出小猴子看到又大又多的玉米是发自内心的高兴，然后读出小猴子的高兴心情，继而引导学生发现学习方法。自读第2自然段，并出示学习任务单，小组合作学习3、4自然段，给孩子们创设学习的时间和空间，引导学生利用方法尝试自主学习，自主阅读。

·专家点评

1.读懂插图，随图识字学词

《小猴子下山》一课突出的特点是，"又大又多的玉米、又大又红的桃子、又大又圆的西瓜，蹦蹦跳跳的小兔子"这些语句在插图中直观体现。小猴子的表情和动作描绘得栩栩如生，抓住这一特点，引导学生认真观察插图，并让学生说一说，你都看到了什么？分别有什么特点呢？然后根据学生的回答运用ppt链接的方式再现所学词语，"又大又多、又大又红、又大又圆、蹦蹦跳跳"等词语从抽象变得直观了。再看插图，看看小猴子的表情如何呢？于是就有了学生这样的回答，"面带笑容、眼睛都眯成一条缝了、嘴角上翘……"相机引导学生再读课文,体会小猴子每一次的心情，孩子很快发现每一次小猴子都是非常高兴的，在此适时引导孩子们知道，如果想表现出一个人物非常高兴是可以从他的表情、动作上进行描写。

2.连图成线，打开学生关联的视野

把《小猴子下山》一课的五幅图放在一起，让学生观察，你又发现什么？小猴子是真心喜欢玉米的、是真心喜欢桃子的、是真心喜欢西瓜的、也是真心喜欢小兔子的，从每一次小猴子的动作、表情中就可以体会出来，这种童真、童趣要利用插图的特点引导学生真发现，并且要让学生知道喜欢这些是没有错误的，而不要让学生感觉到小猴子真心喜欢他们是不对的，这样的理解就有所偏差了。那么最后一幅插图和前面四幅插图完全不一样，没有了表情，于是引导学生再次细致观察，发挥学生的想象力，小猴子搔着后脑勺他又在想什么呢？利用插图引导孩子们大胆想象，设计一个非常开放的题目，引发孩子们深度思考，从而体会出做事情要一心一意，确定了一个目标，就要朝着目标去努力的道理。

(点评：申春娟　北京市骨干教师)

语文课堂变革—— 预 读 课

　　心理学家皮亚杰说过："一切真理都要学生自己获得，或者由他重新发现，至少由他重建，而不是简单地传递给他。"预读是建立在学生自主预习的基础上，让学生了解学习内容，明确学习重难点，从而更加有效地参与学习，有利于促进学生学习主动性，提升学习的针对性，合作交流的有效性。

　　五一小学语文学科课堂样态中，阅读教学的基本理念是单元整体教学，预读课定位在"整体阅读，落实基础"，是为了从整体上把握单元主题，了解写作背景，梳理课文脉络，初步把握文章的内容，感受文章典型的写作特点，引导学生深入质疑。单元整体预读，打破了单篇文章学习的方式，做到了单元内知识的有效整合。"预读课"是"三读课"的起始课，通过"预读单"来有效推进，"预读单"整合单元内容、词语教学资源，学生们根据"预读单"，集中学习该单元多篇文章的字、词，了解内容，并提出质疑。在学生自主学习的基础上，引导学生组内互学、全班讨论，让学生走上讲台分享学习所得，这样的形式充分调动了学生自主学习的积极性，教师既能关注学生个体差异，又能在交流时关注全体，更重要的是把课堂还给了学生。

整合教学资源 提高课堂实效

金 旭

语文学科课堂样态的实施改变了课堂教与学的方式，"单元整体教学"开始走入老师们的视野，本课以预读北师大版教材六上第一单元"高尚"中《穷人》《白桦林的低语》为例，谈一谈单元整体教学下预读课的有效实施。

一、整合字词重点，集中检测辨析，提高识字效率

作为高年级的学生，学生的识字量已经达到了课程标准的相关要求，并且有了比较强的自主识字能力。因此，字词教学不再是预读课的重点内容，教师仅仅需要通过相应的检测，强化字词方面的重点，注重辨析，从而使词语积累落到实处。

环节一：集中检测，落实积累

师：这两课的生字词比较多，掌握词语应该关注哪些方面呢？

生：应该关注词语的读音，要读正确，多音字还要根据具体的词语确定读音。

生：还要记住字形，特别是有些形近字很容易混淆。

生：有些同音字也很容易混，比如"在""再"我就会混。

生：还有词语的意思也要认真查字典，准确掌握，不能有差不多的思想。

师：不愧是高年级的同学，自主学习词语的能力真强！下面老师在大屏幕上出示几道检测题，我们一起接受挑战吧！

（1）给加点的字选择正确读音，画上"√"。

蜷缩（quán juǎn）　　倾听（qīng qǐng）

勉强（qiǎng qiáng）　　仍旧（réng rēng）

魁梧（wú wǔ）　　模样（mú mó）

（2）下列词语中字音完全正确的一组是（　　　）。

①山峦（luán）　　浮躁（cào）

②摇曳（yè）　　绿毯（tǎn）

③栎（lè）树　　瞭（liào）望

④一小撮（zuǒ）　　邪（xié）火

⑤吟（yín）唱　　　涤（tiáo）荡

（3）下列词语中字形完全正确的一组是（　　　）。

①激厉　　胸怀　　山峦起伏

②慢长　　道理　　层层叠叠

③尊敬　　普通　　芒芒林海

④真诚　　对待　　不思悔改

（4）倾诉衷肠　摇曳　呻吟　说一说加点字在字形上应该注意什么？

（5）选择恰当的解释填到括号里。

"勉强"在字典中有如下解释：

①能力不够，还尽力做　　　　　　②不是心甘情愿的

③使人做他自己不愿意做的事　　　④不充足

⑤将就、凑合

勉强填饱肚子。　　　　　　　　　（　　　）

这项工作我勉强还能坚持下来。　　（　　　）

我勉强答应下来了这件事。　　　　（　　　）

他不去算了，不要勉强他了。　　　（　　　）

这个理由很勉强。　　　　　　　　（　　　）

二、运用类比策略，体会语言表达，丰富语言积累

这一课时的教学，旨在引导学生，以学习单为抓手，交流、修改、补充、完善学习单，通过分析比较，体会不同人群的高尚品质，以及不同作家在描写上的不同语言表达风格。

环节二：梳理交流，感受方法

师：同学们，课前我们布置了学习单，在《一夜的工作》一课的学习中，总结出来的一些写作特点，谁来说一说自己的收获。

生：我觉得《一夜的工作》中，作者对周总理的细节刻画采用了动作描写的方法，让我们感受到他的工作十分辛苦。

生：我想补充一点，在写周总理生活简朴这个特点时，使用了数量词。

生：我关注了环境描写，作者运用了对比的写作写法，鲜明突出地写出了他的生活简朴。既有总理的工作环境的内在对比，也有总理的身份和工作环境对比。

生：在课文的最后两段，作者直接抒发了对周总理的爱戴和敬仰之情，是直抒胸臆的情感表达方式。

师：同学们总结很全面，这节课咱们继续交流《穷人》和《白桦林的低语》。

PPT出示学习单

共同点	不同点			
典型事例		《一夜的工作》	《穷人》	《白桦林的低语》
	细节描写	动作描写＋数量词		
环境描写	环境描写	总理的工作环境的内在对比。总理的身份和工作环境对比。		
细节描写	情感表达	直抒胸臆		

学生通过课堂交流，达成了共识。《穷人》一课，课文以故事的发展为顺序，以桑娜的活动为线索记叙，条理十分清晰，运用了行动、语言、外貌，特别突出的是心理活动描写方法，表现人物的性格特点。《白桦林的低语》一课，用人物的行为、语言，表现人物的性格特点。特别是通过美丽的环境和人物的形象相照应，衬托人物的品质。

三、引导有效质疑，引发深入思考，打下学习基础

预读课还有一个重要的任务，就是引导学生提出有价值的问题，为接下来的学习奠定基础，使教师在接下来的教学中，能够基于学生的问题进行有效教学。

环节三：有效质疑，深入思考

师：课文学到这里，你还有什么问题吗？我们先来交流一下《穷人》一课。

生：我想问课文中的环境描写对于表现人物的品质有什么作用？

生：我想问课文写了桑娜大量的心理活动，为什么用了这样的细节描写手法？

师：两个同学的问题都指向了对课文内容的理解。还有别的角度吗？

生：渔夫这么辛勤地打鱼，为什么还如此贫困？

师：同学们这个问题，我们怎么帮助他解决？靠读课文能理解吗？

生：不行，这个问题需要借助信息资料来解决，我们要了解俄国社会的时代背景。

生：我还想问问，渔夫一家已经如此贫困，怎么养活西蒙的孤儿？

生：这个问题也不能读课文解决，需要我们结合时代背景，发挥想象来续写文章。

师：真了不起，已经想到了运用读写结合来解决问题。那么《白桦林的低语》你们有什么想问的？

生：散文中有许多优美的语句，特别吸引我。文中还用到了修辞手法，这些修辞手法的作用是什么？

生：这是一篇优美的散文，散文怎么表现人物的精神品质呢？

生：这篇文章也是直抒胸臆的抒情方式吗？我觉得和《一夜的工作》不太一样。

师：同学们的探究本领很强，这些问题提得很有价值，我们在接下来的学习中再一起研究解决吧！

教学反思：

一位特级教师这样说过："每个孩子都有潜能，都能创新，主要看他爱不爱问为什么。每个孩子都有渴求，只有一个有思考才华、善于引导孩子质疑的老师才能将孩子创新的心灵火花点燃。"质疑，其实就是一个发现问题的过程。有了疑问，学生便会积极主动地投入学习，充分运用已有的知识经验与各种能力去解决问题。这样，在质疑和释疑的实践中，知识得以巩固与发展，学习能力得以锻炼和提高。整节课的设计源于学生的认知规律、源于学生的已有知识、源于学生充分的课前预习，因此学生在课堂上能够乐于表达，表达有法。比较之前的传统教学更能体现学生的主体地位，让学生站到课堂的中央。

通过课程结构的变革，改变课堂教学的形式，改变学生学习的方式，最终实现提高能力、培养习惯的教育目标，为学生终身的学习和发展服务，这是教学改革永恒的主题。

·专家点评

五一小学"三读"课型中的预读课，我认为比较值得提倡的有以下几点：

1.注重单元整体设计，提升高度，拓展宽度。

教师基于课前对教材进行的有效梳理，明确每单元每篇文章的特点，从大局着眼，统筹规划，多角度组合教材，确定每篇课文承担的任务，做到各领重点，相互呼应，互相补充。这样的设计有认知的高度，也有实施的梯度。例如六年级的《高尚》单元预读课，在学习了《一夜的工作》之后，学生已对周总理"高尚"的品质产生了敬仰之情，具体感知了"高尚"。此时再进行后两篇的预读探究，通过不同的角度深入理解"高尚"，并得出准确的定义。这种教学设计打破了单篇文章学习的方式，做到了学科内知识的有效整合。在学习内容上也有了相应的变革，始终启发学生站在单元的高度。

2.注重语言要素学习，夯实基础，厚积薄发。

语文课程致力于培养学生的语言文字运用能力，提升学生的综合素养。学习语言文字的过程，也是思维发展提升和文化获得的过程。六年级语文教学虽以篇章学习为主，但在预读课上，仍然进行字音、字形、字义的教学，是很有必要的，并引导学生在语句的感知中比较、分析，在品味语言的同时，体会人物品质，进而理解高尚。这一系列的理解感悟，都是建立在对语言品悟的基础上，抓住了语文教学的本质。

3.注重思维发展流程，启疑解疑，抽象提升。

语言和思维是统一的。阅读教学的过程就是要引导学生在阅读实践中开启思维，逐步做到得意、得言、得法。应该说，预读课的设立是一种有效的促思形式。"预"往往会激发学生的"疑"，可体现真实的学情。教师根据学生质疑找准学生认知起点，学习需求，对教学内容进行合理有效的取舍，从而运用策略，引导学生充分探究解疑，逐步学会独立阅读，深入思考。

4.注重学习习惯培养，自主探究，受益终身。

预读课重视学生的"预"，这是对学生学习习惯培养的隐性指导，也是为学生终身学习奠定良好基础。学生在长期预读过程中，会逐渐培养起独立阅读兴趣，并掌握独立阅读程序；也会在与同伴和老师交流中学会拓展延伸，迁移运用；久而久之，会逐步学会自读自悟，提高阅读鉴赏水平。

最后，提醒教师注意一点：教材是学生学习语言的"例子"，隐藏于文本中的语言增长点，通常不是唯一的。不管什么语文内容的教学，都要做到目标定位正确，学生语文素养定位准确，以生为本，确定最有教学价值的教学内容。愿五一小学的语文教学能够充满活力，促进师生共同发展。

（点评：谈文玉 北京市特级教师）

语文课堂变革——导读课

　　"导读课"处于前承"预读课"，后启"自读课"的关键位置，是实施自主高效教学的一个重要阶段，主要体现在教师的"主导"和学生的"主体"的有效落实。每个学科中都会存在一些较难理解又非常重要的内容，这些应该怎样解决呢？《论语·述而》中说，"不愤不启，不悱不发。举一隅不以三隅反，则不复也。"给了我们很好的解释，在解决这些问题的时候，教师应充分发挥主导作用进行导读，不但要导，而且要深入浅出，引导学生积极参与到教学过程中来，帮助学生突破阻碍，提升思维。教学是一个持续的过程，每一堂课，每一篇课文的学习都不是独立存在的，当我们教学一篇课文的时候，我们看到的绝不是一篇文章，那叫树木，我们应该帮助孩子从"树木"看到"森林"，要为学生今后读一篇又一篇文章所用。导读课就是要培养学生学习方法，在今后的阅读中用习得的方法去迁移、去摸索，读一篇又一篇的文章；导读课就是要引导学生从课文看到作者、看到著作、看到相关的评论、言论等等，拓展学生的视野；导读课就是要把课文里面看似司空见惯的语言，引导学生发现更为深入，延伸的东西，从精微的语言领会深奥的道理。

　　"导读课"要从教材的每个单元中挑选值得品味、理解、感悟的文章进行导读。在学生进行"预读"的基础上，教师带领学生深入文本，遵循"少讲多学"的理念，本着学生能够自己学会的老师不讲的原则，对于本课重点、难点进行深入研读，学习遣词造句，布局谋篇，表达效果等，领悟习得一定的"读法、学法、写法"，让学生得法于课堂。

　　以下，是我校在"导读课"方面的一些探索和思考。

品味文字，感悟人物的精神世界

马珊珊

教师们一直在不断地思考，语文教学要利用课文教给学生什么？我们知道，课文这个"例子"是多么重要！语文教学中，教师要引导学生学习语言，运用语言，提高学生的语文素养，同时通过语文课程的学习，帮助学生逐步树立正确的人生观、价值观，以形成健全的人格。单元整体教学下的导读课，承载着帮助学生领悟习得"读法、学法、写法"的重要任务，我在教授《阅读大地的徐霞客》一课时，利用学习单，带领学生走进徐霞客的精神世界。和学生共同品悟语言，感受人物小传的写法。引出《滇游日记》的节选，拓展学生的阅读，丰富学生对徐霞客的认知。

一、巧用学习单，深入文本品奇人

《阅读大地的徐霞客》导读课之前，我们已经梳理了学生提出的问题，根据学生对题目的质疑，精心设计学习单，帮助学生了解人物传记的"布局谋篇"，还引导学生抓住概括段落，品味凝练的语句，使学生感知人物传记语言的真实性、概括性。

环节一：自学互学

师：请同学们结合自学提示，完成学习单，然后小组交流。

默读课文：找出徐霞客为什么阅读大地、阅读大地的经历，阅读大地的成果，圈画重点词语，填写在自学单上。

	阅读大地的徐霞客	
为什么阅读大地		
阅读大地的经历	概述	事例
阅读大地的成果		

环节二：汇报——奇人

生：徐霞客卓尔不群，想要走遍天下，亲自考察，所以他要阅读大地。

师："卓尔不群"是什么意思？换个词能解释解释吗？

生：不同凡响、出类拔萃。

师：徐霞客的志向是为了什么？"卓"在哪里？

生：当时读书人是埋头于经书，徐霞客则醉心于古今史籍；当时读书人追求功名，徐霞客则是留下雄心壮志，走遍天下，亲自考察，记录资料，完善书籍。

师：是的，徐霞客这个志向对整个社会都是有益的，是肩负着历史责任。我们通过抓文中的对比，读出了徐霞客和读书人志向的不同，他的确是一位"卓尔不群"的人。他志向高远也就决定了徐霞客的旅行是有意义的。

借助对重点词语"卓尔不群"的理解，学习文章中的对比写法，体会其突出强调的表达效果，再请学生自由读、师生合作朗读，表达对徐霞客的敬佩之情，从而感悟人物精神品质的同时又达到以读促写。

二、品读语言，感受人物小传的写法

环节三：汇报——奇事。

生：徐霞客阅读大地的经历时是"长风为伍，云雾为伴"。

师：这样的词很特别，像这样的词还有哪些？

生："攀险峰、涉危涧""荒野露宿、栖身洞穴""燃松拾穗、走笔为记"。

师：这些词有什么特点？

生：每组词语字数相同，写了徐霞客都做了什么事。

生：词语是两两相对的，写出了徐霞客阅读大地时经历过很多苦难。

师：是啊，这些词语都是对仗的，人物传记的语言特点就是词句凝练，概括性强。

师：一起看看第7自然段第一句，看看概括阅读大地的经历对你们有什么帮助吗？

随着学生汇报第三自然段概述段时，帮助学生建立段落与段落之间的关联，引入"三江五岳""十六个省份"的资料和图片，通过理解"走遍三江"，体会徐霞客的旅程之长；通过理解"走遍五岳"，体会其旅程之险。更加直观地使学生感悟到徐霞客的经历艰辛，却仍然不辍笔耕，以及他不避艰险的精神品质。

学生接着汇报徐霞客的简略的事例时，先引导学生抓住徐霞客考察石灰岩地形和长江源流的事例，体会同伴和徐霞客的对比手法，感悟徐霞客锲而不舍的精神品质。用同样的学习方法，学生们很快就能抓住徐霞客在西南地区探山洞的事例，体会村人和徐霞客的对比手法，感悟徐霞客的不避艰险，求真求实的精神品质。

三、走进《徐霞客游记》，丰富人物形象的认知

为了使学生能深刻感受徐霞客的精神品质，走进他的精神世界，身临其境地感受当时徐霞客在考察石洞时的艰险，在学完两个简略的事例后，我便引入《徐霞客游记》。这本日记体的游记被誉为"世间真文字、大文字、奇文字"，真实地记载了徐霞客一生游历的经历。借助《徐霞客游记》中，徐霞客写自己探奇洞的日记，更有益于学生全面地理解徐霞客人物形象，从而带领学生由一篇课文走向另一本奇书。

环节四：学习《滇游日记》

出示：《滇游日记》古文和注释（节选于《徐霞客游记》）。

> 忽见层崖之上，有洞东向，余竟仰攀而上。其上甚削，半里之后，土削不能受足，以指攀草根而登。已而草根亦不能受指，幸而及石；然石亦不坚，践之辄陨，攀之亦陨，不容移一步，欲上既无援，欲下亦无地，生平所历危境无逾此者。

师：同学们，我们一起去看看，徐霞客在云南探险奇洞的日记吧！请同学们自己先试着读读古文，再结合译文，谈谈对徐霞客新的认识。

生：徐霞客面对这么艰难的路，也要爬进山洞。

生：徐霞客不仅仅是用双脚走遍名山大川，而是用"生命"在阅读大地，考察研究祖国的大好河山。

生：徐霞客不惜性命，也要到山洞探个究竟，这种对祖国的热爱，对科学研究的求真求实的精神是值得学生学习的！

师生小结：徐霞客为祖国的旅行考察事业奉献了一生，他的不畏艰险、锲而不舍、求真求实的科学研究精神感动着我们一代又一代后人。

教学反思：

反思是再学习的过程，只有不断反思才能不断提升，教学完本课后，我对自己的教学进行了反思。

1. 紧抓语言，彰显学科本体特征

语言是语文学科的本质，学习语文抓住语言就是抓住了语文的魂，本课同样如此，作为一篇人物传记，本课的语言在彰显凝练特点的同时兼有韵律美。"长风为

伍、云雾为伴""攀险峰、涉危洞""荒野露宿、栖身洞穴""燃松拾穗、走笔为记"等，无一不显其特点，朗朗上口，言简而意丰。教学中，引导学生通过读、联、想、诵等方式，品读语言文字，展开丰富想象。这样的教学，使语言活了起来，使人物立了起来。

2. 学习方法，推动阅读走向深入

方法可以提高阅读效率，亦可提升阅读兴趣，有方法的阅读犹如在浩瀚的宇宙中寻求宝藏。本课中一个最为突出的人物形象塑造方法是对比，教学中采用两步走的策略。首先，引导学生学习徐霞客考察石灰岩地形和长江源流的事例，在阅读中发现徐霞客与同伴的不同表现，了解对比方法凸显人物的写法优势。学而有用，用而促学，在学生了解方法之后，让学生主动去探寻，主动抓住徐霞客在西南地区探山洞的事例，感受到村人和徐霞客之间的不同，对比手法的效果。可以说，方法的学习促进了学生的深入阅读，提升了阅读体验。

3. 内外结合，丰富学生精神文化

阅读是个流动的过程，是个逐渐深入的过程，是个从内到外的过程，本节课致力于课内与课外产生联系，在学完两个简略的事例后，我引入《徐霞客游记》。这本日记体的游记被誉为"世间真文字、大文字、奇文字"，真实地记载了徐霞客一生游历的经历。借助《徐霞客游记》，我带领学生由一篇课文走向另一本奇书，不仅有益于学生全面地理解徐霞客这个人物，更重要的是渗透给学生一种阅读习惯。

·专家点评

五一小学三读课型中的导读课定位恰当，起到"承上启下"的作用，从"导读课的思考"，我们了解到导读课的内涵，充分体现了教师的主导与学生的主体作用的有效落实。马老师的《阅读大地的徐霞客》结合人物传记进行教学，体现如下特点：

1. 突出文体特点，品味语言文字

语言文字的理解与品味应成为小学语文课堂的关键，教师首先把握文体特点，人物传记，引领学生把握文体特征。随后，引领学生深入走进文本，结合自学提示，完成学习单，通过学生填写学习单、讨论学习单、完善学习单，培养学生概括、思辨能力。同时，注重引导学生品味重点词语，注重积累与运用。

2.突出精神品质，研究求实求真

这篇人物传记，围绕着"奇人、奇书"展开，字里行间使学生体会到人物的内心世界，使学生理解到徐霞客不仅仅是用双脚走遍名山大川，而是用"生命"在阅读大地，学生体会到人物的精神品质。人物徐霞客尽管离学生生活较远，但他求真求实、顽强奋争的精神在学生幼小的心灵里留下深深的烙印。

3.适时补充资料，突出人物特点

由于人物距离学生的生活较远，教师为更好地帮助学生体会课文内容，适时出示《滇游日记》古文和注释（节选于徐霞客游记），启发学生结合课文内容，产生新的发现、新的认识。使课内与课外有机结合，由一篇课文带出一本书，全面了解人物，激发阅读兴趣。

这篇导读课的教学案例，凸显马老师对教学的精心设计。教师通过恰当的导读设计引发学生正确解读文本，品味语言，体会人物的精神品质。同时，尝试改变教师的教学方式与学生的学习方式，采用多种学生喜闻乐见的教学策略，注重对学生的能力培养，充分发挥了导读课的功能。启发学生读中感悟、读中思考、读中悟情。

希望马老师在今后的语文教学中继续探究导读课，从教学定位、教学内容和教学方法、教学评价等方面积极探究，在语文教学的研究中不断提高课堂教学的实效性，最终促使每一位学生不断地成长。

（点评：梁华 北京市海淀区教师进修学校）

语文课堂变革—— 自读课

　　阅读是人类获得知识的主要手段和认识世界的重要途径。所谓自读，就是以学生为中心的自主阅读，这种阅读旨在培养学生独立的阅读思考能力。

　　我校三读课型中的"自读课"是"导读课"的延续学习，它是以学生的自学方式为主，建立在学生自我认知、自我问题解决需求基础上，教师引导点拨再提升的一种开放式课型，课型凸显了学生的主体地位。

　　"自读课"本着在导读课上习得的学习方法，在"自读课"上学习与运用的理念，采取学生自读自学、自读分享、自读交流，教师适当点拨的方式，培养学生阅读、表达、思辩、合作等综合能力。引导学生做到知识上的迁移，进行语言运用，不断提高学生的语文实践能力，逐步培养学生形成自主学习的能力。

　　"自读课"是通过学生的自读感悟、课堂内的阅读分享，逐步形成学习能力。要让学生真正地"自读"起来，就要保障学生的自读时间和空间，还学生一个大空间，使其个性生长多元并行。在教学过程中，重视学生的自读，即是重视实践教学；重视每一个学生的学习成长经历，即是关心呵护学生的终身发展；注重他们在学习中理论与实践的结合，即是为他们的未来打下基础。如何为学生提供有思维含量的空间，还学生一个多彩的世界，让学生身入课堂，更要深入课堂，尊重学生的个人阅读体验。这留给语文教师的思考是：不仅仅是在学生"自读"的过程中发挥积极作用，更重要的是在"自读"中培养学生的思考力和行动力，提升学生的语文综合素养。

自读中的感悟

冯 蕾

学生通过对"导读课"上习得的学习方法，在"自读课"上学习与运用的理念，本节课采用学生自读自学、自读分享、自读交流，教师适时点拨的方式，促学生思维的再发展。

一、自读品文 感受文意

本节课伊始，学生通篇自读全文，采用不同形式地读，以及学生读中、读后的自评、师生评议、生生评议，学生对文章的情感把控有了不同层次的提升。这样不仅使学生对全文有了整体的把握，还基于对前课内容的朗读基础，品情入境，文章传递的热爱生活之意学生已初步领悟。

环节一：诵读全文 读中品评

师：大家组内商议一下，自由组合朗读课文喜欢的部分。

师：想一想你从中体会到了怎样的情感？

生：少年旅行队的队员们对旅途充满了快乐兴奋的心情。

生：我还读出了队员们对美好生活的向往。

师：读读你喜欢的部分，谈谈感受。（共悟读书感受，师适时点评）

读中学生运用已学过的策略作出以下理解：

1.借助对文中标点的使用理解提升朗读。

2.借助对象征手法解读，理解"小纸船""听广播""标本"三个小标题。

3.借助《旅行之歌》配乐读，传递文中的情感。

二、自读议文 体会深意

在对课文情感有了认知后，学生继续通过自读理解旅行队的目的，对于把握整篇文章的基调起到了关键的作用。两个"探索"直指旅行队在生活中关注的是寻求的过程，把此处进行详读，抓重点词理解读，以自读促学生思维发展，为学生体会文章的深刻含义降低难度。

环节二：品词析句 明意主题

师：（范读课文引言）同学们，这段引言点明了少年旅行队的旅行目的。你们从中又读懂了什么？

生：旅行队的旅行目的，不仅是在知识的海洋里探索，还在生活中探索。那也就是说队员们是在知识和生活的海洋里寻求未知。

师：为什么文章引言的开始使用了省略号？

生展开讨论。

教师小结：理解不同，读出的韵味也就不同。关注旅行探索的过程，享受生活的"苦"与"乐"这是对生活的热爱，是一种积极的人生态度。

三、自读评文　领悟哲理

互文阅读是对自己所学知识的一种内化表现，联系自己的生活、结合生活实际的语文学习更体现了语文学习的归宿在于应用。这一环节的设置无疑为学生的语文学习提供了一块适宜的空间，更大化地发展了学生的思维。

而自读后学生真实的质疑，切实地解决了教学的难点。借助这一探究活动，即让学生在真思考中思维得到提升，还为朗读训练提供了充分的感情基调。文章富有激情的表达方式学生渐进式领悟，文章传递的人生哲理学生已有感悟。

环节三：质疑解难　读出意境

教师前测质疑：作者为什么用了12个省略号？

教师补充质疑：为什么连续使用问号和感叹号？

生组内质疑讨论。

一议：讨论分享，师生梳理。

生：我认为连续发问或是连续发出感叹主要是在语言表达和情感上更加强烈而富有激情。

生：我觉得多处使用省略号，则是给读者带来更多无限想象的空间，让读者自品自悟。

生：我们小组在想象旅行队在旅行中遇到的困难，想到了徐霞客在一生的旅行中也经历了艰险。

师：听他们的分享，联系自己的旅行再说说体会。

生：通过之前学习《阅读大地的徐霞客》，我从中知道了旅行的乐趣不仅仅是玩和乐，更多的是人生在经历了许多困难后的成长。而读《少年旅行队》更多是让我们体会到对于生活的探索和不断进取的决心。

再议：读句子，再谈从中又体会到了怎样的情感？

学生通过已有学习经验和组内讨论理解：

①连续问号、连续感叹采用排比、拟人的手法，感受激动兴奋的强烈心情。

②省略号的使用表达了对未来的憧憬和向往。③优美的语言、象征的手法都丰富了想象的空间，激发了对生活的热爱。

教师小结：向生活学习，接纳和分享一切的美好与不美好，这些都是赋予我们最真实的生活态度。在柯蓝眼中这种态度就是"愿意作一个忠实于生活的旅行者"。

四、自读写文　践行生活

读写结合的练习，是对学生语文学习能力的综合评价，也是语文与生活建立起联系最直接的方法。充分利用想象，让学生通过补白，将所学的语文知识在课堂内得到运用。深化理解主题的同时，增强了学生热爱生活的态度，落实了语文的工具性和人文性的统一。

环节四：想象补白共议主题

教师提出任务，学生明确要求。

任务：①选择一处文中带省略号的句子，加入自己的想象，尝试着对省略的部分进行内容上的补白。②时间为5分钟。

提示：①关联上下文内容。②关注文章的语言特色。③联系生活写自己的想法。

学生想象写话练习。

学生汇报，边说边评议。（同类词补白、升华情感的补白、生活想象类补白……）

师生小结：不仅文章中有一群热爱生活的快乐少年，透过你们的字里行间，老师也感受到你们对美好的生活追求和无限的热爱之情。这不仅是旅行的意义，更是人生这场旅行的意义。

教学反思：

整节课以学生"自读、自学、自悟"贯穿始终，在学生充分体验阅读过程的基础上，有效地实施了"读—议—写—颂"系列教学活动链。呈现以下特点：

1.以读为主　入境析情

整节课以读代讲、读中理解、读中感悟。无论是全篇课文的整体读，还是学生的个性读、配乐读、生生之间的合作读、师生之间的情境读。通过不同形式的朗读将学生与课文表达的情感产生共鸣。

2.议写结合　质疑解难

以学生的质疑为课堂教学活动的主线。在"议""写"两大教学活动中深入体会作者给予读者无限想象的空间。同时在边读边写边悟中，进一步体会这篇散文诗语言美、意境美、韵律美，激发学生对生活的热爱。

3.歌颂生活　开启旅程

秉承语文的学习应该"应用生活、指导生活"的理念。学生在写"座右铭"的同时受到课文的启发，由从某种意义上来说的"被旅行"变为有目的、有计划、有思考的"真旅行"。歌颂的不仅是课文中的人物，更是对所有热爱生活的人一种积极人生态度的肯定。本节课在提升课堂的内涵，力争为学生创设开放性教学模式的同时，彰显个性、飞扬梦想。

·专家点评

自读——给学生一个完善与生长的场域。

法国著名教育家卢梭有一个论点：教育就是生长。这就是告诉我们，教育应使每个人的天性和能力得到健康生长。在一项有关学生学习策略的师生调研问卷中出现了不对等的数据反馈，90%以上的教师认为他们经常渗透并培养学生的阅读策略，而只有50%—70%的学生认为自己具备相应的阅读策略，原因何在？走进语文课堂不难发现端由：语文课堂教学中更多的是教师的单项输入，学生被动地成为教学的工具。追问"学习"的本意，我们会发现，"学"觉悟也，即明白；"习"本义为小鸟反复地试飞，引指学过后再温熟，反复地学、练，使熟练。我们可以看到学习需要学生自我沉淀、自我体验、自我内化的过程。

五一小学构建的"语文学科课堂样态"正是还原了学习的本意，体现了学校办学的要义，释放了学生成长的意义，凸显了"四真"：让学习真正的发生，课堂以学生的预读开启，以学生的自读结束，"学"与"习"有序、有效地交替发生，尊重了学习的规律，儿童认知的特征。让学生真正成为学习的主体，学习以学生的元认识为起点，在师与生共同的交流中，引导学生做到知识上的迁移，进行语言运用，不断提高学生的语文实践能力，逐步培养学生形成自主学习的能力。在真实的问题情境中实现能力的释放与实践，学习不是金字塔中高贵的陈列品，也不是考试卷中高昂的分数，而是与学生的现实生活、真实问题紧密关联的学习诉求，让学生的学习有用武之地，让学生在学习中感受学习的意义。形成学习成长的真体系，"预读—导读—自读"形成了一个学习的微循环体系，推动学习的自然发展，调动学生成长的自然发生。

　　五一小学构建的"语文学科课堂样态"也对教师专业素养提出了更高的要求。教师要做好"三个遇见"，其一，遇见儿童，儿童生长观念的落实需要教师对学生认知系统全面、准确的把握，教师要遇见学生的知识、能力、习惯、策略、情感，预见学生与文本相遇的距离。其二，遇见教材，遇见教材与把课标的关联、与学生关联、与评价的管理在哪里？教师要预见文本与学生的距离。其三，遇见课堂，课堂教学犹如一条船舶，教师要遇见船舶的航程与航标，预见可能出现的风浪。

　　五一小学构建的"语文学科课堂样态"给学生一个完善与生长的场域，让学生自然的、真实的、舒展的生长！这才是教育教学的本质之貌。

（点评：王化英　北京市特级教师）

语文课堂变革—— 群文教学

　　阅读能力是现代公民必备的基本能力，要发展学生的阅读能力，就要通过学生大量的阅读实践。五一小学立足学生发展，深入研究语文课堂样态，语文课堂呈现出三种阅读形态，即单篇阅读、群文阅读、整本书阅读，三种阅读形态共同作用于学生，提高学生的阅读能力。

　　群文阅读是师生围绕一个或多个议题进行阅读和集体建构，最终达成共识的过程。群文阅读的关键是围绕目标恰当地组群，经过实践，五一小学研究的群文阅读课在组群上实现了教材内部、教材内与教材外、教材与整本书等多维度的组群。在议题上，也实现了多角度，如以文章内容为议题、以文章结构为议题、以习作指导为议题、以作家作品为议题等。通过多角度议题，学习的内容由封闭走向开放；学习的过程由单向输入转变为共同参与，师生形成了真正的学习共同体；对知识的认识实现了一元向多元的转换，最终达成对知识的共同认可。在阅读方法上，群文阅读与传统的精读不同，多采用比较阅读、略读、跳读等方法。群文阅读教学的开展给学生提供了多种阅读策略，培养学生掌握纵观全局，分析、对比、归纳、总结，多层级、多角度来地了解、理解、表达的能力，这对于发展学生的思维有着重要意义。

学习写作，群文阅读寻妙招
——群文阅读中的体悟

王 新

小学作文教学是小学语文教学的重要组成部分，也是小学语文教学的难点。从总体上看，目前小学作文教学质量仍不尽如人意，特别是高年级，高耗低效的现象仍很突出。学生们感觉"写作文是最难的作业"；老师认为作文教学工作量大，教学成效不显著。如何解决这些困难，如何教给学生方法，增加学生写作积极性，减少低效环节的出现，一直是我认真思考的问题，而这次群文阅读的研究给了我新的思路。有人说，阅读就像布云，写作就像下雨，要想让学生的写作之"雨"连绵不断，那么你就要多布"云"。群文阅读教学，不仅能增加学生的阅读量，也能让课堂中多样化的阅读方式指向更为明确，已经逐渐成为了开拓学生写作思路，提升写作能力的新途径。

北师版六年级上册第一单元"高尚"主题，选取了三篇文章《一夜的工作》《穷人》《白桦林的低语》，为我们刻画了不同的人物形象。如何利用教材，使学生发现写人文章的特点，学会塑造一个人物形象是我研究的重点，为此我尝试了以下的群文阅读教学。

一、单篇教学，得文寻法

通过学习《一夜的工作》《穷人》，品味语言文字感受人物形象的同时，寻找塑造人物的方法。

环节一：品味语言，寻得方法，感知人物——周总理

师：文中的主要人物是谁？写了他的什么事？

生：主要人物周总理，写了他在一个深夜工作的情景。

（板书：人物 周总理 事件 深夜工作）

师：你觉得周总理是一个怎样的人？你是从哪些语句感受到的？

生：我觉得周总理是一个生活简朴的人。他作为一位总理，"高大的宫殿式的

房子，室内陈设却'极其简单'，一张不大的写字台，两把小转椅，一盏台灯，如此而已。"这样的工作环境让我感受到周总理的品质。

（板书：环境描写　宫殿　陈设）

生：周总理批阅稿子时"看完一句就画个小圆圈，一边看一边思索，有时停笔想一想，有时问我一两句"从这些动作我能看出周总理工作认真，非常辛苦。

生：周总理吃夜宵时花生的数量可以数得清，也可以看出周总理生活简朴的品质。

师：周总理工作时审阅稿子的动作、花生的数量，这些细节描写都让我们感受到周总理辛勤地工作、生活简朴的品质。（板书：细节　描写　动作　数量　品质　辛勤工作　生活简朴）通过板书，完成《一夜的工作》学习单

环节二：运用方法，品味语言，感知桑娜、渔夫的人物形象

师：回忆学习《一夜的工作》，我们是用什么方法感知周总理的人物形象？

	一夜的工作		
人物	周总理		
事件	深夜工作		
品质	辛勤工作 生活简朴		
环境描写	宫殿　陈设		
细节描写	动作　数量		

生：我们先看看文章是用什么事件来写人物品质的，然后看看从哪些环境描写和细节描写来塑造人物形象的。

师：出示《一夜的工作》学习单，看看用这样的方法你们能学习《穷人》这一课吗？

学生边汇报、交流，在品味语言的同时，完成《穷人》学习单。

	一夜的工作	穷人	
人物	周总理	桑娜　渔夫	
事件	深夜工作	抚养邻居孤儿	
品质	辛勤工作 生活简朴	宁可自己吃苦 也要帮助他人	
环境描写	宫殿　陈设	屋内　屋外	
细节描写	动作　数量	心理　语言	

二、组群教学，比较得法

环节一：第一次组群《一夜的工作》《穷人》，发现写人文章方法。

师：出示学习单，对比《一夜的工作》《穷人》两篇文章，你发现这两篇文章有什么相同点和不同点？

	一夜的工作	穷人	
人物	周总理	桑娜　渔夫	
事件	深夜工作	抚养邻居孤儿	
品质	辛勤工作 生活简朴	宁可自己吃苦 也要帮助他人	
环境描写	宫殿　陈设	屋内　屋外	
细节描写	动作　数量	心理　语言	

学生比较发现：

相同点：

1.写人的文章都要选择典型事件来塑造人物的精神品质。

2.塑造人物形象时，要通过环境描写、细节描写来刻画人物形象。

不同点：

1.塑造人物形象时，可以选择伟人，也可以选取普通人。

2.选择事件时，可以选择每天都发生的事，也可以是偶然发生的事，但选择的事件都要利于凸显人物品质。

3.细节描写的选择要根据事件的需要来进行。

环节二：第二次组群《一夜的工作》《穷人》《天游峰的扫路人》，发现人物语言描写的方法。

师：同学们都说，塑造人物形象大多会选择语言描写，那么写什么样的语言才叫精彩的语言描写呢？

生：要符合这个人的身份、体现他的特点（板书：符合身份　反映特点）

师：请同学们阅读《一夜的工作》《穷人》《天游峰的扫路人》这三篇文章，画出语言描写的内容，完成学习单。

语言描写		
段落	关键词	品味（符合身份、反映特点）
《一夜的工作》		
《穷人》		
《天游峰的扫路人》		

师：学生交流汇报过程中，学生发现语言描写的方法，老师随机总结。

（板书：关键词　修饰语　提示语　标点　句式　反复）

师：在塑造人物形象过程中，我们知道这样的语言描写叫精彩的语言描写，那么什么样的动作描写才叫精彩的动作描写呢？什么样的心理描写才叫精彩的心理描写呢？看来今后同学们在阅读文章时，要带着一双"火眼金睛"去阅读，发现塑造人物形象的好方法。

■ 教学反思：

通过单篇教学和两次组群学习之后，学生在有关写人文章的阅读方法上有了不同层次地提升。如：通过典型事件来塑造人物品质，要运用环境描写、细节描写来刻画人物形象；懂得了如何选择人物、事件，再根据事件来确定细节描写的侧重点；学会了借助三篇文章语言描写的比较发现语言描写要符合身份、要反映人物特点，同时这个目标的达成，还要注意语言中"标点""句式""反复"手法的运用。继而在二次组群之后，带给学生的思考是：怎样进行动作描写呢？怎样进行心理描写呢？怎样进行外貌描写等？在这样的学习过程中，学生的思维又有了提升。

群文阅读提升了学生的阅读能力、习作能力，从而实现学生核心素养的发展，使教育目标精细化、具体化、系统化，同时也促进了学生思维水平的提升，对于实现学生核心素养发展具有重要的意义。

触摸神话，推开世界神话之窗

——群文阅读中的感悟

陈 萍

本课采用教材内与教材外内容的组群，围绕"神话是什么？"这一话题，将学习的内容由封闭走向开放；学习的过程由单向输入转变为共同参与，师生形成了真正的学习共同体；对知识的认识实现了一元与多元的辩证，达成对知识的共同认可。在阅读方法上，与单篇文的精读不同，多采用比较阅读、略读、跳读等方法，培养学生多种阅读策略。

神话来源于蒙昧的原始生活，代表了人类对美好未来的追求和对未知世界的探索。世界许多古老民族的历史和文学，都是从神话开始的。神秘的圣经神话、宏大的古希腊神话、悲壮的北欧神话、智慧的中国神话、绚丽的印度神话和具有鲜明民族特色的阿拉伯神话，都以其大胆的想象，优美的语言为我们营造了一个奇幻瑰丽的神话世界。对于孩子们来说，阅读各民族的神话传说，是一个了解世界文化、开阔眼界和拓展想象力的重要途径。我们应当采撷神话这朵瑰丽的奇葩给学生以充分的精神和语言的滋养，给孩子们一个多彩的梦幻世界，这样，不论将来他的心灵驶向哪里，泊在何处，留在他人生底板上的都将是一抹美好的底色。

北师大版小学语文课本中共选用了三篇神话题材的文章：第三册中以勇敢为主题的《精卫填海》、第四册中以立志为主题的《女娲补天》、第十册中以火为主题的《普罗米修斯的故事》。三篇神话故事中只有这一篇是外国神话，又出现在高年级段，可见它应该担负起激发学生对世界各国神话阅读兴趣的责任。于是我以"神话"为主题，以《普罗米修斯》这一文本为源点，辐射阅读相关信息，引导学生从内容上寻找异同，初窥神话的写作密码，完善对神话的认知，从而产生阅读神话的兴趣。

一、上课伊始，学生结合印象中的神话观看地图，了解神话分布

故事畅谈对神话的印象，并根据世界地图初步感知东西方神话的分布及其特点，产生进一步探究神话的阅读兴趣。

环节一：

师：谁来说说神话给你留下了怎样的印象？哪些神话故事给你留下了这样的印

象？能告诉我们这些故事的名字吗？

生：我觉得神话是人们想象出来的，故事性很强，很神奇。

生：我觉得神话是很早很早以前的事情，时间久远。

生：比如《精卫填海》《后羿射日》《女娲补天》。

师小结：你们个个胸怀祖国，但放眼世界不够。师叙述（出示《世界地图》）

同学们请看！神话，我们大体上可以把它分为东方神话和西方神话。东方神话包括大家熟悉的智慧的中国神话，绚丽的印度神话和具有浓郁生活气息的蒙古神话及鲜明民族特色的阿拉伯神话。西方神话包括神秘的圣经神话、宏大壮丽的古希腊神话及悲壮的北欧神话。俗话说：一方水土养一方人，不同地域不同民族的神话故事各有各的民族特色，不信我们就来看一看。

二、阅读猜想，初窥神话特点

学生对东西方神话的种类有了大概地了解后，采取联系生活实际、学过的课文、资料补充等多种渠道对一篇神话发源地的猜测，初步感知神话内容选择的特点与人们所生活环境和民族习惯有关，进而产生对神话写作密码的探究兴趣。

环节二：

师：自己读神话故事，猜一猜这篇神话故事出自哪里？并说明理由。

生：星神的蒙古语叫做"布日汗"，例如我们学过的成吉思汗。

生：我通过查资料知道：七星天就是北斗七星，是蒙古人民最崇拜的天神之一。自古以来，蒙古族就有崇拜星星的习惯，他们曾有天上一颗星，地上一个人的说法，所以每当看到流星，蒙古人都十分恐慌，担心自己的性命不保。所以这篇神话是蒙古神话。

生：描述的景物：云雾、脂膏、草籽。说明这里的人类生活是以游牧为生，所以这篇神话是蒙古神话。

师：通过阅读《蒙古神话》，你对神话有了哪些新的认识？

生：我发现蒙古人神话故事的内容与他们所生活的环境和习惯有关系。

三、对比异同，触摸写作密码

阅读是学生的个性化行为，不应以教师的分析来代替学生的体验，所以在此环节的教学中，学生采用比较阅读、略读、跳读等阅读方式，通过自读、小组讨论对阅读文本进行提炼、归并、发现、概括，使思维能力，语言表达能力得到了展现和提高。

环节三：

师：上节课，我们刚刚学习了西方神话中具有代表性的一篇古希腊神话《普罗米修斯的故事》，这篇《盘古开天地》是我们中国神话殿堂中的瑰宝，现在中西两篇代表作汇聚一堂，你们可以根据学习单提示，先自读再讨论，初探一下中国和古希腊神话的写作密码。

教师提供学习单，学生自读后讨论：

①自读两篇文章和资料寻找各自的民族元素，完成表格。
②浏览两篇神话故事找一找它们的相同点。

小组讨论完善学习单。

民族元素	《盘古开天地》	《普罗米修斯的故事》

小组汇报，补充。

生：我发现中、西方神话在人名上有所不同，中国神话中的神叫盘古，最早出现在梁朝人的《述异记》，且名字比《普罗米修斯的故事》神话中神的名字简短。

生：我发现中、西方神话在地理位置上也不同，中国的这篇神话以五岳为中心，《普罗米修斯的故事》以高加索山为中心。

生：因为地理位置不同，他们生活的环境也不同。《盘古开天地》中有山、河、花草树木、四季分明；《普罗米修斯的故事》有海、山洞、芦苇等。

生：中国神和西方神在外貌也不同。中国神具有人兽同体的特征，而古希腊神的形象是理想的、完美的人的形象。

生：中国神是万能的，他们都借助一些工具，斧头、箭等无私地帮助人类，多是真、善、美的化身，而希腊神不是万能的，他们也有许多人性的缺点。

生：我们也发现了在描写上，中国神话的语句对仗、简洁；古希腊神话场面宏大，人物刻画生动形象。

师小结：你们真了不起，短短的二十分钟的阅读，便已初窥中国和古希腊神话写作密码的冰山一角。相信你们再次阅读神话故事时绝不会再做匆匆过客，做一个深度阅读的智者才不枉今天的学习。

师：到底什么是神话？让我们从今天的这两篇神话故事中找一找相同点，看看你们有没有新的发现。

生：神话产生在远古时代，是因为人们对自然现象不理解而想象出来的故事。

生：这些故事都是人们根据自己的生活环境和民族习惯写的，因为人们能力有限，很多苦难不能摆脱，因此受了很多苦。于是人们就幻想出一位神仙，他像英雄一样去帮助人们，解救人们。

师：现在你们能用自己的话再说说什么是神话吗？

生：神话是人类根据自己所处的环境及对自然界现象的不解从而进行想象，表达了人类对美好未来的追求和对未知世界的探索。

四、拓展畅谈，领略神话精神

在学生初步感知了神话的特点后，引入美国哈佛大学神学院教授对中国神话的评价希望激发学生博览世界神话的兴趣，使他们的阅读不再走马观花，希望异彩纷呈的各国经典神话能给孩子们纯真的童年生活以充分的精神和语言的滋养。

环节四：

师：同学们，世界许多古老民族的历史和文学，都是从神话开始的。美国哈佛大学神学院教授最近在中国某大学做了一次演讲，他说"钻木取火"："我们的神话里，火是上帝赐予的；希腊神话里，火是普罗米修斯偷来的；而在中国的神话里，火是他们钻木取火坚韧不拔摩擦出来的！这就是区别，他们用这样的故事告诫后代，与自然作斗争！"他说"大禹治水"："面对末日洪水，我们在诺亚方舟里躲避，但中国人的神话里，他们的祖先战胜了洪水，看吧，仍然是斗争，与灾难作斗争！"他说"愚公移山"："如果你们去读一下中国神话，你会觉得他们的故事很不可思议，抛开故事情节，找到神话里表现的文化核心，你就会发现，只有两个字：抗争！假如有一座山挡在你的门前，你是选择搬家还是挖隧道？显而易见，搬家是最好的选择。然而在中国的故事里，他们却把山搬开了！可惜，这样的精神内核，我们的神话里却不存在，我们的神话是听从神的安排。"中国人的祖先用这样的故事告诉后代：可以输，但不能屈服。看了这则报道，你有什么想法？

生：我为我是中国人骄傲。

生：我要继承祖先的精神，把它发扬光大，让世界不仅看到中华民族过去的伟大与辉煌，也让他们知道作为中国未来接班人的我们也是中华民族的骄傲。

生：我想知道我们神话中蕴含着这样的精神，那么他们的神话里又孕育着怎样的精神呢？

师：是的，孙子有云：知己知彼，方能百战百胜。让我们一起走进世界民族的文化母体，寻找属于他们民族的精神家园，从中汲取更多的营养，滋养我们的心灵。

教学反思：

在"群文阅读"这个全新的课堂中，我努力做到：给学生一个"开放的课堂"。学生根据文本，进行猜测，推断，因为没有特定要求，所以每人都有发现，每人都有热情；给学生一个"交流的课堂"。实现了真正意义上的"生生交流"，学生在小组研讨中，将自己的阅读发现分享给小组同学，平时阅读广泛、善于思考的同学侃侃而谈，那份兴奋、那份自信，溢于言表，那些平时阅读不够用心或不善表达的同学，听得津津有味；给学生一个"快乐的课堂"，在课堂中把阅读的自主权还给学生，教师仅仅是学生的引导者、陪伴者，学生主体地位的突出，使孩子们围绕文本主动建构、探究和感悟，在交流汇报时，每一个上台汇报的小组都能与台下的同学进行真实的观点碰撞，在碰撞中，学生自我修正，体会到分享的快乐与成长。

·专家点评

王老师的《学习写作，群文阅读寻妙招》和陈老师的《触摸神话，推开世界神话之窗》，是两篇优秀的群文教学课例，其优势有如下几点：

1.打破了单篇阅读的藩篱。两位老师的课不再局限于初始的单篇阅读教学，课堂容量极大，将一组文章呈现给学生：《一夜的工作》《穷人》《天游峰的扫路人》为一组，《普罗米修斯的故事》《盘古开天地》《蒙古神话》为一组。这种组合方式，超越了单篇阅读的不相统属，各自为政，而试图找到它们内在的逻辑联系。

2.丰富了学科样态模块。两位老师的群文课例，是泛读模块的重要环节，拓宽了学生的视野，丰富了学生的底蕴。《一夜的工作》和《穷人》，表现了中外不同的人物形象及其高尚灵魂，引导学生在情感态度价值观上产生心灵的净化与仰慕。神话群文则展示了不同民族的风俗习惯和民族心理，极大地扩展了学生的眼界。

3.确保了语文素养的落实。王老师的人物群文，引导学生通过事件来塑造人物品质，运用环境描写、细节描写来刻画人物形象，懂得了如何选择人物，如何选择事件，如何根据事件来确定细节描写的侧重点，这既涉及语言层面的素养，也涉及审美方面的素养。陈老师的神话群文，引导学生窥探中国和古希腊神话写作密码的冰山一角，立足于审美和文化层面，同时借助神话人物的抗争精神，培养学生的思维发展。

4.激励了教学方式的转变。王老师的人物群文，既有对单篇阅读教学的回顾，又有群文阅读的对比学习，在对比学习时还进行了一次组群和二次组群，使得文本的意义更加丰富。陈老师的神话群文，巧妙地设置情境，应用了阅读策略中的预测策略。两位老师都有意识地使用学习单，使得课堂教学更加聚焦。

5.促进了学习方式的革新。学生在课堂上，或者使用批注方法来完成学习单，或者使用班级读书会，或者联系课外阅读，或者讨论交流，不一而足。

当然，如果在群文阅读时，能结合写作的训练，将阅读与写作结合，真正落到笔头，就更完美了。

（点评：方麟 北京教育学院）

第二节
数学篇
SHUXUEPIAN

智慧教学范式——数学学科课堂样态

黄建鹏　李志芳

有一个问题始终萦绕在我校数学团队老师们的心中："孩子们六年的数学学习，最重要的收获应该是什么？"是啊，学生的终极获得也是我们每次出发的"初心"，也是我们进行课堂教学以及数学教育的行动方向和不竭动力。为此，在2012年，我们以"通过数学教育，我们希望培养什么样的人？"为题进行了一次面向数学团队全体教师的调研，每位教师都积极参与了这次讨论，并发表了自己的看法。最终，我们汇总梳理出了这样的观点：1. 做爱生活（爱学习）的人——呵护学生的好奇心，激发他们的求知欲，培养自主学习的意识和能力；2. 做真实的人——说真话，做真研究，培养他们的科学精神和严谨求实的态度；3. 做心灵自由的人——懂得规范，遵守规范，但不因此而束缚思想；4. 做独立的人——鼓励学生有自己的想法，勤于实践，敢于创新，能够自我反思，自我优化；5. 做合群的人——乐于合作，有开放的态度，包容的胸怀，能够平和地与他人交流，愿意贡献自己的心力。这是数学团队教师们的共识与追求。为使这些目标能够真实达成，团队所有成员共同研究并推出了数学课堂样态，并在常态教学的过程中，不断研究与完善。教师努力构建以生为本、真实生长的数学课堂，积极变革教与学方式，拓展学生的学习时空，引导他们主动深入探究，鼓励他们畅所欲言，生生交流研讨，创造机会让他们大胆进行实践创新。

数学课堂样态图

数学课堂样态解读

数学样态体现数学教育的价值追求以及课堂教学的践行方式。它包括：一个核心，三个维度；一种氛围，两个关注，三种学习方式。

一个核心：数学素养。数学素养指具有数学基本特征的、适应个人终身发展和社会发展需要的人的、具有数学特征的关键能力与思维品质。要使学生更好地达成这一素养，内涵丰富的数学学习活动尤为重要。东北师范大学史宁中教授将数学教学的终极目标概括为三句话，即让学习者能够"用数学的眼光观察现实世界，用数学的思维思考现实世界，用数学的语言表达现实世界"，我们将这三句话看作是对数学核心素养的具体化解读。其中，"用数学的眼光观察现实世界"是指会抽象地、一般性地看待问题，因为数学研究的问题不是个案的，而是一般的，更加需要透过表面看内涵，思考其本质特征，这体现着数学的一般性特征；"用数学的思维思考现实世界"是指能够结构化地、有逻辑地思考问题，这体现着数学的严谨性特征；"用数学的语言表达现实世界"是指数学在描述事物本质时所使用的符号与数学模型，这体现着数学的广泛性特征。这三句话表达了数学素养的内涵，也是每位教师开展所有数学活动的共同行动方向。

三个维度：核心本质、思想方法和情感态度。为使数学素养的培养能够在学习活动中更好地扎实践行，我们努力从三个维度构建数学课堂学习。核心本质：我们将小学数学课程标准中的八个核心概念聚焦为四个关键概念，即数学抽象（含数感、符号意识、几何直观和空间想象）、逻辑推理（含运算能力和推理能力）、数学模型（即模型思想）、数据分析观念；思想方法：我们选取了小学数学教学中常用的部分数学思想方法，即数形结合、分类、转化、类比、函数等；情感态度：我们的课堂教学中必须关注学生的积极情感体验，其中特别关注的是学习兴趣的激发、自信心的建立、思辨及严谨求真的科学精神的培养。

一种氛围：民主，对话，生成。"民主，对话，生成"是课堂的良好学习氛围，这三个词来源于"五一小学智慧教学范式"。我们的数学课堂是民主的，每个孩子都可以自主探究，大胆表达自己的想法，教师及每个孩子都充分尊重他人的意见；我们的数学课堂是关注对话的，师生交流，生生交流，我们提倡课堂上有"不同的声音"，鼓励学生在认真听取他人想法的同时充分讨论，培养学生的思辨精神；我们的数学课堂是关注生成的，教师主动将课堂新生成拓展为学习的动态资源，在真实的学习中实现师生的共同成长。

两个关注，即关注学生应用意识、创新意识的培养和关注学生自主学习能力的培养。我们的数学教学要引导学生主动应用所学知识、方法、经验去发现以及解决现实世界中的实际问题，在实践的过程中大胆创新；同时在学习中引导学生学会学习，树立自主学习的意识，形成自主学习的能力。应用和创新意识培养关注的是学生学以致用、实践创新能力，而自主学习能力关注的是学生终身学习及其后续的持续发展。

三种学习方式：核心导学、自学互学、主题研学。这是我校数学学科提出的三种教学方式。核心导学课：主要应用于数学核心概念建立的教学内容，在开放、自主的探究性学习活动中建构数学概念，达成对数学核心本质的深入理解；自学互学课：主要应用于借助对核心概念的理解进行拓展迁移的学习内容，以生生互动头脑风暴式的交流研讨活动为主要学习方式，关注学生思辨能力培养，自主完成对数学学习内容的拓展与深化；主题研学课：主要应用于综合实践领域的学习内容，以数学或生活问题为任务驱动，学生应用所学的知识、经验，自主完成对问题的研究与解决，在学以致用的过程中关注对学生实践创新精神以及能力的培养。以上三种学习方式既关注夯实学习功底，积累研究及活动经验，又聚焦学生自主学习能力的培养。

随着学习地不断深入，学生的研究从关注数学到关注生活，视野越来越开放。在学习活动中，自主学习的空间越来越开放，自主化程度也越来越高；在完成数学素养的培养任务的同时，综合素养也将得到不断提升。

数学课堂变革——核心导学课

　　在数学学习中，有一部分学习内容是数学的核心概念和基本认识，是学生后续学习的重要认识根基，同时这些内容的学习又通常会涉及到重要的数学思想方法启蒙，因此我们用"核心导学"这样的方式设计学习活动。在核心导学课上，教师设计具有思考价值和一定思考深度的探究活动，引导学生全程参与，主动建构，加深对数学核心本质及思想方法的理解，深化原有认知，为后续学习奠定坚实的基础。例如《小数的意义》《周长的认识》《统计的初步认识》等这样起"种子"作用的学习内容，通常会采用"核心导学"的学习方式。

核心导学课例1：复式折线统计图

田桂梅 王晓丽

一、教材分析

《复式折线统计图》是北师大版五年级下册第八单元"数据的表示和分析"第二课时的教学内容。"数据的表示和分析"隶属于"统计与概率"领域，而数据分析观念是统计的核心。

《课标》中指出：了解在现实生活中有许多问题应当先做调查研究，收集数据，通过分析作出判断，体会数据中蕴含着信息；了解对于同样的数据可以有多种分析的方法，需要根据问题的背景选择合适的方法；通过数据分析体验随机性，一方面对于同样的事情每次收集到的数据可能不同，另一方面只要有足够的数据就可能从中发现规律。

通过纵向梳理教材我发现，教材注重设计贴近学生生活实际的主题活动："吉祥物""小小鞋店""栽蒜苗""怎么投更远""营养要合理"……这些都是学生可以亲自参与的真实活动，学生在不断经历收集、整理、分析和推断的完整的统计学习过程中，逐步形成数据分析观念。

从单元题目（如右图）可以看出都在聚焦"数据"，只不过各个年级的侧重点不同，但都是基于"数据"的数据分析，足见数据和数据分析都非常重要。

北师大版二年级下册	调查与记录
北师大版三年级下册	数据的整理和表示
北师大版四年级下册	数据的表示和分析
北师大版五年级下册	数据的表示和分析
北师大版六年级上册	数据处理

数据对于数据分析是极其重要的，教材是怎样安排，又是怎样带领学生一步一步感受到数据作用的呢？（如下图）

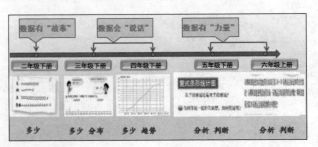

我们发现，学生从二年级就开始了真正的统计活动，他们通过调查和记录，了解到数据蕴含信息，数据就像是"有故事"的；到了三四年级，学生在了解到数据蕴含信息的基础上，能够充分读懂信息，数据就变得"会说话"了；而到了五六年级，我们要引导学生尝试挖掘数据背后的丰富信息，做出合理的分析与判断，为决策提供有力的支撑。

本节课，我继续设计贴近学生生活实际的统计活动，使学生在活动中聚焦数据、亲近数据，基于数据做出分析，有理有据的表达自己的想法，做出决策，逐步形成尊重事实，用数据说话的科学态度，发展数据分析观念。

二、学情分析

史宁中教授指出：学生要对统计的事情感兴趣，在教学时要注重培养孩子们对于数据的感情，亲近数据，使他们知道数据能够帮助人们做事，通过数据判断比瞎猜好。我们的统计活动，在关注真实的同时，还要关注学生的兴趣度。为此，我进行了两次学情调研。

【第一次学情调研】

调研对象：五（9）班40名学生

调研目的：学生对什么样的统计活动更感兴趣？

调研题目：你对下面的哪个统计活动更感兴趣？（单选）

A. 某地某时间段的气温情况（教材上的原情景）

B. 四年级各班定点投篮比赛派谁去（校园正在发生的事）

C. 北京某时间段雾霾天气情况（社会热点话题）

D. 学校各班献爱心捐款活动情况（学生曾经经历的事）

调研结果：

通过此次调研我发现：学生对四个统计活动都有各自的支持者。排在第一、第二的分别是投篮比赛和爱心捐款，这两个主题都是学生亲自参与的活动，而且对"投篮比赛派谁去"感兴趣的人更多，占参与调研总人数的60%，原因是篮球比赛是我们学校近期在中高年级举办的活动，足见学生对于校园正在发生的事，尤其涉及到决策方面的话题更感兴趣。

前面学生已经学过了单式条形统计图和单式折线统计图以及复式条形统计图，那么学生能否在没有正式学习本课的前提下获取信息，引用数据进行分析呢？为此我进行了第二次学情调研。

【第二次学情调研】

调研对象：五（9）班40名学生

调研目的：了解学生读取复式折线统计图的水平

调研题目：4月7—10日我国南北两地最高气温统计图及问题。

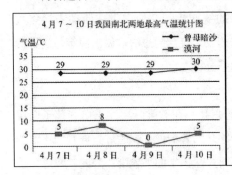

看图回答下面的问题。

（1）两地哪天的最高气温相差最大？相差多少？

（2）两地最高气温相差25℃的是哪天？

（3）曾母暗沙的最高气温是如何变化的？漠河呢？

（4）从总体上看，两地这几天的最高气温之间最明显的差别是什么？

通过调研我发现，学生在前面的学习中已经具有了初步的数据分析观念，学生回答这些问题并不困难，这是因为这个情境不需要做决策，所以他们感受数据的力量并不那么强烈。

三、教学目标

1.通过投篮派谁去的活动，经历完整的统计学习过程，认识复式折线统计图并了解它的特点。

2.在对数据的收集、描述、分析过程中，不断体会数据对决策的重要作用，感受随机性，进一步发展学生的数据分析观念。

3.通过统计活动中不同视角进行的分析，培养学生能够尊重并平和地面对不同见解。

四、教学重难点

感受数据对决策的支撑作用，发展学生的数据分析观念。

五、教学过程

【活动一：投篮比赛"派谁去"】

（播放四年级定点投篮的视频）

师：比赛规则是：站在罚球线上投球，计时3分钟，投中球多的胜。四年级14班有三名学生积极报名，而且他们在平时进行了认真的练习。派谁去呢？这可把班主任金老师难住了！

生1：派个子高的去。

生2：派动作灵活的去。

生3：看看谁的实力强。

（设计意图：从学生感兴趣的正在发生的活动引出问题，激发学生参与统计活动的需求。在帮助金老师解决问题的交流中，要看三个人谁的实力强，从而主动要数据，培养学生的统计意识。）

【活动二：三位选手"派谁去？"】

师：（出示某一次练习成绩）派谁去？

生1：派刘同学去，他的成绩最好。

生2：只看一次成绩，说服力不足，可以看看他们多次的成绩。

师：出示三人一周的练习数据（原始数据）

江金泽：第一天3个，第二天1个，第三天7个，第四天3个，第五天4个，第六天8个，第七天6个。

刘佳烨：第一天5个，第二天6个，第三天5个，第四天6个，第五天5个，第六天6个，第七天6个。

王晟煜：第一天1个，第二天2个，第三天2个，第四天4个，第五天4个，第六天5个，第七天6个。

师：看到这些数据你有什么想法？

生1：可以把数据整理一下，制成统计表，更清晰。

生2：可以画成统计图，更直观。

生3：可以算算平均数。

师：想一想你准备制成什么样的统计图？

（学生利用iPad制作个性化的统计图）

师：（出示学生iPad绘制的统计图）比较一下，对于解决"派谁去"这件事，你认为哪幅图更合适呢？今天我们就通过复式折线统计图来分析，看看你会有什么发现。

师：从图中你看到了哪些信息？想到了什么？

生1：读出统计图名称、横纵轴、图例、各个数据等信息。

生2：找出最高、最低、三个同学在某一天的成绩对比等数据情况。

生3：分别说出派哪名同学去及各自的理由。

生4：猜测产生这样数据的原因。

师：三个同学各有各的支持者，我们回顾一下：三个同学目前呈现出来的特点是什么？你是从哪儿看出来的？

生：江金泽：忽高忽低；刘佳烨：平稳；王晟煜：上升。

（教师组织学生利用iPad进行第一次现场扫码投票，直接生成统计结果。）

师：目前我们给三个同学的投篮水平预测一定合理吗？想对他们的水平预测得更合理些可以怎么办？

生：数据有点少，希望三个同学练习的时间长一些，以便收集更多的数据。

师：出示数据（如右图）数据增多了，好好看看，想一想你最初支持的人选要改变吗？

教师组织学生利用iPad进行第二次现场扫码投票，直接生成统计结果。

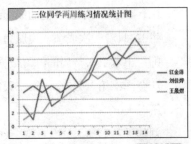

师：谁的决策发生变化了？为什么？

结合数据说明自己决策发生变化的原因。

师：复式折线统计图有什么特点？

生：便于对比分析，清楚看出变化趋势。

（设计意图：通过对三名学生一周、两周投篮情况进行分析，体会到复式折线统计图有利于进行对比分析，便于观察出变化趋势的特点。学生意识到更多的数据样本使判断更趋合理，但是依然不能确定，充分体现数据对于决策的力量，发展学生的数据分析观念。同时，基于操作经验和知识经验，利用iPad表格功能直接生成统计图；现场扫码投票摒弃人为因素的影响，数据是真实的，统计是有效的，腾出更多的精力放在数据分析上。）

【活动三：总结提升，发展统计观念】

师：如果派刘佳烨去，你能保证他比赛当天的成绩吗？为什么？不能确定成绩，那么我们收集这么多数据，反复地做分析有什么价值？

生1：不能确定，有可能好一些，有可能差一些

生2：更多的数据可以使我们的预测更合理

师：期末，咱们年级也要进行投篮比赛，如果你是班主任想怎么办？

生：开展统计活动；练习的时间长一些，收集更多的数据进行对比分析。

（设计意图：通过交流再次体会随机性，感受数据的价值，发展统计意识。）

六、板书设计

教学反思：

《复式折线统计图》属于统计与概率领域，其核心概念是数据分析观念。本节课重在引导学生经历完整的统计学习过程，鼓励学生根据不同背景多角度分析数据，感受数据对于判断和决策的力量，发展数据分析观念。"派谁去"需要决策，这样就凸显了数据对于决策的支撑作用。学生在多次经历统计的过程中，不断增强对数据的亲近感，遇到问题时更愿意去收集数据来解决问题，数据分析观念深入人心。

这节课的研究给我最大的感触就是：有效的数学教学要基于教师对数学核心概念有正确和较高的理解与把握。就拿这次上课的统计话题来说，通过认真学习和团队研究，我逐渐认识到，统计学对结果的判断标准是"好""坏"，而不是"对、错"。从这个意义上讲，统计学不仅是一门科学，也是一门艺术。经过这样长时间浸泡在统计领域的研究中，我收获更多的是自我认识不断完善和提升的喜悦。现在每每和人交流问题时，我都会多次问自己：有没有引用足够多的真实数据作为支撑？以前我也曾看到过这几句话："在终极的分析中，一切知识都是历史；在抽象的意义下，一切科学都是数学；在理性的基础上，所有的判断都是统计学。"当时没有什么感觉，但是经历了这节课的研究过程后，我对"在理性的基础上，所有的判断都是统计学"有了更深刻的理解。

同时我也感受到，作为一名数学教师，还要有对教育以及对学生的更高位认识，要关注学生综合素养的提升。我努力通过统计这个领域的学习带给孩子们更丰富的收获，它远远不止是制图看图，而是尊重、接纳，能够客观、理性、平和地面对不同意见……上面这些貌似非数学知识所给予孩子们的，也是一种重要的素养。在数学教育研究的道路上，我与孩子们同行，与他们共同成长！

史宁中教授说：我们要培养孩子"用数学的眼光观察""用数学的思维思考""用数学的语言表达"。这三句话也引领着我们的教学课堂建设，围绕"核心素养"的养成，五一小学努力构建"民主、对话、生成"的课堂。从学生感兴趣的真实情境出发，不断研究，探索新知，建立数学概念，总结有价值的学习经验，让孩子们"有力"的成长。

本节课隶属于"统计与概率"领域，培养数据分析观念是核心。学生在之前的学习中，已经积累了一定的统计活动经验，学习掌握了单式折线统计图，本节课的重点在"数据的表示与分析"。通过活动，利用复式折线统计图进行分析判断，依据数据，帮助自己做决策，从而进一步体会数据的力量。

本节课的第一个亮点是情境的设置。"投篮比赛"是一个孩子身边真实存在的情境，"派谁去"将影响班级荣誉，与学生的切实利益有关，一下子就抓住了孩子的心。而且，这个决定不能随便下，必须有根据，产生了对数据的真实需求。让学生真正地感受到"数学"有用。"派谁去"这个情境延续上一节课《复式条形统计图》的脉络，基于真实情境、让学生经历完整统计学习过程。整个判断的过程中，教师设计了三次"派谁去"的讨论过程，每一次都有明确的教学目标，层层深入。学生的判断也会根据数据的变化而调整，每次调整又都是有理有据。整个学习过程，数据与思维判断紧紧缠绕在一起，充分体现了数据带来的力量。

以往的教学，绘制统计图的过程复杂且费时。本节课，利用现代化技术手段，很好地解决了这个问题。课堂上两次使用ipad：第一次学生利用iPad功能现场生成复式条形统计图或复式折线统计图；第二次利用iPad进行现场扫码投票，让学生独立的意见得以直接表达，统计快速且有效。技术能够解决的问题，让机器去完成，孩子们应该做些更有价值的事。

"核心导学课"，有着重要且明确的教学目标，在教学知识与技能的同时，教师更加注重学生经历完整的统计活动，发现问题，整理数据，分析数据，解决问题，感受数据的力量，逐步形成数据分析观念。

（点评：刘延革　北京市数学教研员）

核心导学课例2：两位数加减一、两位数（100以内）

刘莹 赵靖

一、教材分析

苏教版教材，在计算两位数减一位数的时候，没有出现竖式，用直观的小棒帮助学生摆出思考的过程，为后面的学习做好铺垫。在学习两位数减两位数的时候，用直观的小棒和计数器表示思考过程，帮助学生理解算

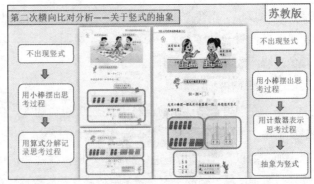

理，实现由直观到抽象的过程。苏教版中的计数器，用了三种颜色，更加凸显了计数单位转化的过程。这个版本的教材强调理解算理的过程，并且放慢了抽象的过程。

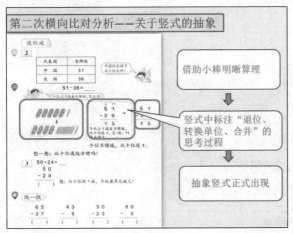

人教版教材同样是借助小棒来帮助学生清晰算理，并且在出现正式的竖式前铺垫了带有标注的竖式过程，清晰了借位的过程，拉长了对算理的理解过程。

北师版教材体现出了运用多种方法表达思考过程，帮助学生充分的理解算理及运算的本质。首先用小棒摆出思考过程这是在利用直观模型学具表达思考；同时用算式做记录，用数学语言表达思考；接下来用计数器拨珠表达思考，这是利用第二种直观模型学具表达思

考过程，最后用语言描述思考过程。在运用了多种方式表达了思考过程后，抽象到保留数位标记的竖式表达。经历这样漫长的一个过程，主要是在强调：（1）算理的理解；（2）放慢抽象过程。三个版本的教材都在共同做一件事：关注算理的理解，放慢抽象的过程。

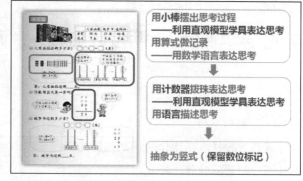

二、学情分析

学生在学习本节课以前已经认识了100以内的数，会用多种方法表示数的结构，借助情境图理解数的含义。对于运算，学生已经学习了加法和减法的意义，会计算20以内加减法以及100以内不进位加法、不退位减法和进位加法。学生具有运用丰富方法表达算理的操作经验，那么对于退位减法学生有哪些认识呢？为了进一步了解学生的学习情况，我进行了以下调研。

【调研一】

调研目的：学生能否用竖式表示计算过程。

调研对象：一年级84名学生。

调研题目："30-7=（　　　）"用竖式计算。

调研结果：

	竖式		
	正确	结果正确不标准	不会
人数	34	28	22
百分比	40%	34%	26%

98%的学生可以运用一种或者多种方法正确计算。其中有74%的学生能够运用竖式进行计算，其中40%能够正确书写竖式。

对于已经会用竖式进行计算的学生来说，他们真的理解竖式的含义吗？带着这样的疑问，我又对会用竖式正确计算的学生进行了二次调研。

【调研二】

调研目的：学生能用多种方法表达竖式的含义吗？

调研对象：能够正确书写竖式的34名学生。

调研内容：请您用多种方法解释竖式的含义。

调研结果：

	其他		竖式		
	能正确表达	不能正确表达	正确	结果正确不标准	不会
人 数	19	15	34	28	22
百分比	56%	44%	40%	34%	26%

基于以上调研，我们发现，学生虽然能够运用竖式进行准确计算，但是44%的学生却没有表达出"退一当十"的过程。

对于这56%既会用竖式计算，又能够运用多种方法表达竖式含义的学生，他们的提升点在哪里？他们能将竖式与各种方法建立起联系吗？于是我对这一小部分学生又进行了以下调研。

【调研三】

调研目的：学生能把各种方法的每个环节建立一一对应关系吗？

调研对象：一年级会用竖式进行计算并且会解释算理的19名学生。

调研题目：找出竖式中每个部分在其它方法中的对应位置，圈出来。

调研结果：

对于抽象的退位点，有的学生认为一捆小棒表示退位点，有的学生认为一颗珠子表示退位点，无法沟通图与竖式之间的联系。

通过前面的教材分析及学生调研的情况，我有如下思考：第一，在借助多种模型理解算理的过程中，全面沟通各种方法之间的联系。本节课让学生借助小棒、计数器等模型在操作或者画一画、写一写的活动中逐步抽象出竖式。通过在图中找一找，圈一圈的活动，让学生把竖式中每一个部分与其它方法一一对应，从而建立多种方法之间的联系。通过在各种方法中找"退位点做了什么事？"帮助学生关注"退1当十"的过程，进而理解十进位值制。第二，由一道算式到一类算式，从不同中寻找相同，进一步理解退位减法的本质。

本课的教学中我尝试引导学生运用研究"30-7"的方法，自主迁移到解决"32-7"的问题。让学生进行充分的观察、比较，发现算式不同但计算过程中都有"退1当十"的过程，并能够抓住这个特征将其迁移到两位数减两位数退位减法，甚至更多数位的退位减法中，帮助学生提高数学的思维，发展学生举一反三、主动迁移的能力。

三、教学目标

1.在学习运算的过程中，进一步理解运算的意义，加深对数的认识；探索100以内进位加法、退位减法计算方法的过程，理解算理掌握算法。

2.借助直观模型，从具体到抽象，再由抽象回到具体，全面沟通方法之间的联系，理解"十进位值制"的含义，培养运算能力及举一反三的学习能力。

3.培养学生主动参与、积极思考、善于表达的习惯。

四、教学重难点

进一步理解运算的意义、算理及算法，加深对数的认识；体会十进位值制的价值；培养运算能力。

五、教学过程

【活动一：设置情境，提出问题】

师：（出示阅览室情境图）你看到了哪些数学信息？

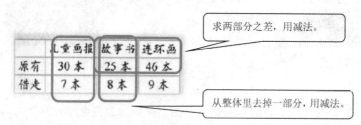

师：请你提出用减法解决的数学问题。

预设：①儿童画报还剩下多少本？谁会列式？——30-7

②故事书还剩下多少本？谁会列式？——25-8

③连环画比故事书多多少本？谁会列式？——46-25

师：为什么这些问题可以用减法解决？（理解减法意义）

"30-7""25-8""43-25"我们先解决一个问题，学习之后看看能不能自己解决后面的两个问题。

（设计意图：借助情境图再次理解减法运算的意义。）

【活动二：借助多种模型，探究算法】

借助多种模型，独立探究"30-7"的计算方法及算理。

师：（1）静静想一想，你能想到几种方法解决计算问题？

（2）画一画，写一写，算一算，一种方法用一张纸。学生两人一组活动，通过多种方法解释计算方法。——小棒、画计数器、数线、竖式……

（设计意图：借助学生已有的知识、经验、方法、策略等培养学生独立解决问题的能力，鼓励算法多样化，借助多种直观模型帮助学生初步理解退位减法的算理。）

【活动三：多种表达，清晰算理】

多种方法汇报：

师：（1）小棒图谁看懂了？能重新演示一下过程吗？

（2）计数器图能看懂吗？把过程重新演示一下？

（3）多种方法展示，梳理计算过程

同桌相互说一说你是怎么想的。

（设计意图：引导学生共同关注"退一当十"的过程。）

师：这几种方法中，都做了一件特别重要的事，你能找到吗？

（4）抽象到竖式。竖式你能看懂吗？谁来讲一讲。

（5）观察思考竖式和各种方法之间的联系。

师：竖式和刚才的这些方法有联系吗？

边板书边说："30"在哪儿，"7"在哪儿，"借位点"干了什么事儿？"23"在哪儿。（手势帮助学生观察）

小组合作，在你的图中用相应的颜色圈一圈，学生圈完了，再找学生上来圈。

（设计意图：读懂每一种方法，在各种方法的思考过程中理解"退1当十"的道理；从抽象回到具体，建立各种方法之间的联系；读懂每一种方法中的每一个环节，实现方法之间的完全转化，帮助学生加深理解。）

【活动四：举一反三，从特殊到一般】

师：我们刚才用这么多种方法解决了"30-7"这个问题，你还能解决类似的什么问题呢？——25-8、46-28……

学生独立解决"25-8"

师：（1）先想：用刚才这些方法能解决吗？

（2）再做：选一种你最喜欢的方法，解决"25-8"。

（3）学生独立尝试，全班交流反馈。

师：对比"30-7"，"25-8"，这两个算式有相通的地方吗？

生：当这一位不够减时，都要从前一位"退一当十"。

师："30-7""25-8"……

我们现在能解决两位数减一位数的问题了，你还能解决哪些问题？

（设计意图：从特殊到一般，通过理解"30-7"的算理和算法，能够理解退位减法这一类的算理和算法。）

【活动五：全课小结】

师：孩子们，你们小小年纪就能从这么多不同方法中找到相同的地方，而且还能在相同的情况下想到更多丰富的不同，真是太了不起了！这样的学习方法在未来也是非常有用的，希望你们在今后的学习中继续尝试！

六、板书设计

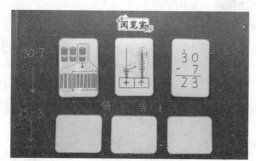

教学反思：

本课是我校数学三种课堂学习方式中的核心导学课，这种课型特别关注数学核心本质的内容，在开放、自主的探究性学习活动中建构数学概念，达成对数学核心本质的深入理解。本课的教学中设计了两次找联系的活动：第一次让学生运用多种教学模型，摆一摆，画一画在具体的实物操作过程中认识退位的计算过程，沟通数学模型之间的联系，理解十进制，位置制的概念；第二次在充分的模型操作的基础上抽象出竖式，再把竖式的每个部分与模型一一对应，加深对"退一当十"的理解，也是对十进位置制的强化。

每节课的教学不是独立的存在，知识基础及知识的延伸对一节课的教学有着很重要的引导作用，知识点也不是独立的存在，在学习每一个单独的知识点时，都需要去关注它的前后联系。好的课堂教学既关注教材的理解也关注学生的学习程度。深度剖析学情，才能使每一节课达到最佳的效果。因此，在今后的教学中还是要立足教材的解读和学生的学情。

对本节课的教学，我觉得还是存在着一些遗憾。把重点落在了"30-7"的教学环节，在这个教学环节充分的理解了算理，但是在32-7的这个环节，没有留下足够的时间给学生去感受"退一变—加—减"——即"1"的借位过程，应该留给学生多一些时间去交流计算的过程，充分通过各种方法去理解算理。

·专家点评

本节课的学习内容——"退位减法"是低年级计算教学中非常重要的一节课。如果将"退一当十"单一定位于"规定"，在计算中仅仅是算法的反复操作，就显得过于简单与机械。我们看到，在本课的前期思考中，教师对教材进行了深入分析与细致解读，挖掘核心本质；对一年级小学生的学习基础和认识中的困难点做了认真的调研分析，确定了定位准确的教学目标，并基于目标设计了内涵丰富的学习活动。

1.关注对数意义及十进位值制的理解

教师将本课学习定位于对数意义的理解，积极挖掘了退位减中丰富的数学内涵，引导学生在思考、操作、探究、提炼中不断加深对数意义的理解，对十进制、位值制的认识也得到不断深化。

2.关注多种表达之间的"完全互译"

在课堂学习中，教师为学生创设比较大的研究空间，引导学生利用学具操作拼摆，讲解算理。同时教师也特别重视多种方法之间的沟通联系，尤其可贵的是，在建立方法与方法之间的联系时，教师特别重视"完全互译"，不仅建立了退位1之间的联系，还让学生完整地用一种方法解读另一种方法，实现了算式每一部分的完全转换，扎实彻底地实现了方法之间的"相互读懂"。

3.关注拓展迁移的学习能力培养

在学习中，教师有意识地引导学生进行拓展和迁移，用"解决了30-7的问题，你还能解决类似的什么问题？""现在能解决两位数减一位数的问题了，你还能解决哪些问题？"这样的提问，引导学生进行迁移，从学会一个例子拓展思考解决一类问题，这种"见树木又见森林"，主动举一反三的意识和能力，对学生后续的学习成长是非常重要的。

（点评：刘加霞 北京教育学院教授）

数学课堂变革—— 自学互学课

　　这种学习方式通常在迁移性或非数学核心内容的学习内容中使用。学生在核心导学课上完成了对关键概念主动正确的建构之后，在自学互学的课堂上应用相应认知进行拓展应用，并实现从另一个角度对关键概念的再次深入认识。

　　在学习时，学生或是先期独立完成自学任务，或是针对当堂提出的研究问题进行独立思考，然后带着自己的认识及困惑与同伴进行互学研讨。在这个过程中，分享认识，解决困惑，深化认知。这种学习方式最突出的特点就是学生之间头脑风暴式的交流研讨和思维碰撞。所有的学习活动、学具使用都是源于学生自发的交流需求。在自学互学课中，教师要从讲台上退下来，作为活动的参与者之一，加入学生的研讨活动。当热烈的讨论出现方向偏离的时候，教师及时站出来进行必要的调控；当生生讨论总是浮于表面时，教师适时站出来引导学生进行必要的提升。这种学习方式特别关注学生思辨能力和合作交流能力的培养，注重在师生之间，生生之间建立一种平等、对话、协商的伙伴关系，引导学生在共同研讨、充分对话、真诚交流的过程中认识自己，悦纳他人，幸福成长。

自学互学课例1：三角形边的关系

于丽明 于 丹

在四年级《三角形边的关系》一课中，我们尝试采用自学互学的方式，借助研究三边关系这个素材，让学生亲身经历探索的全过程，主动提出并探究问题，动手操作，互动交流。随着课堂研讨中生成问题的不断提出，将学生的思考不断推向深入，也使孩子们对三角形边的关系的认识得以层层深化；生生头脑风暴式的交流活动锻炼了学生沟通、合作、交流等多种能力，取得了很好的效果。

一、教学过程

上课伊始，教师组织学生进行三角形拼摆活动："将一条线段任意剪两刀，用得到的三条线段首尾相接围成三角形。你能做到吗？"学生两人一小组，利用手中的学具进行尝试，发现有些可以围成三角形，有些围不成，孩子们产生了问题："这是为什么？""三角形三条边的长度有什么学问？"并结合自己的学习经验纷纷提出了自己的猜想：①三条边都是一样的，就一定能围成三角形。②两条边相等，一定能围成三角形。③两条短边加起来比最后那条长边长的时候就可以围成。④三角形三边不相等，一定能围成三角形。⑤三条边的长度不一样长，但是长度要比较接近，就肯定能围成三角形。⑥任意两边之和大于第三边，一定能围成。到底哪个猜想是正确的？这个问题引发了学生浓厚的研究兴趣，同桌两人利用手中学具进行操作实践，动手画图探究……研究得热火朝天。到了全班交流环节，孩子们向大家介绍自己的研究结论和过程，其他同学认真倾听的同时进行质疑、补充、提出新思考，现场研讨非常热烈（课堂实录如下）。

（一）关于学生猜想"三条边都是一样的，就一定能围成三角形"的讨论

生1：三条边相等的一定能围成，要不然这世界上就没有等边三角形了。（全班笑声）

生2：我们组同意他们的想法，我们还试着围了一个这样的三角形（自己主动跑到讲台前的实物投影上进行展示），它的边长分别是9，9，9。

生3：我们也做了一个，它的数据是3，3，3。和他们组的三角形形状一样，只是大小不一样。

生4：我知道，这样的三角形叫相似三角形。

师：厉害！他说的是对的！这个知识我们上中学就会学到。（部分学生自发地鼓起掌来）

【相似三角形的说法对不对？孩子们无法判断，此处教师发声，给孩子的说法以肯定。】

（二）关于学生猜想"两条边相等，一定能围成三角形"的讨论

生5：我们对第一组的说法有一个疑问：世界上有等边三角形，所以三边相等就可以，但是世界上也有等腰三角形啊，难道只要两边相等就一定能行吗？我们用长度是1，1，9的三条边围三角形，根本围不成。（实物投影上展示围图形结果）

生6：但是我们围成了，用的长度是5，5，9，说明这个猜想是有正确的可能的。

生7：有些能围成，有些围不成，说明这个猜想不能说"一定"，只能说"可能"。

师：他们两个组的例子是不是特例？你们还能举出其他的例子吗？

【教师的此处发声，将问题从特殊引向一般，给孩子们如何深入研究问题以方法指导。】

生：像8，8，3就可以，2，2，10就不行。（此处学生纷纷举例，从正反两个维度进行讨论，教师一一进行板书，引导全班思考。）

生8：我觉得两条边相等，"一定"能围成三角形这个猜想说法太绝对了，应该改成"可能"（全班同学纷纷点头）。我还发现，其实这样倒可以证明"三角形三边不相等，一定能围成三角形。"是错的，也是太绝对（全班同学纷纷点头），但是"两条短边加起来比另一条长边长的时候就可以围成"这个猜想是对的。（全班学生陷入思考）

（三）关于学生猜想"两条短边加起来比最后那条长边长的时候就可以围成"的讨论

生8：我们做了这样的试验（展示给全班同学）4，5，6可以围成，两短边加起来是9，比6大，能够围成。

生9：我们也同意，如果两条短边加起来比第三条短，就"够不着"了。（边说边用自己的两臂向大家示意，其他同学也笑着模仿。）

生：我觉得2，3，9就不行，也是够不着；7，8，9就可以（用两臂示意）。（其

他学生开始纷纷举例，教师一一板书）

师：这些数据你们都没有实际操作过，你们确定一定能围成？一定围不成？（学生有的坚定，有的犹豫……）我们用几何画板验证一下吧！

【教师此处借助几何画板精准作图，让想象外显，解决部分学生心底的疑虑，确定结论的正确性。】

（四）关于学生猜想"三条边的长度不一样长，但是长度要比较接近，就肯定能围成三角形"的讨论

生10：我们认为这个结论不对，因为我们试验了一组数据4，7，15，围不成。

生11：我们组不同意，他们的数据不接近。

生10：要是4，7，11，接近了吧？也不行。

生11：要是4，5，6就行，每两个数的距离都是1，这才叫接近。所以我还要给这个猜想补充一下，就是长度要"尽可能"接近。（绝大多数学生都赞同地点头）

生12：我觉得不对！比如1，2，3，每两个数的距离也都是1，但是它围不成三角形！（一石激起千层浪！全班同学沉默片刻之后开始出现争议。）

生13：我觉得能围成（用手臂示意），只不过这个三角形特别特别扁（许多同学点头同意）

生14：我觉得围不成，两条短边已经跟剩下的那条边一样长了，根本立不起来！（同学们议论纷纷）

生15：我们同意！我们做了这样的试验，用的长度是4，5，9（展示，努力围三角形）围不成三角形。

其他学生：我怎么看着好像接上了啊……能围成吧……

生14：这两条边和9形成一组平行的线段，必须比9至少要多出1才可以！

生15：老师，我们能再用一下几何画板吗？（走上讲台在几何画板上操作，全部专注地看着。当两条边合在一起后与第三条边重合时，全班片刻沉默，又开始议论起来。）

生16：我们觉得这个猜想可以确定了，不正确！

生17：我发现了，话说得越绝对，越有危险！（全班响起笑声）

（五）关于学生猜想"任意两边之和大于第三边，一定能围成"的讨论

生18：最后一个猜想说的也挺绝对，但是我们认为它是对的！都不用再举例，大

家看黑板上所有的例子都可以证明！（主动跑到讲台前指着板书的数据例子，全班同学认真观察，不时赞同地点头。）

生19：我有一个问题："任意"这个词是什么意思？

生18：任意就是随便呗！（全班笑声）就是随便两条边加起来，都要比第三条边长。（生19点头表示理解了。）

（六）聚焦思考，深化认识

师：现在黑板上留下了大家确认的三个正确结论，三角形边的特征是有三条吗？有可能合并一下吗？（学生同桌讨论）

【教师适时引导学生将思考与讨论进行聚焦。】

生20：可以用最后一个猜想，它把前两个正确的都包含进去了。（全班同学都点头表示赞同）

生21：我还有一个问题：为什么三角形的三条边会有这样的特点？

师：真是一个好问题！（教师带头鼓掌，全班学生若有所思。）谁能解答？（全班陷入沉默。）

【教师此处发声，及时鼓励学生的深度思考和高水平的问题！】

师：大家还记得咱们曾经见过这样一个问题：从老虎山到狐狸洞，哪条路线最近吗？（教师在黑板上画出示意图）

生22：啊！我想起来了，两点之间线段最短！

师：你能找到它与三角形边的特点的关系吗？

生23：最短的线段就是三角形的第三边！折线就是另外两条边的和！（全班同学恍然大悟。下课铃声响起，学生仍然意犹未尽地讨论着……）

【教师此处发声，引导学生思考规律背后的数学本质，使学生透彻理解问题。让学生在"打破砂锅问到底"的追问与研究中不断寻根求源，透过现象看本质，培养学生良好的数学素养和科学研究精神。】

教学反思：

我们选择本课的学习方式是自学互学。因为学生对图形的认识以及研究的路径都积累了比较丰富的学习经验。本课我们给孩子们设计了开放度比较大的研讨学习空间，问题的提出和探究都是在学生主动思考，操作交流，思维碰撞的过程中步步加深。同时，在研究过程中我们也越来越清晰地认识到，"自学互学"这种学习方式不仅给学生的自主学习能力带来极大的挑战，同时也给教师的专业功底、课堂驾驭能力等综合素质带来了前所未有的考验！在课堂实践过程中，我们真切地感受到，教师要"勇敢地退出去，适时地站进来"，但同时也要处理好"进与退"的时机和关系。自学互学课不能"看天吃饭"，对学生思考、探究、交流等一系列学习活动方法和能力都要有持续地培养和锻炼，同时教师要准确判断学生课堂新生成背后的学习价值，并立刻选择策略，积极应对，将宝贵的生成转化为生动鲜活的学习资源；课堂上互学环节的"放手"不等于"放羊"，教师要不落痕迹地有效调控研究方向和学习节奏。本节课我们前后四次"发声"，努力积极引导学生的研究方向以及研究深度，使孩子们在真实的思考与探索中不断深入认识问题，学得积极主动，兴趣盎然。

自学互学课例2：直柱体表面积复习课

宋有青　林　妍

一、教材分析

"立体图形表面积"这个教学内容属于图形与几何领域，小学阶段的表面积学习包括长方体和正方体以及圆柱体的表面积，学生在五年级下学期时学习了长方体和正方体的表面积，六年级上学期时学习了圆柱体的表面积，已经理解了表面积的含义，六年级下学期的总复习表面积的计算对于学生并不是新知识，主要是探索直柱体表面积的求法特征，把几个立体图形的侧面展开找出侧面的共同点，把几个公式合并成一个公式。通过六年的学习虽然已经积累了各方面丰富的知识，但是这些知识在教材中是独立的，六年级下学期通过又一次的再认识，让学生对这些知识有所提升并从中提炼出这些知识之间的本质，加深这些知识之间的联系。

二、学情分析

学生在五年级下学期学习了长方体和正方体的表面积，六年级上学期时学习了圆柱体的表面积，学生已经理解了表面积的含义，六年级下学期的总复习表面积的计算对于学生并不是新知识，主要是探索直柱体表面积的共同求法。通过前面的学习学生的知识与经验都是独立的，并没有建立起沟通与联系，需要给学生创设一个情境，将这些独立的知识点再认识并加以联系与沟通。此时学生已经有了一些活动经验，在回顾与探索图形之间的联系时积累了探索图形知识，积累活动经验的重要方法，同时进一步发展了学生的空间观念。

三、教学目标

1.通过对直柱体表面积的研究，深化对长方体、正方体以及圆柱特征及表面积的认识。

2.在探究活动中沟通图形间的联系，进一步培养思辨能力、空间观念，积累研究活动经验。

3.在学习过程中培养学生的研究兴趣，提高合作交流沟通表达的能力。

四、教学重难点

实现对长方体、正方体、圆柱特征及表面积的再认识

五、教学过程

【活动一：课前自学交流】

学习单任务内容：

1.回忆我们学过的长方体和正方体的表面积公式，写一写。

2.写一写，画一画圆柱体侧面展开是什么图形？侧面积怎么求？表面展开是怎样的？

3.怎样计算圆柱体的表面积？把研究过程画一画，写一写。

（设计意图：学生课前个人自主学习并完成学习单，唤起他们对图形特征及表面积的已有认知。）

【活动二：课堂互学研讨】

1.交流课前的学习内容

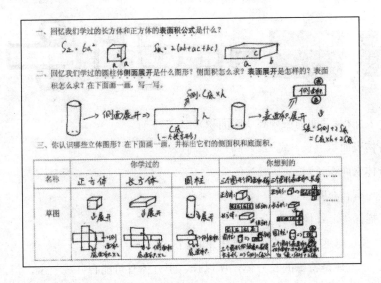

2.长方体和正方体表面积的计算方法是什么？结合图，指出每一步的意义。

学生汇报计算方法，并在展开图上标注每一部分的位置。

3.圆柱体的表面积如何计算？

（学生结合图形交流）

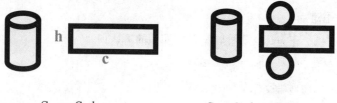

$$S_{侧}= C_{底}h \qquad\qquad S_{表}=C_{底}h +2S_{底}$$

（设计意图：个人自学复习表面积后交流已有认知。）

【活动三：沟通学习过的立体图形表面积之间的联系】

1. 你认识哪些立体图形？在下面画一画，并标出它们的侧面积和底面积。

（设计意图：个人思考初步感知直柱体表面积之间的联系，同伴互学交流的过程进一步探究直柱体表面积之间的联系，提炼表面积的本质。）

学生独立画一画，填一填，填表后，组内交流

汇报：

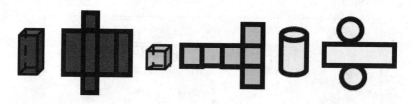

生：表面积=底面周长×高 +底面积×2

长方体表面积=(长×宽+长×高+宽×高)×2

正方体表面积=棱长×棱长×6

师：还有补充吗？

生：摇摇头，好像没有了。

生1：我觉得这三个公式有可能合并成1个。

生2：正方体是特殊的长方体，所以长、正方体有可能合并成一个，但是圆柱体跟它俩不一样，怎么合并？

（学生片刻安静后，同组聚在一起，热烈讨论起来，其中一个小组举起了手。）

生1：大家停一下，我有发现，我从图上想到了正方体和圆柱的表面积公式可以

合并成一个，都可以用侧面积+两个底面积。

生2：正方体的外圈四个面加起来就是它的侧面积。

生：哦，对呀！（同学们不约而同地为这个小组鼓起了掌）

（一个学生自言自语：三个公式变成了两个了，还有可能再合并吗？）

师：把你的想法大声说出来！（大家又兴奋地讨论起来）

生：老师，我想用一下您的教具行吗？

师：可以呀！你自己到讲台上挑吧！（生拿起教具摆弄起来）

生：我知道了！（两个学生不约而同地喊了起来，其他同学仍一头雾水。）

（教师用微笑和手势轻轻阻止了准备讲解的孩子，示意让他们俩等等大家……不一会儿，孩子们纷纷举起了手。）

生：长方体的前后左右四个面也是长方体的侧面积！

师：道理是一样，可公式还是很不同啊。

生：可不是吗！怎么把公式统一起来呢？

（孩子们跨小组讨论起来，又一轮精彩的讨论开始了。）

生板书：长、正、圆柱表面积=底面周长×高 + 底面积×2

生问：谁能看懂我们的想法？

（有人问：什么意思？短暂的沉默之后，七嘴八舌地说起来）

生1：长方体的侧面展开就是一个长方形。

生2：长就是底面周长，宽就是高。

生3：正方体也一样！侧面展开就是一个长方形，长就是底面周长，宽就是高。

生4：这样三个公式还真能合并成一个：底面周长×高 +底面积×2！

生5：这个公式只能计算长、正方体和圆柱的表面积吧？

师：这个问题问得太好了！还有其他的立体图形也能用这个公式计算表面积吗？（学生展开联想，在纸上画图）

（设计意图：自学互学的基础上展开联想引申其他没有学过的直柱体表面积。）

汇报：三棱柱、五棱柱、六棱柱、八棱柱……圆柱的表面积都可以用底面周长×高+2S底

课件演示：

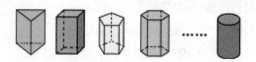

师：下面图形的表面积你会解决吗？（学生独立尝试）

（设计意图：将直柱体表面积的学习拓展到斜柱体，深化学生对表面积乃至图形特征的认识。）

【活动四：小结】

师：我们通过学习，积累了各方面的丰富认识，有些可能在我们的头脑中是相对孤立的。但是通过我们不断的探索，使我们又有了提升，并从中提炼出了它们之间的本质和联系。这会让我们越来越有智慧。

六、板书设计

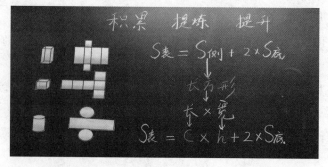

教学反思：

课程改革的挑战之一是学生学习方式的改变，构建新的学习方式和师生关系。对我来说首要的工作是努力改变自己，提升自己对学生、对数学教学和数学教育的认识，这比努力改变学生更为重要。有什么样的教育观，就有什么样的教育行为，就会有什么样的教育活动。我校的数学课堂鼓励我们把学习的自主空间尽可能多地交给孩子，特别是自学互学课，对我和学生的挑战以及成长空间更多，更大。为此，我在每一节数学课上都尽可能地把讲台让给学生，学生能干的事情老师决不包办代替。课前精心设计学习单，让孩子在家踏实的自学；课上给学生充分的交流时间，让孩子在交流中互相学习，互相启发，互相补充，不断完善；汇报前让学生在小组内有明确的分工，做到安排合理，汇报清楚，一个小组汇报时，每个人包括老师都要做到认真倾听，学生及时补充或发表不同的见解，当学生解释不清时老师适时地站出来，起到答疑解惑的作用。

这样的上课方式，带给了我冲击，整节课带来了老师和学生的变化，老师整节课的语言不足五分钟，但绝对是点睛之笔，是这节课的精华。课堂上我在与学生的交流中惊喜地发现学生对这样的上课方式感兴趣，他们越来越自信了，小组内的互学不是流于形式，越来越有实效性了。用孩子的话说："我能把自己的想法表达出来与大家分享，我感到特别快乐！"

·专家点评

这两节课都属于五一小学数学"三学"课型中的"自学互学课"。自学互学课主要倡导教师"要勇敢地退出去，再适时地站出来"。这其中最重要的是教师要认识到自己在课堂教学活动中只是一个组织者和参与者。要勇敢地从讲台上退下来，将学习的时间、空间完全交给学生，鼓励孩子们在主动学习、交流的过程中让所学知识之间建立必要的联系，最终达到融会贯通。另外，教师要努力培养学生的自主学习意识和能力，锻炼学生的思考力以及交流表达能力。综观这两节课具有以下特点：

（一）自主学习单引领学生有目的的自主学习

通过学生的学习过程我们不难发现，在课前教师给学生布置了学习任务，让学生根据学习单的要求完成课前的自主学习。这样的学习方式既是对老师的挑战也是对学生的挑战。为什么这么说呢？这类课型中，给予学生什么样的学习任务很重要，因为好的学习任务才能更好地引领学生进行自主学习。所以，教师首先要明确自学互学课的定位，即："学什么"？"怎么学"？老师巧妙地利用自主学习单，让学生自主梳理总结已经学习过的相关内容，并在梳理中寻找他们之间的联系。这样的学习单设计，既让学生自主复习了已经学习过的相关内容，又在这个基础上进行了拓展提升，并最终沟通了知识之间的联系，逐步培养了学生的自主学习能力。

（二）互学互动中逐步培养学生表达、交流、质疑能力。

课堂伊始，不是传统的教师引入，而是提出问题，直接进入学生之间的交流汇报，评价质疑。学生依据自主整理的学习单，按小组进行汇报交流，在这个过程中，他们不仅梳理总结了相关知识，沟通了知识之间的联系，更重要的他们每个小组还提出了新问题。在不同小组汇报的过程中，其他小组或是给予相应的补充，或是产生不同的质疑，或是有针对性的评价。老师在这个过程中只是在学生交流质疑遇到困难的时候站出来给予适时的点拨，可以说起到了画龙点睛的作用。最终，使得孩子们的自主学习能力，表达交流，质疑评价的能力得到不同程度地提升和发展。

（三）拓展延伸中构建知识的新体系

两节课突破传统，能够结合"自学互学"课型，大胆改变原有的教与学的方式，打破了以往课堂上精讲多练的传统模式，让孩子们在沟通对比所学领域知识的同时进行适时地拓展延伸。我们可以看到，课堂上老师让孩子们从几个单个内容学习拓展到一类有联系内容的学习，从而真正将孩子们头脑中的知识形成了新体系。这也是我们课堂革命的发展方向。

（点评：黄建鹏 北京市海淀区数学学科带头人）

数学课堂变革——主题研学课

　　在北师大版小学数学的学习内容中，有一个领域是"综合与实践"，它是以某个数学或生活中的真实问题为研究小课题，引导学生综合应用所学知识与方法进行主动探究。这部分领域的学习特别关注国家课标中"四能"（即发现问题、提出问题、分析问题和解决问题能力）的培养。在实际教学过程中，我们采用"主题研学"的方式完成这部分学习内容。这种学习方式的特点是以问题或课题为任务驱动，以研究带动学习，引导学生"做中学""研中学"。我们鼓励教师自主开发研学素材，让学生在"微课题研究"的过程中学以致用，积累新的学习及活动经验，在落实"四能"的同时，培养他们的实践创新意识及能力。突出学以致用，培养实践能力和创新精神，提升学生综合素养。目前，除了国家教材中指定的学习内容之外，老师还积极开发了，如《奇妙的车轮》《金字塔中的数学问题》《以形研数》《蜂巢的学问》《异形课桌的设计》《1000有多大》等丰富的研究主题，有的主题研学课甚至拓展开发成为一系列研学活动，拓展学生的学习时空，在教学中取得了令人欣喜的效果。

主题研学课例1：慧眼识盲区

李全顺

一、教材分析

本课的学习内容取材于北师大数学六年级《观察的范围》和五年级科学课《光和影》第一课时。在这两个学科的学习中，都有关于光与影的内容，学生在动手操作中发现光与影的关系。因为这一共通性，我们尝试将这两节课进行整合，以生活中的实际问题"小区监控探头怎样安装"为研究素材，设计了本课教学。本课中，我们努力再现生活中的真实现象，引导学生主动提出数学问题；动手进行实践探究，主动思考并发现摄像头观测范围与盲区的相互关系，并进行拓展研究，发展他们的实践创新能力。

二、学情分析

学生在五年级科学课上已经认识了光是沿着直线传播的、影子的大小与光源的的距离、角度、位置都有直接的关联；六年级的数学《观察范围》，运用画图、模拟等多样化的方法，积累观察物体的经验。"小区安装摄像头怎样做到全覆盖、无盲区"的现实问题，把科学课与数学课的内容进行有机融合，使学生感悟到生活中处处有学问，实践才能出真知的道理。本课教学中可以尝试借助找盲区的探究活动，让学生经历操作实验、画图、推想的探究过程，更重要的是帮助学生明晰探究问题的策略。小区中楼的数量很多，一下子提出一个可行性方案很难，这时候可以采用"化繁为简"的探究策略，通过对简单事情的研究，发现其中的规律，解决复杂的问题。

三、教学目标

1.结合具体的情境,感受观察范围随观察点、观察角度的变化改变，了解物体间的相互关系，能利用所学的知识解释生活中的一些现象。

2.利用光和影的实验、借助画图等多样化的活动，积累观察物体的经验。

3.积累探究活动的经验,发展学生应用数学知识解决生活问题的意识。

四、教学重难点

1.了解物体间的相互关系,能利用所学的知识解释生活中的一些现象。

2.积累探究活动的经验,发展学生应用数学知识解决生活中实际问题的意识。

五、教学过程

【活动一:再现生活现象,提出数学问题】

教师出示图片:这是某个小区的效果图,谈谈你对小区的印象。

生:从绿化、舒适等角度谈自己的印象。

师:舒适的生活需要有安全做保障。在信息化的时代,电子科技手段在承担着安全卫士重任。

(设计意图:再现生活现象,引发学生数学思考,并尝试提出数学问题)

师:假如你是监控设备设计师,你会考虑哪些问题?

生:全覆盖,无盲区,尽量用较少的数量节约成本。

师追问:什么是盲区?

生:看不到的地方。

【活动二:梳理探究思路,明确实验目的】

1.梳理探究思路

师:一个小区里有这么多栋的大楼,我们在研究前,有什么策略?

生:从最少的数量开始研究;化繁为简。

2.探究的方式:实验、画图、想象

3.学生找到实验材料与现实生活物体的对应关系

师:通过实验可以帮助我们找到盲区产生的原因,作为设计师要规避盲区。

(设计意图:梳理探究问题的基本思路:化繁为简。明确实验的目的:通过实验发现光与影的相互关系。)

【活动三:实验探究:观察范围与盲区的相互关系】

（一）初步实验理解盲区产生的要素

1.独立操作实验，初步感知哪些因素影响盲区的大小。

2.说说你的发现。

学生交流发现：位置距离、高度、角度直接影响盲区的大小。阴影部分即是盲区。

（二）再次实验描画盲区

师：生活中小区的摄像头一般安装的高度在二层和三层之间，所以在下面的研究中让手电筒贴着小白板进行模拟实验，即面向大楼的前后左右四个方向。

（再次实验，想一想能观察到的范围，并试着画出盲区）

师：如果手电向前推，观察的范围有怎样的变化，盲区有怎样的变化？

（汇报交流，教师适时板书：范围、点、射线）

师：请你想一想：在等距离的情况下，怎样安装一个摄像头才能使观察的范围更大，盲区最小？一栋楼至少安装几个呢？试着画出你的设计方案，并通过实验进行验证。

（设计意图：在实验中发现影响盲区产生的要素。能通过画图、想象等方式清晰地描述观察的范围与盲区的相互关系。）

（三）实验中提出解决问题的方案

师：一栋楼至少安装几个摄像头才能保证没有盲区呢？可以通过实验、画图、想象等方式提出你的设计方案。

（学生小组合作研究，并通过实验验证方案的合理性；汇报交流，在辨析中提升数学思考。）

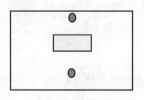 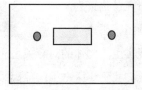 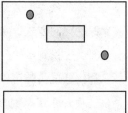

【活动四：总结发现的规律，拓展研究】

师：两栋楼怎样安装摄像头合理？提出你的设计方案。

（设计意图：在拓展研究中发展学生利用数学知识解决生活问题的意识。）

六、板书设计

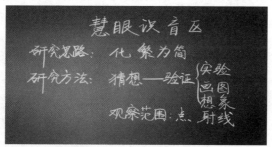

教学反思：

《慧眼识盲区》这节主题研学课，选自北师大版数学六年级上册第二单元《观察范围》及科学五年级《光和影》。引领学生从生活中撷取真实的素材，引发数学思考，提出数学问题，借助实验、画图、想象等方法探究问题。发展学生关注现实生活，综合利用所学的知识解决问题的意识。

（一）做中学，充分发挥学科融合性、工具性。

课堂教学中给了学生大量的时间进行自主操作实验，画图猜想，实验验证，学生在操作实验中不断调取已有的科学知识"光是沿着直线传播的""影子的大小与光源的的距离、角度、位置都有直接的关联"；在探究的过程中自觉利用已有的数学知识："把光源看作一个点，沿着这个点出发可以画出射线，两条射线形成一个角""长方体的正面、侧面的大小不同""从不同的角度观察，可以将长方体看成一个面，在画俯视图时，将面看成一条线段"。通过实验、画图、推想等活动学生将科学知识与数学知识进行调取，综合利用，并发现了其中所蕴含的奥秘：观察的范围越大，影子（即盲区）越小；观察的范围越小，影子越大。在"小区安装摄像头怎样做到全覆盖、无盲区"的现实问题探究中，学生感悟到生活中处处有学问，实践才能出真知的道理。

（二）经历探究问题的全过程，为学生的真研究积淀经验。

本课借助找盲区的探究活动，让学生不仅经历了操作实验、画图、推想的探究过程，更重要的是帮助学生明晰了探究问题的策略。小区中楼的数量很多，一下子提出一个可行性方案很难，这时候可以采用"化繁为简"的探究策略，通过对简单事情的研究，发现其中的规律，解决复杂的问题。这节课中，让学生充分感悟到实验的方法可以直接得出问题的结论，但画图、推想对解决问题有更重要的作用，思维的含金量更高，三种方式只有有机的结合才能使我们思考问题更加科学缜密。

《慧眼识盲区》这节研学课，带给我很多思考，作为一个教师不能仅依赖数学学科本身的魅力去激发学生学习兴趣，应该有更为宽广的视野从多学科中撷取学生感兴趣的素材，设计有效的探究活动，增强学生的综合应用能力。

·专家点评

随着课程改革的深入，"核心素养"的培养成为最终目标，我们越来越能感受到学科发展出现了融合的趋势，传统经典学科间的界限被不断打破，学科融合能使各学科内容互为补充，激发学生的学习兴趣和创新思维。在学校教育中，尝试学科知识的融合，具有非凡的意义。五一小学数学学科课堂样态中，专门设立了一类"主题研学课"，致力在学科融合教学方向，展开研究。主题研学课依据研究主题，又分为"学科内融合""跨学科融合"和"超学科融合"三个类型。

本节课的教学内容，来源于数学学科与科学学科。在六年级数学教材观察物体单元，有一课《观察的范围》，通过画图等方式，用点线面准确刻画生活现象。五年级科学内容《光与影》，通过大量真实的实验研究光源与影子的关系。经过教师细致比对和思考，发现无论是学习内容还是学习方式，都有很多共通的地方。

教师将这两个内容有效融合，引领孩子们从生活中的真实情境出发（摄像头安装），发现并提出问题，用科学的研究方法进行实验与探究，从数学的视角进行思考与分析，用画图、说理等多种方法，准确地表达自己的观点。利用光与影的实验，把空间想象变成现实，让看不见的思维可视化。孩子们在做中思，做中学，不断拓展学习空间，经历探索与研究的全过程，实现多方面能力的提升。

本节课学生研究热情极高，收获与成长丰富且深远，教学效果好。在"学科融合"的研究过程中，还有很多值得思考与探究的问题，如何更加科学合理的为孩子们提供研究素材，是数学学科主题研学课下一步的研究方向。

（点评：张薇 北京市数学学科骨干教师）

主题研学课例2：奇妙的车轮

高红梅　刘潇

一、教材分析

在六年级第一学期学习《圆的认识》一课后面有这样一道题（如右图）。每年教学到这个内容的时候，总会有许多孩子感到困难，老师们也对此一筹莫展。于是，六年级数学老

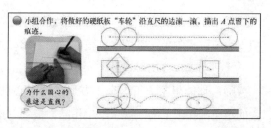

师们进行了大胆尝试，将这个问题作为一个小课题，设计一节主题研学课，让孩子们在动手操作、动脑研究、主动探索的过程中破解难题。在研讨中，我们还尝试把这个问题"做大"，设计成一个系列研学活动，拓展学习内容，引导学生进行一次对平面图形特征的整体认识，提高他们的思维水平，培养实践能力和创新精神。

二、学情分析

在开展这个活动前我们对学生进行了调研，调研题目："正方形车轮绕中心点滚动起来，中心点的运动轨迹是什么样的？"调研结果是：每个班都有近一半的孩子认为：正方形的车轮中心点的运动轨迹是一条上下颠簸的折线，他们认为这是由于正方形是直边图形，直边图形即使运动起来也不可能出现曲线。看来，学生的认识存在困难，需要我们精心设计学习活动，解决他们的困惑，提升思维及认识水平。

三、教学目标

1.以正方形中心点运动轨迹的研究反观圆的特征，深化对圆心、半径作用的认识，发展学生的空间观念。

2.引导学生经历实践探究活动全过程，提高学生综合运用所学知识思考、解决问题的能力。

3.积累活动经验，感受研究的乐趣，培养严谨的态度和科学的精神。

四、教学重难点

发现正方形中心点运动轨迹与正方形的关系，再次深化对圆特征的认识。

五、教学过程

【活动一：提出问题】

师：我们认识了圆，发现圆在生活中随处可见，比如车轮全是圆的。你知道为什么车轮是圆的吗？

生：圆有无数条半径，这无数条半径相等，所以圆心走过的是一条直线。学生现场操作演示：圆心是如何平稳运动的。

师小结：看似简单的车轮，背后却蕴含着这么丰富的数学知识，你想不想自己动手实验做一个车轮呀？好，给你一个车轮。（板书：运动的车轮）

【活动二：自主研究】

师：你能想象一下这个正方形车轮中心点运动的轨迹吗？同桌商量之后把你想象的结果画在纸上。（展示学生作品；板书猜想）

师：此时你有什么问题想和大家交流？（学生发现和提出问题。车轮中心点的运动轨迹形成折线；车轮中心点的运动轨迹会形成曲线）

生：哪一种想象是对的？轨迹线与正方形有什么关系？

师板书："是什么，为什么？"

师：光有想象还远远不够，你们想怎样研究？可能会遇到哪些困难？你需要什么学具，同桌互相交流一下。

师：布置合作实践要求：两人一组，合作研究正方形中心运动的轨迹，看看能不能解决这两个问题。如果需要，可以描出必要的点和线段或者画出示意图。测量出必要的数据，让大家都能看明白。（学生小组合作探究）

【活动三：交流研讨】

1.小组交流：我们把大家的研究成果分享一下，前后两个小组交流，看看你能不能把其他同学讲明白。

2.全班交流：哪个小组愿意和全班分享你的发现？如果你有补充或者不同意见直接加入他们的讨论交流。

生1：通过交流，我们发现一个问题：明明是直边图形，为什么中心走过的是曲线？

生2：你可以旋转一下，旋转就一定离不开圆心半径（一个学生演示）

生3：他的演示使我看到了学过的圆。

生4：为什么运动起来会高低不平呢？为什么到地面的几条线段不一样长呢？

师：这几条线段和正方形有什么关系？

各小组介绍自己的研究成果及思考（摘例如下）。

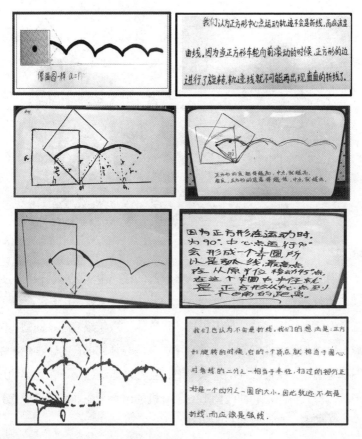

【活动四：小结提升】

师：让我们回顾整个研究的过程，你有什么体会和感想和大家分享的？有的同学想象错了或者研究中遇到问题，是不是就没有收获了？我们研究中面对一个问题，先猜想，预设方案，然后尝试实践，然后寻找发现想象背后的道理。

师：你还想研究什么问题？今天的研究给了你什么启发？正方形车轮走起来是什么样的？你坐在正方形的车轮上，再回顾一下坐在圆形的车轮上的感受。几千年前人们就用圆形做车轮，离不开圆的特征，所有半径都相等，正方形却做不到的。你还有什么想研究的吗？

生1：如果让其他图形旋转起来，中心点的运动轨迹是什么样的呢？

生2：正方形车轮有可能平稳行驶吗？

生3：古代人是怎么发现车轮最好用圆形的呢？

生：……

师：大家提出的都是好问题！你有研究的思路了吗？

六、板书设计

教学反思：

本节课隶属于图形与几何领域，是六年级圆的单元中《圆的认识》的延伸课。

本节课将直线图形与曲线图形有机地结合在一起。学生五年级时学过的直线图形，例如三角形、平行四边形、梯形、长、正方体，六年级接触过的圆、圆柱、圆锥等曲线图形。知识是分单元学习的，复习整理也是分领域进行的，学生眼中的直线图形和曲线图形是割裂开来的。课上，孩子们让正方形运动起来，在运动的过程中找到了曲线图形圆，将直线图形和曲线图形二者有机的结合，在曲线图形中找到直线图形的影子，在直线图形中有曲线图形的踪迹。

本节课将圆的特征润物无声地渗透在每一个环节。在研究的过程中，教师不断地追问：明明是直边图形，为什么中心走过的是曲线？为什么在正方形中出现了圆……整节课一直紧紧围绕圆的特征，围绕定点和定长，不断的追问圆心在哪里，半径是哪条线段，为什么会颠簸？学生的每一次思考，都是要回顾圆的特征，回顾圆是线段绕点旋转的轨迹。整节课虽然研究的是运动的正方形，可一直没有脱离开圆的知识和圆的特征。

　　学生始终做一个研究者。面对一个陌生的研究课题，学生先猜想，预设方案，然后尝试实践，然后寻找发现想象背后的道理。有的同学想象错了或者研究中遇到问题，及时调整，及时反思，且行且思，不断发现，不断总结。整节课中，学生是一个研究者的角色，他们经历了研究的全过程，而这个过程，必会对学生今后的学习和研究打下一个良好的开端。

·专家点评

　　《奇妙的车轮》这节课，取材于教材上的一道有难度的练习题。特别值得肯定的是，教师能够将这个练习任务提升到小课题研究的高度，让学生在这样一个极富趣味及挑战性的研究活动中主动探索，大胆想象，动手操作，建立正方形中心点轨迹与正方形之间的联系。同时，教师对于本课的学习内容的定位也很有思考：教师并不是要给学生新增一个学习任务（而且很有难度），而是借助研究正方形中心点运动轨迹，深入分析轨迹各点位置与正方形特征的关系，反观圆的特征，使学生尝试从另一个角度来认识圆心的轨迹特点，深化对圆特征的认识。

　　课堂上学生的探究充分，生成非常精彩，令人赞赏！我们看到学生在研究过程中很好地将数学实践操作与思考紧密结合，他们并不是一味地沉浸在有趣的操作活动中，而是边做边思边研讨，不断有发现，不断有新的收获，很好地培养了学生的实践创新能力。

　　如何有效地培养学生发现问题，提出问题，分析问题，解决问题的能力？这节课给我们带来了很好的启示。给学生学习和实践的机会，将富有思维挑战的研究任务，恰当地融入课堂，让它成为学生宝贵的学习素材，让他们全身心地投入其中，综合应用所学本领，面对并解决问题。孩子只有在解决了看似超出能力之外的任务，各方面的能力才会得到真正地提高。愿我们的数学课多一些这样有趣，有深度，有成长的学习任务，让学生获得更加生动、有价值地生长。

（点评：李志芳　北京市特级教师）

第三节

英语篇

YINGYUPIAN

智慧教学范式——英语学科课堂样态

刘 莹

2016年9月，中国学生发展核心素养的颁布，寻找核心素养落地的力量，成为了我们的努力方向。不断地学习让我们认识到实现核心素养的落地要靠课堂，要实现从知识课堂向素养课堂的转变。因此我们在设计英语教学时，不仅考虑学生应该学习哪些英语知识和技能，将来能够用英语做哪些事情，还要考虑我们的教学应指向于学生形成必备品格和关键能力。正是基于此我们提出主题单元教学的设想。英语主题教学模式是在现代语言学、教育学指导下，以主题为线索，按主题——话题——细节步骤，逐步学习并建立较为完整的反映主观与客观世界及社会交际需求的知识系统。这一教学模式实现了语言意义学习与形式学习的统一。主题英语教学模式强调对于语言所表达的意义的学习，但并不忽视对于语言形式的学习。通过主题与话题的建构，学习了有关社会生活的知识，通过细节环节，学习了词、短语、句型和语法知识。意义与形式在学习中有机结合起来了。实现了教师引导与学生自主学习的统一。教师的职责在于创造学习的语境，引导与示范。教师把以主题为主的认知结构的建构、拓展和深化的任务交给学生，这样就在真正意义上培养了学生的自主性。实现了学生跨文化交际能力的全面发展。可以说在以主题为主的学习中，学生获得了丰富的有关社会、文化和交际方面的知识，在完成围绕主题、话题的交际任务中，提高了听、读、写为基础的跨文化交际能力，提升了素质，发展了个性。在自主性的学习中，找到了自我价值，提高了素质，实现了自我的超越。

品读课堂·国家课程·

英语课堂样态图

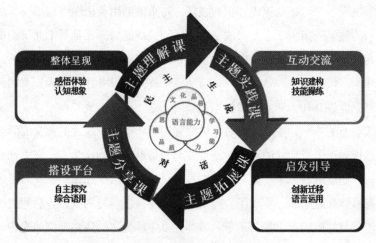

五一小学英语学科课堂新样态

英语课堂样态解读

英语学科新样态研究采用"主题化"教学策略，通过"主题—话题—交际"的教学步骤：引导学生通过"自主、协作、探究"等学习方式，在主题活动的过程中形成语言能力，深化对主题的认识，实现语言意义学习与语言形式学习的统一。

基于这一思路，我们把主题单元教学分成主题理解、主题实践、主题拓展、主题分享四种课型。主题理解课：是单元整体感悟课，目的是让学生对整个单元整体感知，初步理解，产生兴趣。

主题实践课：在单元主题的背景下，通过情境化创设，角色扮演等教学策略，引导学生在实践中完成本单元知识建构。

主题拓展课：针对本单元主题的学习内容，进行有针对性的拓展，目的是让学生通过运用所学知识，更加牢固地掌握本单元应当掌握内容。

主题分享课：引导学生由课内走向课外，让学生把触角由课内伸向课外、由课本伸向生活，进一步拓宽英语学科与社会生活的联系，扩大了英语教学的内涵。

新样态图共分为四层，核心为英语学科素养，第二层为学校智慧教学范式核心词"民主、对话、生成"，第三层为四种课型名称，第四层为对每种课型的说明，大字为教师行为描述，小字是学生行为描述。

主题英语教学模式强调对于语言所表达的意义的学习，但并不忽视对于语言形式的学习。通过主题与话题的建构，学习了有关社会生活的知识，通过细节环节，学习了词、短语、句型和语法知识。意义与形式在学习中有机结合起来了。

英语课堂变革—— 主题理解课

    英语单元主题理解课以北师大版教材英语单元话题为基础，结合学生实际，根据单元主题，整合教材板块，活动内容，练习内容和丰富的课外课程资源，精心设计相关的学习活动，优化教学设计。学生在初步获得与主题有关的认知结构后，教师通过提问、联想、比较等方法，引导学生发现原有认知结构中的知识空缺，把深入探讨同一主题的其他侧面确定为新的话题。学生通过主动查找资料、分析、归纳来丰富这一主题的内容。在学习更高阶段，教师引导学生深化原有的知识，引导学生思考有关事物的性质、规律以及事物之间的联系等问题。另外，个人的态度、个人评价、个人体验也是主题深化的重要部分。主题理解课将会让学生不再将注意力放在意义不大的语言形式上，而是更加关注语言本身的内容和意义，通过多种形式对语言知识进行复现，让学生对单元学习主题产生兴趣，在单元整体情境中学习。教师将对小学生语言能力的训练和语言知识学习完美结合起来，让学生在主题式教学的过程中真正地学习到知识。

主题理解课例：Unit 6 Jobs

李雪莲

一、教材分析

（1）教学内容

本节课选自《新起点英语》四年级上册第6单元Jobs的首课时，属于词汇新授课。包括：单元开篇页。

Lesson 1

A. Look, listen and repeat. 借助图片呈现重点词汇；让学生通过看、听、说、做等途径来感知并学习这些词汇。

B. Let's play. 通过抽图片、做动作、猜职业的活动，帮助学生操练词汇，并体会词汇在交际情境中的运用。

C. Let's write. 要求学生根据语境选择本课所学词汇完成句子填空，同时强化良好的英文书写习惯。

（2）教材调整

Jobs这一话题对四年级的学生来说是既熟悉又陌生的。学生知道生活中的很多职业，但是没有对职业有深入的思考。因此，课上老师就要唤醒学生对职业的理解和关注。本节课与第二课时内容紧密相联，因此，我适当地加入了第二课时的内容，要求学生能够听懂询问职业理想的功能句：What do you want to be in the future?并能用 I want to be a/an…表达自己将来所从事的职业，并能简单说明原因。C部分内容较为简单、单一。结合本课内容，我给学生们设计了续写绘本的任务，既达到书写练习的目的，又给学生提供了表达的机会，强化学生对各种职业重要性的认识。

二、学情分析

为了更好地进行课堂教学，引领学生体会各种职业的重要性，我进行了课前调研。我校四年级15班共41人，实到39人。

调研一：认读词汇。能够根据图片认读nurse, cook, doctor, police officer, bus driver, taxi driver, famer, worker的分别是31，38，36，30，28，32，37，

35人。可以看出85%的学生能够读出本课所学词汇，nurse, police officer, bus driver, taxi driver这几个词不会读的稍多，可作为本课重点教授。基于这一结果，我通过歌曲、自由交谈、绘本、体验职业等活动拓展更多的职业词汇，为学生后面的真实表达做铺垫。

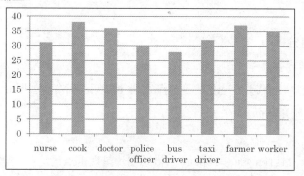

调研二：选择职业。学生将来想从事的职业有钢琴家，舞蹈家，演员，警察，医生，科学家，军人，画家，外交官，宇航员，护士，魔术师，老师，司机，商人，生物学家，音乐家，服装设计师，发明家，兽医等。从调研结果来看，学生想从事的职业主要集中在以下5个方面：艺术类、科研类、公务员、专业类、自由职业。其中艺术类占46%，科研类占31%。可以看出学生想从事的职业非常多，但对普通劳动者的职业没有提到。因此，本节课我有意识地与学生交流各种职业，让学生认识到各种职业的重要性，社会需要各行各业。

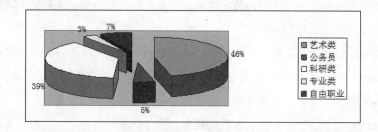

调研三：说明原因。在调研中我让学生写出想从事某一职业的原因。结果显示，学生想从事某一职业的原因主要是由于自己课外班学习的内容，家长从事的职业，家长的期望，而根据自己的兴趣爱好，适合自己的只占2%，还有9%的同学没有回答。从调研结果来看，学生很少从自身的个性特点、特长出发，选择适合自己的职业。因此，引导学生初步了解各种职业的特点和重要性也是本节课的重点。

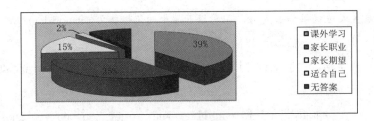

三、教学目标

1. 能够听懂、会说nurse, cook, doctor, bus driver, police office, taxi driver, farmer, worker等表示职业的词汇，能够根据语境恰当使用它们。

2. 能用Is she/ he a /an … ? Yes, she/he is. No, she/he isn't.询问交流他人的职业。

3. 能够听懂用来询问职业理想的功能句：What do you want to be in the future?并能够用 I want to be a/an…表达自己想从事的职业并简单说明原因。

4. 通过歌曲、绘本、体验等多种活动扩展有关职业的词汇，理解不同的职业都是非常重要的，从而尊重各行各业。

四、教学重难点

1. 能够听懂、会说nurse, bus driver, police office, taxi driver表示职业的词汇；能够根据语境恰当使用它们。

2. 能够用I want to be…表达自己想从事的职业并简单说明原因。

3. 能够通过对职业的了解，平等看待、尊重不同的职业。

4. 能够表达自己喜欢和想从事的职业，并简单说明原因。

五、教学过程

Step1. Jobs I Know 谈论学生知道的职业

1. Jobs I know from the song

学生欣赏有关职业歌曲People Work, 并说出歌曲中的职业名称。

T: Let's enjoy a song about jobs People Work

T: What jobs do you know from the song?

学生说出歌曲中的职业worker, farmer, police officer, driver, plumber, babysitter, doctor, fireman, tailor, teacher

【设计意图】通过歌曲People Work,激发学生的学习兴趣，积累扩展职业词汇，为后面的自主表达提供语言支持，同时培养学生的记忆能力(Memorizing)。

2.Jobs I know from our life

学生说出生活中自己知道的职业，教师准备好一些职业图片及词汇，如果学生说到了就出示并贴在黑板上，并与学生交流。

T: There are many jobs in our life. What other jobs do you know in our life?

与学生交流How do you know the job?

Is your mother a driver?

Do you want to be...?

......

【设计意图】说出自己知道的生活中的职业，进一步积累词汇。同时教师与学生一起自然交流，将学生对职业的初步认识与自己的生活建立联系。

Step2. Jobs I like谈论学生喜欢的职业

1. Talk about jobs our friends like 谈论我们的朋友喜欢的职业

（1）出示职业体验馆图片，谈论我们的朋友喜欢的职业

T: Today we'll go to the job experience centre with our friends.

What jobs do they like?

Lily likes the job of a bus driver. Joy likes the job of a police officer...

（2）听录音，给职业标号

【设计意图】呈现比如世界图片，把学生带入职业体验的情境中，教师与学生交流主题图中的小朋友所喜欢的职业，感知语言。听录音给书中A项职业进行标号，在完成任务中进一步感知词汇。

（3）词汇学习

在与学生反馈听力标号内容中，学习本课词汇。

①反馈听力标号，学习职业

e.g. T: What is the (first/second…)job?

Ss: doctor, nurse…

　　Read the words.

②出示图片，与学生交流各种职业

e.g. Where does (the nurse/doctor…) work?

What can(nurses/doctors…)do?

What do you think of the (police officer/ worker…)?

③ 说出与此职业相关的信息

Can you say something about (nurse)?

e.g. Nurse: hospital, girls, ill, white, angels, help…

　【设计意图】主要学习课前调研中学生不会读较多的词nurse, police officer, bus driver, taxi driver.通过师生间的交流，理解不同职业的工作和特点，以及各行各业对我们的帮助。请学生说出与职业相关的信息，培养学生的创造联想能力（Creating associations）

　2.Experience the job in the job experience centre

学生在职业体验馆里体验表演自己喜欢的职业，其他同学猜。

　（1）Pairs

a.Give each group a set of words and pictures which we learnt just now.

b.Tell them to turn the cards over and shuffle them so they are all face down on the desks, spread out, not overlapping.

c.Each student in turn turns over two cards and read. If the picture and word matches they keep the pair and trun over another two cards. If they don't match they turn them back over.　The winner is the one who wins most pairs.

　【设计意图】请学生做Pairs 游戏巩固所学单词，做到单词音、形和义的统一，同时培养学生的记忆能力(Memorizing)。

　(2)Choose your favorite job and mime. The others guess.

①教师示范活动

活动说明：S1选择自己喜欢的职业并表演

其他同学用：Is she/ he a …?猜出学生所表演的职业

教师用Yes, he/ she is. / No, he/ she isn't.来回答。

②学生四人小组活动

【设计意图】学生在老师创设的情景中，以体验为主，体会各种不同的职业，操练所学词汇。

3.Talk about jobs I like

学生根据教师提供的范例，谈论自己喜欢的职业。

（1）教师示范

I like the job of a teacher because I like children.I can teach English.

What jobs do you like and why?

（2）同伴交流

（3）全班分享

S: I like the job of… because…

【设计意图】说出自己喜欢的职业并简单说出原因，引导学生思考不同职业的特点，同时可以根据自己的喜好选择职业。

Step 3. Jobs I Want to Be 我想从事的职业

1. Sing a song

（1）欣赏歌曲What Do You Want to Be in the Future

教师播放Flash歌曲，学生欣赏并初步感知语言What do you want to be in the future? I want to be…

（2）Slap, clap, click, click

Sing the song following the rhythm

（3）Overlapping songs

a. Divide the students into two parts. First one part sings What do you want to and then the other part sings What do you want to…

b. Divide the students into two parts. One part sings What do you want to be in the future? The other part sings I want to be a / an…

【设计意图】欣赏歌曲，通过不同形式的演唱，培养学生的专注力（Focusing attention）。

2.谈论自己想从事的职业

T: What do you want to be in the future and why?

Ss:I want to be… because…

3. 激励学生努力学习，实现自己的职业理想

T: I hope your dream will come true. You should study hard now.

【设计意图】教师为学生创设一个畅谈职业理想的语境，从歌曲入手，根据自己的喜好和对职业的初步了解，选择适合自己的理想职业并说出原因，丰富职业的内涵，并激励学生努力学习，实现自己的职业理想。

Step 4. Jobs Around Us 我们身边的职业

1.读绘本，了解身边的职业，教师根据原版绘本创编制作了简单绘本故事 Community Helpers

(1)师生一起读部分绘本内容

(2)学生自读绘本

思考：What do you know from the story?

(3) 反馈交流

T: What do you know from the story?

Ss: They are important helpers. They live in our community…

【设计意图】通过读老师创作的简单绘本故事Community Helpers，了解、体会身边的普通劳动者都是社会的重要组成部分，都是helpers，各种职业都是非常重要的，要尊重各行各业。

2.小结本课内容

T:We talked about many jobs today. Everybody works in different ways. Work is caring and protecting. Work is delivering and selling. Some people work at home. Some people work outside. Children work,too. Even animals work. So every job is very important. We are all helpers. We should respect every job in our life.

【设计意图】教师通过图片小结，每个人都有自己的工作，每一个职业都是必不可少的。引导学生正确看待每一个职业，体会职业的重要性。

Step 5. Homework

1. 续写绘本Community Helpers

2. 学唱本课两首歌曲People Work & What Do You Want to Be in the Future

【设计意图】续写绘本，强化良好的英文书写习惯，同时给学生提供表达的机会，进一步体会身边职业的重要性。学唱课堂中的两首歌曲，把课上内容延伸到课下，进一步巩固课上内容。

六、板书设计

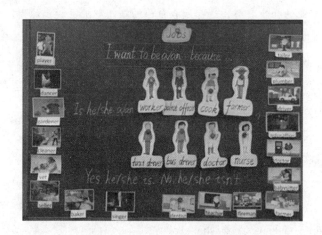

教学反思：

职业是学生们很熟悉的一个话题，但在设计本课教学时，我不仅考虑学生应该学习哪些英语知识和技能，还要思考如何培养学生的英语核心素养。基于这一点我采用了主题化教学模式、让学生在实践中体验、有针对性地进行扩展培养学生的多样化思维，取得了很好的效果。

根据课前调研和学生的情况，本节课我把Jobs这一话题进行了主题化设计，通过Jobs I Know, Jobs I Like, Jobs I Want to Be, Jobs Around Us这四个话题与学生交流各种职业。在话题的引领下，学生体验各种不同的职业，改变了单纯的词汇教学模式，丰富了职业的内涵。通过主题与话题的建构，实现了英语工具性与人文性的统一。

意大利教育家蒙台梭利曾说过："我听过了，我就忘了；我看见了，我就记得了；我做过了，我就理解了。"本节课我为学生创设了比如世界职业体验中心的情景，学生选择自己喜欢的职业进行表演、体验。在体验中初步了解各种职业的特点和重要性，强化对职业的理解。在体验中学习，学生不仅要用脑子去想，而且要用眼睛看，耳朵听，嘴巴说，动手做，更要用自己的心灵去感悟。

拓展是英语课堂教学的主旋律。但我始终认为拓展不能泛化，不能盲目，要有针对性地拓展。黎巴嫩著名诗人纪伯伦有一句名言："已经走得太远，以致于忘了当初为什么而出发。"因此，本节课我利用根据原版绘本改编的绘本Community Helpers，让学生再次关注我们身边的职业，充分认识到每一种职业都是非常重要的，都是为别人提供帮助的，在我们的生活中都是必不可少的。学生对绘本内容印象深刻，简单的语言道出了我们身边职业的重要性，从而引导学生尊重各种职业。

课堂是培养学生思维的主阵地。爱迪生曾说过："不下决心培养思考习惯的人，便失去了生活中最大的乐趣。"课堂中我通过各种活动培养学生的多样化思维。通过Pair游戏培养学生的记忆能力；说出与某一职业相关的词汇培养学生的创新想象能力；Overlapping songs和Slap, clap, click, click活动培养学生的专注力。同时在这些活动中充分调动了学生的积极性，在发展学生思维的同时提高了课堂效率。

总之，本节课达到的我课前预设的目标，重要的是学生通过本课的学习更深刻地理解了各种职业在我们生活中的重要性，从而会尊重各种职业，并根据自己的特点选择适合自己的职业。本课是一个很好的尝试，我会在今后的教学中循着这条路继续研究，在英语课堂中培养学生的核心素养。

·专家点评

本节课教师采用了主题化教学设计，从学生知道的职业、喜欢的职业、想从事的职业和身边的职业这四个主题进行教学，丰富了话题的内涵。学生从课堂中不仅学会了职业的词汇，更重要的是对各种职业有了更深入的了解和思考，从而尊重不同的职业并会影响学生今后的就业选择。课前教师对学生情况做了大量的调研，并根据调研结果和学生的特点进行大胆的教学设计，不拘泥于课本内容。课堂中教师关注学生的情感体验，给学生提供了职业体验中心的情景；注重培养学生的思维，特别是记忆力、想象力和专注力；给学生提供了大量交流和表达的空间，包括师生间和生生间的交流，让学生们的思想在课堂中碰撞，从而使不同层次的学生都得到了应有的发展。此外，教师选用了大量的课程资源，如：音频、视频、好听优美的歌曲、绘本故事、大量的游戏活动等来丰富课堂和职业的内容，使简单的词汇教学变得生动有意义，学生在玩中学，整个教学过程如行云流水。学生们在教师设计的一个个活动、游戏、歌曲中感知、理解职业的内涵和意义。整个课堂学生们都积极思考参与、表达自己的想法。总之，本节课的教学充分体现了英语学科核心素养的内容，既有对语言知识技能的学习，也有对学生思维品质和文化意识等方面的培养。给我们的英语教学提供了一个全新的教学模式，值得深入的研究和思考。

（点评：李建芳 海淀区学科带头人）

英语课堂变革——主题实践课

　　主题实践课主要是指在单元主题的背景下，教师采用情境化创设，角色扮演等教学策略，引导学生在实践中完成本单元知识建构的教学课型。教师在运用这一课型时，紧紧围绕本单元的主题，采取各种方式促使学生主动地完成本单元英语知识的集中学习，强化英语听、说、读、写技能，提升学生学习英语的主动性，增强英语学习的实效性。学习语言的最好方式就是将所学的知识点不断重复，反复记忆的一个循环往复的过程，因此在小学英语课堂教学过程中，教师应该向学生提供一个将知识反复学习和记忆的机会。主题实践课将会让学生不再将注意力放在意义不大的语言形式上，而是更加关注语言本身的内容和意义，通过多种形式对语言知识进行复现，让学生对单元学习主题产生兴趣，在单元整体情境中学习。教师将对小学生语言能力的训练和语言知识完美结合起来，让学生在主题式教学的过程中真正地学习到知识。

主题实践课例：Unit 5 Warm Family Moment Lesson 1 Family Activities

窦晓硕

一、教材分析

本课是北师大版三年级下册第五单元 Family Activities的第一课时，经过单元整合后，保留了书中lesson one的知识体系，将内容和形式进行了再编排。将A部分的词汇融入故事篇章，帮助学生在情景下整体感知、理解家庭活动的短语，感受主人公和家人在一起的快乐。此外，为学生设置了家中的五个房间bedroom, living room, study, dining room, balcony，学生在活动中近一步学习、理解本课时主要词汇和功能句，并体会家庭生活的有趣。C部分的内容简单、单一，笔者将其调整为家庭作业，即学生观察家人晚上八点钟，在做什么事情，并完成作业单。既达到了锻炼书写的目的，又为后面主题的学习做铺垫。

二、学情分析

本次的授课对象为三年级一班的学生，他们有一定的语言基础，喜欢能够动起来的课堂活动。恰当的活动设置可以充分调动孩子们的自主学习动机和主动参与意识。使得他们在课堂上能够更加专注，关注到家人一起可以做的事情，课上的效率更高。

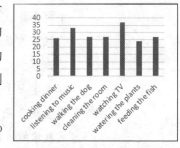

经过课前调研，大部分学生对listening to music and watching TV最熟悉，而cooking dinner, watering the plants不会读的学生最多，将作为重点进行处理。在活动过程中，教师会在活动较难的居室旁多予辅导和帮助。

三、教学目标

1. 能够在听、唱、读、玩等活动中听懂、会说有关家庭活动的短语：cooking dinner, walking the dog, watering the plants, cleaning the room, listening to music, watching TV, feeding the fish.

2.能够在实践活动中用功能句：What's he/she doing?来询问他人在做什么，并能正确回答他人的提问。

3.能够积极主动参与课堂活动，发现家庭生活的乐趣。

四、教学重难点

教学重点：

1.能够在听、唱、读、玩等活动中听懂、会说有关家庭活动的短语：cooking dinner, walking the dog, watering the plants, cleaning the room, listening to music, watching TV, feeding the fish.

2.能够在实践活动中用功能句：What's he/she doing?来询问他人在做什么，并能正确回答他人的提问。

教学难点：

能够在实践活动中用功能句：What's he/she doing?来询问他人在做什么，并能正确回答他人的提问。

五、教学过程

Rules in the classroom

The teacher helps the students focus on the rules in the classroom and ask them to read together.

| 1. Listen to the teacher. |
| 2. Only English. |
| 3. Walk slowly. |

（设计意图：因为本课设计了不同的实践活动，学生需要转换活动场地，在活动中自主学习，为了提高课堂时效，教师在课程伊始强调教室规则。）

Evaluation Criterion

The teacher shows the evaluation criterion to the students. And tell them they can get a maximum of 12 thumbs if they can do them all.

我能积极参与小组活动，大胆表达	👍	👍	👍
我能在活动中主动寻求帮助或帮助他人	👍	👍	👍
我能说出 cooking dinner, walking the dog, watering the plants, cleaning the room, listening to music, watching TV, feeding the fish	👍	👍	👍
我能用 What is he/ she doing? He/ She is — 询问、描述他人正在做某事	👍	👍	👍
How many thumbs can you get?			

（设计意图：在课前告知学生如何对自己进行评价，激励他们更努力地参与课堂活动，以及在自己遇到困难或他人遇到困难时该怎样做。提高课堂时效，培养学生互帮互助的好品格。）

Step one Family activities by my side（2'）

1.The students listen and try to sing the song "What are you doing?"

2.The teacher asks "Do you remember? What is the first girl doing?

What is the boy doing? What is the second girl doing?"

Guide the students to say "She is … He is …"

（设计意图：边听边唱边跳的歌曲激发学生的兴趣，帮助学生快速进入学习状态，同时渗透本课重点表达方式What is he/ she doing? He / She is …。）

Step two Family activities of Kate's family(5')

The teacher shows a picture of family.

T: Look. This is a beautiful house. Kate's family lives here. They are very happy today. Why are they happy?

What are they doing? Let's listen.

Task 1

（1）Listen to the story and number the pictures.

（2）Check the answers together. And put the pictures in the right rooms of the house.

T: What a happy family! I'm thinking about being with my family. Do you? This time let's guess what their family members are doing.

Task 2 Listen again and match.

（设计意图：学生在故事中整体感知语言，感受家庭的温馨。在实践中，进行自我评估，为后面的小组实践活动做好准备。）

Step three Family activities in Kate's house(30')

T: Wow, Kate's family is so warm. Let's visit Kate's family. There are a lot of things we can do there.

The teacher introduces how to do the activities in the different rooms.

T: There are five rooms here. Eight students are in a group. One group in one room. Five minutes in a room. When you hear jingle bells, your group needs to move to the second room according to the map on the table.

Living room: playing games

Activity description：8人组再分成2个四人小组，每小组四张卡片，每个人轮流抽取卡片，并按照卡片的内容做动作，其他同学猜测卡片内容。两个小组分别完成后，交换卡片，继续猜。

Dining room: play missing game

Activity description：8人组再分成2个四人小组，每小组四张卡片，每个人依次抽取卡片，其他同学猜哪张卡片没有了。两个小组分别完成后，交换卡片，继续猜。

Study: doing homework— making a dialogue

Activity description：8人组再分成4个2人小组，每个小组一个任务单，创编对话。小组完成后可以相互交换。

Bedroom: singing songs & reading the story（绘本）

Activity description：8人组再分成2个四人小组，其中一个小组使用IPAD听唱歌谣和歌曲；另一个小组，阅读四本绘本，小组成员可以相互交换阅读。听唱歌曲组和阅读绘本组再进行交换。

Balcony: watching a video &reading

Activity description：每个人使用一个iPad观看故事视频，理解并进行跟读。

（设计意图：每个房间内设置的活动内容，贴近学生生活实际，调动了学生主观能动性，激发学生主动参与和表达的欲望，提高了学生的专注度，帮助学生体会到自主学习、主动参与的快乐，发现自我价值，发掘自身潜力，建立高效的课堂。）

Step four Family activities you like（3'）

Free talk

T: Which room do you like? Why? What do you know from the game?

S: I like … Because … I know …

（设计意图：鼓励学生真实地表达自己的所得、所感。帮助学生对自己的学习进程进行评估。根据自己的实际情况，在后面的学习中进行调控。）

Homework

1.Read the story Helping on "一起作业"

2.Observe "What are your family members doing?"

（设计意图：帮助学生体会"相互帮助"的温情。观察作业为学生在下节课能够描述自己家人正在做的事情做准备。）

六、板书设计

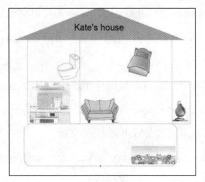

七、教师反思

本课采用了"主题化"教学策略，通过"主题—话题—实践"的教学步骤：引导学生采用"自主、合作、探究"等学习方式，鼓励学生在学习活动的过程中深化对主题的认识，从而形成一定的语言能力。

我在设计本课的过程中，注意关注全体学生，活动设置难易相间，意图让全体学生都能有所收获，感悟温馨的家庭活动带来的愉悦感受，并能够体会到成功的喜悦，感受到英语学习的乐趣。

为了培养学生学习英语的能力，教师首先要转变教学观念。课堂的目标不仅是教会学生学习知识，更重要的是指向学生的学习英语的能力。课堂活动也不仅是学习知识后用来练习的一种方式，它本身就是学生学习的重点。学生要知道怎样进行课堂活动，在活动中遇到问题应该怎样解决，或当组内其他成员遇到问题时怎样去帮助。

课堂活动的形式多种多样，学生使用手持移动终端，自主听唱与主题相关的歌谣、歌曲、朗读故事；阅读多本绘本故事；和组内同学一起玩猜卡片的游戏；在不同情境下创编对话，所有活动进行组内、组间轮换，每个学生都能够参与所有的活动。学生在学习的过程中不仅要用自己的脑子去想，而且要用自己的眼睛看，用自己的耳朵听，用自己的嘴说话，用自己的手操作，用自己的心灵去感悟。它解决的不仅仅是对知识的理解，更是帮助学生有效地管理自己的学习。蒙特梭利说过："我听过了，我就忘了；我看见了，我就记得了；我做过了，我就理解了。"这样意义与形式在学习中有机结合起来了。学生的学习更加地高效。

此外，建构主义认为：学习不是被动吸收的过程，而是主动建构的过程。中国学生发展核心素养中也指出，自主性是人作为主体的根本属性。自主发展，重在强调能有效管理自己的学习和生活，认识和发现自我价值，发掘自身潜力。因此，在教学中我充分调动学生的自主性、创造性，为学生提供了很好的自主学习的平台，学生在实践活动过程中，掌握知识、学会学习，学生成为课堂真正的主人，让学习真实的发生。

·专家点评

执教老师在英语组近几年进行的单元主题教学研究的基础上，对本单元进行重新构架，并设定了每课在单元主题中的意义，对教材进行整合，灵活地、创造性地使用了教材。在单元整合的基础上确定了本课主题意义：My Warm Home（我温馨的家）。

该老师这节实践课是在学生的一系列活动中完成的。在整个教学设计中为学生提供充分的语言实践机会，鼓励学生积极参与，大胆表达，让学生在活动中学会英语，并能用英语进行交流。孩子乐在其中，真正地参与到课堂的每一个活动中。这些活动让学生在较为真实的语境中，在一种自然的状态中习得英语，达到"在用中学，在学中用，学了就用"的效果。

在实践课教学设计活动目标明确，整体设计连贯。执教老师把整个教室分成不同的区域空间，并设定了这些空间的功能和意义：bedroom、bathroom、living room等，给每个空间提供了相应的活动参考及活动所用物品，同学每到一个空间都很有兴趣地积极参与那里的活动。还有map指导学生如何进行场地的交换，孩子们很快就能够领悟并真的做得很好。不同空间场地的变化，也促进了孩子们参与课堂实践活动的兴趣。

通过实践活动课教学，学生在轻松愉快的活动中感受语言、理解语言和运用语言，提高了语言实践能力，融洽了师生之间的关系，并且培养了学生团结协作的精神；学生在活动中成为了学习的主人，积极主动地参与学习和创造活动，从而提高了英语课堂教学的效率。

（点评：王彩君 北京市海淀区五一小学教师）

英语课堂变革—— 主题单元拓展课

　　主题拓展课，是针对本单元主题的学习内容，进行有针对性地拓展，目的是让学生通过运用所学知识，更加牢固地掌握本单元应当掌握内容；应该说，主题拓展课是单元整体学习延伸课，目的是让学生在掌握单元整体知识及技能的基础上，拓展延伸学习相关主题知识。

　　新课程理念强调，教学的过程是教师"用教科书教"的过程，而不是"教教科书"的过程。教材只是一种教学工具，我们在教学过程中不能过分依赖教材，束缚在教材所规定的内容里，教师要在充分了解和把握课程标准、学科特点、教学目标、教材编写意图的基础上，结合本地实际，特别是联系学生的实际学习情况对教材内容进行再创造，从而使教学更具针对性和实用性。

　　多向互动、开放融合是英语教学的理念。而拓展型教学正顺应了这一潮流与理念！在学生层面上，通过"拓展"这一渠道开展形式多样的学习活动，使学生发挥其学习主动性与积极性，既较好地完成国家课程所规定的学习要求与内容，又拓展视野吸收适量课外知识，并鼓励学生乐于学习、善于学习，激发学生学习潜能，提高学生的人际交往能力、合作精神和协作能力！在英语主题教学模式中，教师鼓励学生建构、拓展与深化主题内容。教师应设置语言环境并启发引导学生查找资料，探索知识，完成学习任务。

　　单元主题拓展课型的研究和实践，离不开教师作为主持者的积极推动，更需要解放学生的思想，打开其创造性思维，意识到自身的主体地位，从而形成教师穿针引线，学生在一定激励机制的促进下形成争先恐后的良好氛围。

主题拓展课例：U6 Summer Vacation

乔 菲

一、教材分析

第三课时包括A, B, C, D听说读写四个部分，A项为听力活动，借助Bill一家和Ted谈论旅行计划的对话，情境化地融合了与Travel Plans和In China等话题相关的词汇和功能句，让学生通过看图、听音、填空等方式来复习相关知识。B项为说的活动，承上启下，首先引导学生根据A项听力内容谈论可以在A项所提及的几个旅游城市做什么，然后交流各自心仪的旅行目的地的情况及各自的旅行计划。C项为读的活动，要求学生阅读一篇有关Ted在西安、四川、西藏等地旅游的文字，并回答相关问题。D项为写的活动，让学生根据提示问题和自己的实际情况写一篇短文，介绍自己上个周末或寒假的活动。

改变后的第三课时内容：

1. 保留教材中第三课时A、B项内容；

2. 将C项阅读替换为教师补充的阅读材料；

3. D项写作改为"向Ted推介一个中国旅游城市"。

二、学情分析

授课班级学生整体语言素质良好，对英语学习持有浓厚兴趣，乐于参与课堂活动和小组活动，勇于表达，敢于质疑。讲课之前，我做了调研，绝大多数学生有过很多旅行经历，对于旅行话题十分感兴趣。他们最喜欢的中国城市分别是北京、云南、上海、三亚、西安、香港、新疆等。基于自身的已知生活经验和知识储备，学生能从知识和技能的角度从地理位置、交通方式、因何著名等方面介绍某个学过的旅游城市。教材中C项内容已经在第一课时中进行了学习，因此结合调研，我将C项阅读替换成了补充的阅读材料，内容更为丰富，涉及了城市的地理位置、天气情况、因何著名、交通方式、可做的事情、著名小吃、可买的纪念品等方面。阅读材料中所涉及的城市也是基于课前调研，尊重了学生的真实需求。我校一直开展绘本阅读教学，使得学生的思维比较活跃，知识面较宽，在平时的学习中，学生乐于参与小组合作学习，擅于制作思维导图，对此学习模式非常熟悉，而且学生有较好的学习习惯和自主学习的能力。

三、教学目标

1.能听懂、理解他人的旅行计划，并提取关键信息。

2.能尝试从location、famous things、transportation、things to do、weather等维度介绍某一中国旅游城市。

3.能读懂有关中国著名旅游城市的介绍，提取关键信息，并以思维导图的形式为Ted推介一个中国旅游城市。

4.能在学习的过程中通过推介中国旅游城市，体验大美中国的魅力，增强民族自豪感。

四、教学重难点

1.能听懂、理解他人的旅行计划，并提取关键信息，能尝试从location、famous things、transportation、things to do、weather等维度介绍某一旅游城市。

2.能读懂有关中国著名旅游城市的介绍，提取关键信息，并以思维导图的形式为Ted推介一个中国旅游城市。

3.能读懂有关中国著名旅游城市的介绍，提取关键信息，并以思维导图的形式为Ted推介一个中国旅游城市。

【解决策略】任务分层，采用jigsaw reading进行小组合作。

五、教学过程

（一）复习回顾，激活主题 （约3分钟）

1.利用游戏，激活已知，调动思维

游戏名称：Odd one out

活动说明：从多维度思考，找出不同并阐述理由

（1）教师示范

PPT呈现加拿大国旗、大本钟、布达拉宫、塔桥图片

T: Which one is different? Why do you think so?

S1: I think the first picture is different because it's a flag, others are famous buildings.

S2:I think the third picture is different, because it's in China, others are in western countries.

（2）小组活动，进行游戏

T: First, you can read these words, then think and odd one out. You can talk with your group members.

（3）班级反馈

【设计意图】《英语课程标准》强调课程从学生的学习兴趣、生活经验和认知水平出发，倡导体验、实践、参与、合作与交流的学习方式。在此环节，教师运用游戏激活学生的已知，从已有的知识经验和生活实际出发，使学习内容与学生个体之间建立起有意义的连接。此游戏发展了学生思维的敏捷性与多样性。引导学生进行深入思考，发展学生的思维能力。为引出本课话题做铺垫。

2.师生谈论，引出主题

（1）通过师生间真实交流，聚焦本课主题：大美中国

T: Do these pictures have something in common?

S: They are all in China.

T: So, what do you think of them?

Ss: I think these places are really beautiful

T: I totally agree with you! In today's class, let's go into more magnificent places in China!

（2）学习生词：magnificent，按照拼读规律学习

（3）视频欣赏

【设计意图】通过观看视频，让学生体验大美中国的魅力，增强民族自豪感，激发学生表达欲望。

（二）呈现情景，运用旧知（约5分钟）

1.听前：呈现听力背景

（1）呈现听力情境：Bill's family is talking with Ted about a travel plan. T: Can you guess what places they advise Ted to go?

S1: Maybe they advise Ted to go to Beijing because it's the capital of China.

（2）出示听力图片

小组讨论

T: What do you know about these places? Please talk in pairs.

Ss: I know Sichuan is famous for pandas. /I know Shaanxi is in northwest of China and it is famous for Terracotta Army.

聚焦新语言

T: Do you know what aspects should we pay attention to while listening?

S1: I think we should pay attention to transportation and time.

PPT呈现新语言：How far is it? It's…by….

【设计意图】借助Bill一家为Ted介绍四个旅游城市，创设语言情境，关注听的能力培养，培养听前预测的好习惯和聚焦听力内容的能力，引导学生有针对性地去听。

2.听中：播放录音，完成听力任务

PPT呈现听力任务：

（1）初听完成填空，听出人物要去的地方和采用交通工具所用时间；

学生小组内使用功能句How far is it from Beijing? / It's…by…交流检测。

（2）第二次听，关注具体细节，提取关键信息，完成速记。

如：Wolong is in Sichuan, they can see pandas and play with them. Terracotta Army is more than 2000 years old. Shaolin Temple is a place for learning kungfu. There are snowy mountains and interesting people in Tibet.

T: Can you try to say something about these famous places within your groups?

Ss: Wolong is in Sichuan province, Ted can go to see pandas and play with them. It is 3 hours by plane from Beijing.

【设计意图】鼓励学生运用听力速记的方式记录更多听力内容，培养学生养成良好的听力习惯，便于学生听后展开交流。

3.听后：发散思维，尝试介绍

教师问题引导，让学生说出介绍某个旅游城市应关注的不同维度，逐步形成板书。

T: In what ways can we introduce a city?

S1: We should introduce a city about its location, weather, transportation, famous things, and things to do.

T: So can you try to introduce one of these cities that you like?

S2: I want to introduce Sichuan. It's in west of China, it's famous for cute pandas and spicy food, such as hot pot. It's more than 3 hours from Beijing by plane. You can taste local food and visit pandas.

【设计意图】鼓励学生发散思维进行思考，调动学生的已有认知，引导学生从多维度介绍某个旅游城市。教师的板书设计也帮助学生梳理了语言知识，为学生的语言表达提供了支架作用，提高了学生的综合语用能力。

（三）合作学习，拓展延伸 （约30分钟）

1.组内交流，达成共识

教师呈现活动情境：Hi, I'm Ted. It's my first visit

to China. Bill advises me go to Sichuan, Henan, Shaanxi and Tibet. I really love these places and I will go next week. I also want to go more famous places in China, can you give me some advice where else I can go? Thank you so much.

（1）PPT呈现任务1：Where do you advise Ted to go? 你建议Ted去哪？

教师呈现中国地图，让学生根据已有认知发表自己的观点。

PPT呈现8个著名城市：Welcome to Beijing, Sanya-Paradise on Earth, Paradise Hangzhou, Welcome to Yunnan, Welcome to Xinjiang, Welcome to Hong Kong, Fantastic Xi'an, Amazing Shanghai.

小组交流，最终确定推介Ted去哪个旅游城市。

T: It is Ted's first visit to China, can you recommend more interesting places for him? You can discuss first, but you'd better reach an agreement at last. I have some choices for you.

S1: We advise Ted to go to Sanya, because Ted lives in Canada, it's not so hot in June there, but Sanya is warm and hot in the whole year. He can enjoy the beautiful sea and taste sea food. It's delicious.

S2: We think Ted can go to Yunnan, because it's warm from spring to winter, the climate is different from Canada, he can see many flowers in Kunming.

S3: We think he can go to Beijing, because it is capital of China and Beijing is famous for its beautiful sceneries and culture.

【设计意图】鼓励学生发散思维进行表达，培养学生以批判性思维进行聆听，在讨论，分析，思辨，交流的基础上发展了学生的思维品质。

（2）根据选定城市，认领相应的阅读材料

2.阅读旅游城市文本

PPT呈现任务2：Let's read and try to remember something.

组内进行Jigsaw reading。学生根据自己的真实意愿，选择阅读材料中的一部分内容。

【设计意图】Jigsaw reading可以在单位时间内提高学习效率，降低任务难度，学生在小组内可以根据自己的意愿和能力选择令自己感兴趣的部分进行阅读。

3.小组合作，完成思维导图

PPT呈现任务3：Let's make a poster

T: Now let's make a poster. You can make a mind map or the style you like.

教师给学生提供图片，学生可以选择使用。

学生分工，合作完成。

4."画廊漫步"，欣赏评价

T: You can paste your beautiful poster on the blackboard, let's share and enjoy.

【设计意图】在真语用、真情境中体现真合作。教师呈现了Ted的需求，他希望了解更多的中国著名旅游城市，体现了情境真实；学生以Jigsaw的阅读方式在小组内合作，体现了语用的真实；学生在小组内分工不同，但是一起合作，为Ted推介一个旅游城市并制作思维导图，体现了合作的真实。此活动不但提高了学生的综合语言运用能力，实现了让学生用英语讲中国文化，而且通过推介中国著名旅游城市，增强了学生的民族自豪感，体验了大美中国的无限魅力，激发了学生的爱国之情。

（四）总结提升，布置作业（约2分钟）

1.师生一起总结今天所学内容，完成评价

2.布置作业

（1）完善自己组的思维导图。

（2）根据自己的意愿，以图文并茂的形式为Ted推介一个旅游城市，制作思维导图或手抄报。

六、板书设计

教师反思：

1.基于核心素养，实践主题单元教学

主题单元的研究可以引导教师在深入研究学生的基础上转变备课思路，整合教学内容和资源，为学生提供丰富、多元、开放的学习资源与途径，引导学生深度参与学习活动，获得有意义的学习体验。对于教师而言，主题单元教学研究可以引导教师从学生核心素养发展的视角出发，开展学习、研究、实践和反思，从而获得专业发展。

六年级下册教材的特点有两处：一是没有新知呈现，都是在复习之前11册中学过的内容；二是教材本身自带的大情景是Bill去加拿大游学的经历。鉴于教材的特殊性，我进行了主题单元教学，根据学生的实际情况和需求，进行了适当地整合与改动。通过本单元的复习，帮助学生进一步巩固了语言知识点，将教材中知识进行结构化的关联，并在各个课时主题的依托下，能够综合使用语言就旅行经历，旅行计划，购物，介绍中国著名旅游城市，丰富多彩的假期生活等方面进行真实地谈论与表达，在复习的过程中渗透合理规划暑期生活的能力，希望学生能够度过一个有意义且丰富多彩的暑假。

2.通过发展思维品质，提升学习效能

英语学科的核心素养是以主题意义探究为目的，以语篇为载体，在理解和表达的语言实践活动中，融合知识学习和技能发展，通过感知、预测、获取、分析、概括、比较、评价、创新等思维活动，建构结构化知识，在分析问题和解决问题的过程中，发展思维品质。

本课Odd one out游戏体现了学生思维的敏捷性与多样性；讨论为Ted推介某个中国旅游城市体现了学生分析、思辨的过程；阅读中国著名旅游城市宣传册体现了学生在阅读中思维的深度与广度的发展；这些活动关注了学生思维品质的发展，学生通过参与这些活动，有机整合和内化所学内容，构建知识网络，进行迁移和创新，发展了学生的思维能力，提升学生学习效能。

3. 真情境，真语用，真合作，提高综合语言运用能力

六年级下册教材提倡通过听、说、读、写等形式的语言活动帮助学生复习所学话题的重点词汇和功能句，并引导学生综合运用所学语言知识和技能进行交流。教师呈现了Ted的需求，他希望了解更多的中国著名旅游城市，体现了情境真实；学生以Jigsaw的阅读方式在小组内合作，体现了语用的真实；学生在小组内分工不同，但一起合作，为Ted推介一个旅游城市并制作思维导图，体现了合作的真实。这些活动不但提高了学生的综合语言运用能力，实现了让学生用英语讲中国文化，而且通过推介中国著名旅游城市，增强了学生的民族自豪感，体验了大美中国的无限魅力，激发了学生的爱国之情。

专家点评

小学英语教学提倡以主题意义探究为目的，以语篇为载体，在理解和表达的语言实践活动中，融合知识学习和技能发展，通过感知、预测、获取、分析、概括、比较、评价、创新等思维活动，建构结构化知识，在分析问题和解决问题的过程中，发展思维品质，形成文化理解，学会学习，树立正确人生观和价值观，促进英语学科核心素养的形成与发展。

本课是六年级下册最后一个单元<Summer Vacation >中的第三课时。教师从英语主题单元教学入手，进行了单元整体教学设计。教师把握整个单元乃至整套教材的脉络，从A Great Summer Vacation这个主题入手，为语言的使用提供了一个有意义的语境，并重新架构了整个单元的教学。既考虑了本册教材的复习作用又扩

展和开发了一些教学资源，使教学内容更为适合本校的学生。将教材中知识进行结构化的关联，并在各个课时话题的依托下，能够综合使用语言。

本课的话题是Magnificent places In China，教师梳理整合了整个单元的知识架构与内在联系，涵盖了教材中需要学生复习掌握的知识点，将新观点、新概念与已有的知识、经验建立关联，使用多样化的教学手段，开发创作了大美中国的宣传册，比教材中原有的内容更为丰富，语言地道，图文并茂，并设计了适合学生的教学活动，从地理位置、天气情况、交通方式、风土人情、可以做的事情等不同维度来介绍大美中国。从而扩展了学生学习的深度和广度，将学生已有的生活背景经验运用到课堂上，提高了学生获取信息、解决问题的能力，促进了学生的全面发展。突破了课本的局限，开阔了视野，转变了固有的教学思维和教学模式，满足了学生发展的需要。

本课中教师还非常关注在引导学生开展主题意义探究和问题解决的活动中感受美丽的中国，发展思维品质和语言学习能力。这种思维的培养体现在Odd one out的游戏中，体现在大美中国宣传册的阅读中，还体现在学生向Ted推介的旅游城市的活动中。不论是多角度思考问题、分析概括提取信息、还是借助思维导图推介最美城市，学生在各种活动中与同伴有效沟通，团结协作，完成任务，发展了思维，体现了深度学习的过程，让学生真正成为学习的主人。

（点评：李建芳　北京市海淀区学科带头人）

英语课堂变革—— 主题单元分享课

主题分享课，我们又称为"主题交际课"，语言是交际的工具，完成有意义的交际任务，是学习语言最有效的方法。教师在教学中围绕本单元主题，给学生设计交际任务，学生在课下完成资料的收集和整理。在课上教师引导学生尽力调动各种语言的和非语言的资源进行"意义"共建，以达到解决某种交际问题的目的。在应用语言完成交际任务的过程中，学生获得交际能力的发展。

应该说主题教学模式以反映主客观世界为内容，为交际活动提供了丰富的学习素材，广阔的思维空间。在此模式中，交际任务可以设计为：简述问题型、比较型任务、解决问题型任务、交流观点型任务和创造型任务。

根据建构主义理论，学习是学生积极建构自己知识结构的过程。其次，学生是完成各种交际任务的主体。学习的过程，在于学生运用语言，积极参与并完成各项交际任务。教师的责任是创造语言活动情境，讲解示范和激励学生积极参与。

单元主题分享课型与传统的课堂相比，优势明显。新的学习观认为，学习不是一个静止封闭的吸收系统，而是一个开放的、动态的对外交流的系统，如同计算机的运作机制，不仅需要输入单元，还需要输出单元。分享式课堂不排斥教师对知识点的讲授，它提倡人格平等，提倡互相尊重，提倡分享和交流。

学生在与他人的交往过程中分享智慧，分享学习过程中的思考、心得以及经验，实现共同成长，彼此享受认同与尊重的愉悦过程，其关键在于分享。说到底，分享式教学只是一种教学理念，可以作为教学活动开展的指导思想，落实到具体的教学过程中，即在教学中抓住问题，并以此拓展延伸，让学生思考、总结，并通过展示和交流分享自己的想法，让学生获得经验、掌握解题思路，同时使得学生在分享过程中获得价值认同感。在此前提下，以独立思考探索、总结交流的主要形式，分享他人智慧并启迪自身思维，从而达到共同发展，形成良好的认知结构为目标。

主题分享课例：Unit3　Animal World

李建芳

一、教材分析

本单元主题是Animal World。根据教学内容和我校学生情况，在主题单元目标的基础上进行文本资源整合，并重新划分了教学板块、课时并确定了每课的话题。第一课时，Getting to Know about Animals；第二课时，My Favourite Animals；这两课是基础知识的学习。第三课时，All about African Elephants，是阅读教学。第四课时，Animals in Danger，是拓展阅读。第五课时，We See Animals，是写作指导。第六课时，Animals and Us，是语言实践。本课是第三课时，阅读教学。海淀区六年级学业标准中提出，这个阶段的学生应该能够借助一定的阅读策略读懂题材、体裁多样的配图文章和故事。课外阅读量应累计达到13000词左右。本课将教材中有关大象的语篇替换成了绘本《*All about African Elephants*》。这本书是由Introduction、An Elephant's Body、An Elephant's Life、More Elephant Facts四部分构成的。相比较教材中的语篇，内容更为丰富、有趣。通过阅读，可以让学生对大象形态特征、个性、栖息环境、生活习性等有更为详细的了解，进而产生爱动物和保护动物的意识。在教学过程中，教给学生阅读方法，培养思维能力，从而促进语言能力的进一步发展。

二、学情分析

这个主题是学生熟悉的，感兴趣的。在知识储备上，他们已经在一上Animals、三上Pets和五上Animals中学习了很多动物的名称，能够从动物的外貌特征、个性、生活习性等方面谈论和描述动物。在本单元前两课时的学习中初步了解了动物的分类，能够尝试借助已有认知介绍自己喜欢的动物。为本课的学习和理解打下了很好的语言基础。在阅读能力上，我校学生已经有了四年的绘本阅读的经验，具备一定的阅读能力。绘本阅读也是学生喜欢的一种阅读方式，既开拓了学生的视野，又拓宽了学习渠道。测查情况看，我班学生阅读理解部分失分率较高，与其他技能还存在着差异，而且显现出在这一领域中存在。

三、教学目标

1. 能够借助图片及其它阅读策略，读懂有关非洲象的绘本。

2. 能够提取关键信息归纳、概括，完成阅读任务。

3. 能够借助绘本中丰富的语言信息与同学展开交流，并能用几个意义连贯的句子来介绍大象。

4. 能够通过对大象的深入了解，产生保护动物的意识。

四、教学重难点

1. 能够借助图片及其它阅读策略，读懂有关非洲象的绘本。

2. 能够在板书的支持下，用几句连贯的话来介绍大象。

3. 能够抓住大意和提取关键信息进行归纳、概括。

4. 能够借助图片、上下文和核心词页的英文解释，理解文中的生词词意。

五、教学过程

Step1. Before reading

1. 歌曲热身

欣赏并跟唱有关动物的歌曲〈*Walking through the jungle*〉。

（1）Enjoy the song.

Q: What animals does the girl see in the song? Where do they live?

（2）Sing along.

【设计意图】歌曲以轻松、明快的节奏及生动形象的动漫画面再次复现了动物词汇和栖息地，有效地调动了学生的学习热情。

2. 思维游戏〈Odd one out〉

活动说明：读一读，说出哪个词跟其他不同，并尝试说出原因。

（1）教师通过多媒体出示一组词汇，monkey, panda, kangaroo, penguin

T: I think penguin is out. Because it is a bird. Others are mammals.

（2）出示多组有关本单元相关的词汇，进行小组活动。

T: Which one is out? Why?

A. nose, long, feet, teeth;

B. birds, goldfish, insects, reptiles;

C. forest, desert, mountain, ocean;

D. have cold blood, lay eggs, have scales, feed milk to their babies;

E. bee, butterfly, bat, ant…

3. 猜谜活动。What's my favorite animal?

（1）猜谜语。将上节课编谜语的作业进行反馈。

（2）猜老师的谜语，引出课题。

They are mammals. They are big and strong. But they don't eat meat. There are two kinds of them in the world. They are the biggest animals living on land. They have big ears, a long nose.

揭示谜底。T: Yes, they are elephants. Do you know what kinds of elephants there are in the world? 出示两种大象的图片。

T: Today we are going to read a book about African elephants.

【设计意图】思维活动既唤醒了学生头脑中与动物有关的信息，又引导学生通过已有认知，进行判断、分析、归类，找出不同类词和猜出谜语。让学生在辨析的过程中进行深层次的思维活动。小组和全班的活动形式又使每个学生都有机会真正地参与到思维活动中。

（3）读绘本封页

①出示绘本，引导学生读出绘本的名字和作者。教师板书。

⟨All about African Elephants⟩ Written by …

②预设会在书中读到什么信息。

Appearance、Category、Living place、Food、Activities

【设计意图】通过预测、想象，发散思维，激发学生阅读的欲望。

Step2. While reading

1.整体快速阅读，说出这本书是由哪几个部分构成的。

Q: How many parts are there in the book?

Introduction; An Elephant's Body; An Elephant's Life; More Elephant Facts;

【设计意图】整体感知语篇，关注不同字体，引导学生关注篇章结构，渗透阅读策略，帮助学生掌握阅读方法。

2.分布阅读，查找信息

（1）问题引领，阅读第一部分Introduction

①问题引领，阅读P2—5

Q1. What does it look like?

Q2. How heavy are they?

Q3. Where do they live?

②反馈信息

Appearance：a trunk/tusks/wrinkled skin/big ears/big feet / as much as a truck/Africa（板书）

③检测学生对词汇的理解。

①tusks：long, pointed teeth

②wrinkles：用揉皱的纸让学生理解wrinkles

③as much as a truck：Ppt直观演示

④Africa：Ppt 呈现世界地图，了解非洲的位置。

【设计意图】引导学生根据已有认知通过英文解释和上下文来猜测词意。因为在绘本阅读中既要重视语言文字信息，也要关注文本插图等非语言文字信息，使学生不断建构语言文字与插图情境之间的联系，进而内化语言，培养学生观察、想象、理解和判断力。但是现阶段的孩子还是处于形象思维向抽象思维过渡的阶段，所以直观演示更直接，能够更好地帮助学生理解词意。

（2）分层阅读第二、三部分

活动说明：两人一组。同学A读An Elephant's Body。同学B读An Elephant's Life。根据这部分的内容分别设置不同的阅读任务。

①A组阅读An Elephant's Body P6—11

阅读完成表格What can they do with their body?

B组阅读An Elephant's Life P11—15

问题：Q1. What do they eat?

Q2. What sound can they make?

Q3. What do you think of mother elephants?

②信息交流

两人小组活动。引导学生对自己所不了解的信息进行询问。Try to ask some

questions about other parts of the book.

③信息反馈，形成板书。

④通过视频、图片帮助学生理解lip, tiny, branch等词的词意。

【设计意图】An Elephant's Body部分的阅读任务显形信息较多，学生需要抓住关键信息进行转换。An Elephant's Life部分的阅读任务，问题设置由显性信息到概括信息，再到开放性问题。学生在细读的过程中，不是被动地接受信息，而是积极地思考问题，并根据语篇的内容进行充分地观察、想象、分析、提取、概括和创新，形成自己的态度和观点。两个任务的设置分出层次，体现了以学生为主体，促进不同层次学生的发展。而且活动的本身产生了信息差，引导学生自主提问，有意识地培养学生自主提问的能力和发散思维。

（3）阅读第四部分More Elephant Facts

①呈现PPT，读一读，猜一猜，你知道哪个是真的吗？

* They can call to each other from miles away?

* Elephant babies can't use their trunks.

* Elephants can live more than 60.

②阅读第四部分，印证猜测。

【设计意图】先猜再读，思维的乐趣也在思考的过程中得以激活，吸引学生主动参与到课堂活动中，有趣的事情让学生更加喜欢大象，也对探究其它动物的秘密产生了兴趣，对课后阅读是一个良好的促进。

3. 完整阅读，内化文本信息

（1）整体阅读，内化文本信息。

（2）同伴交流，提升语言能力。

①Do you have more questions about elephants in the book? 鼓励学生问问题。

②Say something about elephants. You can use: They are…/ They have …/ They like to eat…/They can …/ They use… to …/ They live …

（3）全班展示，提供展示平台。

【设计意图】以读促说，让学生在理解的基础上，借助绘本中丰富的语言信息描述大象。给学生提供了一个内化语言，使用语言的机会。

Step 3. After reading

1.介绍更多大象趣闻

T: Do you want to know more cool things about elephants? Let's read 10 Cool Things About Elephants.

2.介绍濒危的大象

T: What else do you know about them?

观看有关大象濒危的视频。Let them know elephants are in danger. They are endangered animals.

Q: Are they in danger? Why?

【设计意图】有趣的大象和血淋淋的现实形成了鲜明的对比，让学生产生想要保护它们的愿望。The more you know, the more you love. The more you love, the more you can do (help)!

Step 4. Homework

1.Read the passage about endangered elephant. Think how to protect them!

阅读大象濒危的语篇。思考，如何保护它们！（必做）

2.Try to know more endangered animals.

了解更多濒危的动物。（必做）

3. 推荐更多有关动物的绘本读物。（选做）

【设计意图】结合课本内容阅读相关话题的读物，既开阔了视野，又拓宽了学生的学习渠道。课上教师对学生的阅读指导又能促进学生阅读策略的形成，将课上所学延伸到课下，从而达到课内外阅读无痕对接，同时为后面课时的学习做准备。

六、板书设计

教师反思：

思维品质是英语学科核心素养四个维度之一，是基础教育阶段所有学生的普适性要求。在小学英语阅读教学中，引入思维可视化工具梳理文本逻辑，借助布卢姆认知目标分类设计高阶思维层级的阅读任务和培养学生自主提问及勇于质疑的习惯等策略，可以使学生思维的逻辑性、批判性和创造性有较大程度的改善，从而促进学生思维品质的发展。

小学英语阅读教学因为其语篇内容的丰富性，可以为学生思维品质的培养提供较大的空间。在阅读教学中一方面要设计促进学生思维发展的阅读任务，促进学生思维的逻辑性、批判性和创造性的发展；另一方面要培养学生积极思考、自主提问、勇于质疑的品质和习惯。

1. 设计猜谜导入，激活学生思维，培养学生发散思维能力。

本课中，为了激起学生的想象与猜测，使他们成为积极的阅读者。教师根据学生的已有认知让学生以猜谜的形式猜出大象，不仅能激发学生的学习兴趣，还能最大程度地启发学生根据已有知识和经验进行发散思维。

2. 利用思维可视化工具设计阅读任务，促进学生思维逻辑性的发展

在英语阅读教学中，思维可视化工具常被用来梳理文本的主要内容和逻辑关系。本课中我借助思维导图帮助学生梳理出科普绘本The Elephants的主要内容，使阅读材料中的各种逻辑关系可视化，从而帮助学生理解文本，同时培养学生对逻辑关系的敏感性。同时，课堂板书的设计，逻辑性增强，为学生在理解和表达上提供了支架，使学生理解得更清楚，表达得更顺畅。

3. 培养学生积极思考、自主提问、勇于质疑的品质和习惯

为了更好地培养学生的思维品质，教师鼓励学生自主提问，培养其主动思考、勇于质疑的能力和习惯。在教学中，我希望学生在拿到一个阅读文本时，能够根据其标题和封面图片预测故事内容，主动发问，积极建构可能的故事框架；读中能与文本积极互动；读后能够批判性地评价故事内容，发表自己的观点，成为自主阅读者。

4. 读中活动，训练思维

读中活动是核心部分，是阅读教学的输入和理解环节，在该环节，教师需要巧设活动，引导学生使用有效的阅读技巧，对阅读材料进行深入理解。因此，我根据文本的内容及语言特点，灵活设置任务来培养学生的思维能力。

An Elephant's Body部分的阅读任务显性信息较多，学生需要抓住关键信息进行转换。An Elephant's Life部分的阅读任务，问题设置由显性信息到概括信息，再到开放性问题。学生在细读的过程中，不是被动的接受信息，而是积极地思考问题，并根据语篇的内容进行充分地观察、想象、分析、提取、概括和创新，形成自己的态度和观点。两个任务的设置分出层次，体现了以学生为主体，促进不同层次学生的发展。而且活动的本身产生了信息差，引导学生自主提问，有意识地培养学生自主提问的能力和发散思维。

5.读后活动，拓展思维

阅读后活动形式多样，教师应从学生的实际情况和阅读篇章的特点出发，充分考虑学生已有的知识储备和思维特点，准确把握学生思维的维度和节奏。在读后环节紧扣阅读主题，搭建各种必要的支架，帮助学生深入理解篇章主题，引起思考，激起表达欲望，拓展思维的广度和深度，促进学生积极思维和互相交流。

以培养学生思维品质为宗旨的阅读教学活动的主要目的不是传授知识，而是锻炼学生的思考方式；不是向学生解释什么是对的或是错的，而是把"对、错"交给学生，并协助他们独立做出判断。有效的活动是阅读教学中培养学生思维的脚手架，在教学活动思维的指引下，学生能够有序进行文本解读和思维训练，达成理解文本、拓展内涵、发展思维的阅读教学目标，逐步提升自我思维品质。

·专家点评

以主题意义探究为目的，以语篇为载体，在理解和表达的语言实践活动中，融合知识学习和技能发展，促进英语学科核心素养的形成与发展。有了这样的指导思想，老师在进行教教师对学生的学情了如指掌，执教老师的整个教学设计体现了她对学生的"懂"，也充分体现和实现了她的教学思想。教学目标制定的具体明确，可以看出在完成教学过程后，能够很好地达成教学目标。

尽管此次的教授对象是六年级的学生，但老师还是非常注重学生兴趣的激发和创设愉悦的课堂氛围，老师非常关注主题意义的探究，这样就会有更多的语言实践活动，就能促进学生学科素养的形成。

教学设计的第一个环节：以一首活泼有趣且内容丰富的英文歌曲<Walking through

the jungle >开始了本课的学习，学生们很快就进入了animal world。能够从学生的感觉出发，以学生为主体。接下来的游戏活动也是很有趣，并且激活了学生的思维，同时为后边的阅读做好了准备。

阅读离不开思维，阅读是思维的灵魂。在整个阅读过程中：读前、读中、读后都充分地落实了这一思想：读前的预测、想象，发散思维，激发了学生阅读的欲望；读中整体了解篇章结构、分布阅读查找信息、信息交流进行语言的输出；读后的介绍：更多大象趣闻、濒危的大象等等，每一环节都在引导、激发学生的思维。

德国教育家第斯多惠认为：教学艺术的本质不在于传授知识，而在于激励、唤醒和鼓舞。教师在教学中，能够放手，让学生自己去创造、去实践。学习是学生的自主行为，我们的教学更重要的是唤醒和激发学生主动参与学习的意识。在读后的活动中老师对大象趣闻的介绍，尤其是濒危的大象会引起学生更多的思考。同时也很好地激发了学生课外阅读的积极性和求知欲。

（点评：王彩君 北京市海淀区五一小学教师）

第四节

音乐篇
YINYUEPIAN

智慧教学范式——音乐学科课堂样态

梁小娟

　　音乐艺术具有非语义性的特点，人们对音乐的听觉感受与理解会因自身经历的不同而不尽相同，但音乐作品的构成本身又存在一定的规律。在教学中，如何让学生在经典的音乐作品中感受音乐音响？体会音乐的情绪情感？品位音乐文化？如何让音乐成为学生一生幸福成长的伴侣？在近几年的教学中，我们主要从学生发展核心能力的需要、音乐学科特点、学生音乐学习及教师教授规律、音乐教育教学的国际前沿动态等方面，重点思考了以下几方面的问题：①音乐课堂是音乐文化传承的一部分，应把各种音乐活动及教学活动放在文化的语境中进行；②音乐课堂是学生获得音乐能力与知识的载体，应该突出"学科本位"，凸显音乐是"听觉"艺术的特点；③音乐课堂是学生与教师互动的动态过程，应从"为学生的幸福人生奠基"的角度更新教育教学理念，师生共同成为"生成式课堂"的主体；④学生的音乐思维（听想能力）与音乐行为（欣赏、表现、创造活动）之间有什么样的关系？⑤不同音乐课型的教学模式不尽相同，应该探索、挖掘感受与欣赏、表现、创造等不同领域的音乐课堂教学范式。为此，我们以学生的"音乐听想能力"培养为中心，设定了三维的培养目标："爱欣赏、会表现（演唱/演奏）、能创造"，也即促进学生音乐感受与欣赏能力、音乐表现能力、音乐创造能力等音乐综合素养的全面提升，使音乐成为孩子一生幸福成长的伴侣。

音乐课堂样态图

音乐学科课堂新样态

音乐与相关文化

听

赏

探索

编创

实践

听 唱 奏 演

音乐课堂样态解读

音乐课堂教学，以"音乐文化"为语境，包含三大教学领域：音乐表现、感受与欣赏、音乐创造，以爱欣赏、会表现（演唱/演奏）、能创造为三维教学目标。

课堂音乐教学活动（以聆听为主的欣赏课、以演唱/演奏为主的表现课、以节奏编创/曲调编创为主的创造课），都以多样的体验活动为载体，突出音乐听觉艺术的特性，让学生"沉浸"在音乐活动中，通过"听、模、唱/奏、演"层进式的引导过程，使学生能够由"耳熟"逐渐过渡到"会唱""能演""乐学"，并在此过程中培养学生良好的审美情趣。

音乐表现，是学习音乐的基础性内容，培养、提升学生的听、唱、奏、演能力，最终的目的是"学生会表现"。在低年级要达到：能用自然的声音、有表情地演唱，用打击乐器参与伴奏，乐于参与综合性艺术表演；中高年级要达到：乐于参与各种演唱、演奏活动，具有初步识谱能力，能用课堂乐器参与音乐作品表现，在综合表演中担当角色并作出评价的目标。

感受与欣赏，是音乐学习的重要领域，是整个音乐学习的基础。我们主要以提升学生的听、赏能力为总目标，使"学生爱欣赏"。低年级要达到的目标是：感受音乐的表现要素，能随音乐做出恰当的动作或体态反应；中高年级要达到的目标是：听赏不同类型的音乐，准确听辨音乐要素、人声/乐器分类、题材、体裁、风格流派。

音乐创造，是培养学生音乐思维和创新精神的重要途径。课堂教学以提升学生的：音乐创造实践和音乐创造思维为总目标，用探索、编创、实践的形式完成这一目标。低年级要达到：能够用乐器、人声模仿自然界或生活中的声音、即兴做动作；编创1-2小节节奏型的目标；中高年级要达到：即兴编创律动或舞蹈、音乐故事、音乐游戏等，参与表演；编创2—4小节节奏或旋律的目标。

在课堂教学环节设计上，凸显"学生本位""师生共建""平等对话"的理念，采用体验律动、科尔文手势等多样的手段，选用达尔克罗兹、柯达伊、奥尔夫、戈登等世界知名的音乐教学方法，通过学生体验、模仿、探究、合作的方式，建设音乐课堂教学新样态，培养、提升学生的音乐审美情趣。我们还积极进行与其他学科进行融合的教学尝试，如与美术、与语文进行整合，进一步提升音乐学科的育人效果。

因此，我们认为：音乐学科课堂教学新样态的建设与实践，既是一种理念，也是一种方法，还是一种我们想要达到的目标。

音乐课堂变革—— 音乐表现课

音乐表现课分为三个方面：知识技能（力度、节奏、音色、速度等），学习方法（模仿、对比、合作、评价等），感悟与表达（自信演唱、综合表演等）。我们在设计自己的音乐教学时有了以下思考：关注了低、中、高年级学生的年龄特点，运用生动形象的教学语言、图片、幻灯、音频、视频启发学生联想，开拓学生音乐视野，激发了学生学习歌曲的兴趣及创作欲望；适当运用信息技术，打破了时间、空间的限制，拓宽了学生接受音乐信息的通道，给予学生更大的音乐学习自主权和选择权；积极引导学生进行聆听、演唱、演奏、律动及综合性艺术表演等音乐实践活动，有效提升学生的音乐实践能力；养成学生自信歌唱的习惯，在不断的积累中提升孩子们的音乐体验，促使他们的音乐才能得到最大的发展，逐步积累学习音乐的经验。

在教学实践的过程中，学生不但掌握了演唱的方法、学会歌唱，更能够充分体验歌曲所表达的情感，并能够用美妙的声音真挚地表现歌曲，从而获得情感升华，感悟歌曲的思想内涵。

音乐表现课例：龙里格龙

陈小燕

一、教材分析

《龙里格龙》是合唱《流水恋歌》中的选段。主要采用的京剧西皮唱腔中的音乐素材编写。该曲曲调比较简单，情绪欢快活泼，演唱形式丰富多样，包括齐唱、合唱、轮唱。音乐风格既有京剧传统的神韵又有时代精神。

全曲主要由这一主题旋律构成，采用了京剧当中西皮唱腔欢快活泼的特点。

第二句的旋律实际上是这一乐句向上方四度的模进，也是这首歌曲的高声部旋律。

合唱部分是把这两句进行了叠加处理，形成了带有一点轮唱感觉的二部合唱。

一、学情分析

小学五年级的学生思维活跃、想象力丰富、表现力强，对音乐学习有较高的兴趣。识谱与演唱能力能够准确地识读C大调乐谱，有二声部合唱经验，对京剧的唱腔及特点有浅显的认识，能够用不同的速度和力度表现歌曲的情趣。在演唱习惯上能够用正确的演唱姿势和呼吸方法，自信地、有表情地演唱歌曲。

在前期的唱歌教学中，能够准确地识读C大调乐谱，学生通过各种合唱练习手段能顺利完成二声部合唱，对京剧的唱腔及特点有浅显的认识，能够用不同的速度和力度表现歌曲的情趣。

二、教学目标

1.感受现代京剧《甘洒热血写春秋》的情绪特点，知道它是选自现代京剧《智取威虎山》的唱段，体验京剧演唱与歌唱的不同之处。

2.知道歌曲《龙里格龙》是根据传统京剧音乐素材改编的戏歌，体会歌曲《龙里格龙》所具有的浓郁的京腔京韵的旋律特点。

3.知道京剧的武场、京剧的文场的乐器构成，了解京剧武场、京剧的文场乐器的基本演奏方法。能听辨乐器音色，说出乐器名称。

三、教学重难点

能够有京剧韵味地演唱歌曲《龙里格龙》，并能准确衔接与；演唱歌曲二声部合唱部分。

四、教学过程

第一环节——发声练习

师：我们先一起加上柯尔文手势来唱唱C大调音阶。

生：唱C大调音阶，并加上柯尔文手势。

师：下面看老师用柯尔文手势做出几组音，然后你根据老师的手势演唱出旋律，可以吗？

生：可以。

师：第一组：

第二组音不变，节奏变了

第三组音变了，节奏不变

生：学生根据老师的柯尔文手势唱出旋律。

师：你们真棒！都唱对了！下面老师要加大难度了，我们把刚才唱过的两句旋律放在一起，就变成几个声部了？

生：两个声部。

师：我们现在分成高低声部，来试着唱一唱。

生：分高低声部演唱旋律。

（设计意图：唱准旋律，为歌曲二声部准确演唱打下基础。）

第二环节——京剧导入

师：下面老师哼唱一句旋律，你听一听在哪儿听过？

生：在我们学过的京剧《卖水》中听过。

师：真棒！他还记着是在上学期我们学的京剧《卖水》中的旋律，那么这个旋律在京剧中叫什么？有谁知道？

生：过门。

师：说得太棒了！这个在京剧中叫过门，专业词语叫"行弦"，谁来读读什么叫行弦？

生：（PPT）一个学生读什么叫行弦。

师：今天我们就来学习一首戏歌《龙里格龙》。

（设计意图：通过讲解京剧的"行弦"，从而引出《龙里格龙》这首歌曲。）

第三环节——歌曲学习

师：我们来听听这首歌曲，你来感受一下这首歌曲的情绪是什么样的？

生：欢快、活泼的。

师：谁能听出有几种演唱形式？

生：齐唱、合唱。

师：还有一种，老师提示你们一下，一个先唱，一个后唱，叫什么？

生：轮唱。

师：这首歌曲是几几拍的？

生：4/4拍。

师：它的强弱规律是什么？

生：强弱次强弱。

师：在京剧里，强拍叫板，其余拍叫眼，那么这首歌曲的板眼应该是什么样的？

生：板眼眼眼。

师：下面我们打着板眼再来听一遍歌曲。

（设计意图：让学生充分感受歌曲的韵味。）

师：我们先来学学这首歌曲的齐唱部分，你来找一找有没有相同的旋律？

生：找出相同的旋律并唱一唱。

师：我们加上力度来唱一唱。

生：加上力度记号演唱齐唱部分。

师：现在我们做一个抢答问题，请你在iPad上查找出"京剧的唱腔包括哪两种"？

生："西皮"和"二黄"。

师：谁来说说它们的特点？

生："西皮"明亮、欢快，"二黄"暗淡、缓慢。

师：那你们认为《龙里格龙》属于哪种唱腔呢？

生："西皮"。

师：好！我们加上跳音记号来唱唱歌曲的旋律，来体会一下西皮唱腔的特点。

师：我们来观察一下，这首歌曲分为几个声部？

生：两个声部。

师：下面我们分成小组先来学学高声部的旋律。（每个小组一句）

生：来展示自学的效果。

师：唱得非常好！下面我们来学学低声部的旋律。（每个小组一句）

师：你觉得哪句旋律不太好唱？

生：低声部第一行第3小节两个休止符总是忘记空拍；第二行第3小节与第三行第1小节的衔接不容易接上。

（设计意图：解决学生在识读乐谱过程中的难点。）

师：我们一起来唱唱这两个地方。

师：下面请我们每组的小键盘手为我们伴奏好吗？

生：好！

师：在他们给我们伴奏之前，先请他们合作一次，看看两个声部合作得怎么样。

生：小键盘手合作高低声部。

师：他们合作得怎么样？

生：特别和谐！

师：现在我们的唱要加入进来了，你们有信心吗？

生：有！

师：下面我们就跟着我们的小键盘手一起来唱唱合唱部分。

（设计意图：有针对性的掌握高低声部音准。加上iPad键盘的演奏培养孩子们自主学习的能力，增加了上课兴趣，还能让学生快速掌握二声部合唱音准。）

师：我们可以把全曲连起来了吗？

生：可以！

师：我们在唱的时候应该注意哪些地方呢？

生：力度记号、跳音记号、结尾要渐弱、渐慢。

师：说得真好！我们一起来完整演唱一遍这首歌曲。

（设计意图：让学生提升歌曲演唱效果，进一步感受歌曲。）

第四环节——拓展欣赏（西皮唱腔《铡美案》）

师：我们来一起欣赏一段西皮唱腔《铡美案》。

（设计意图：通过拓展欣赏加强学生对京剧西皮唱腔的认识。）

第五环节——表现歌曲

师：刚才我们看了这个京剧片段，现在根据歌曲的内容，你来自己设计一个京剧亮相的动作，好吗？

生：自己设计一个亮相的动作并完整演唱歌曲。

（设计意图：让学生进一步体会歌曲的韵味，唱出歌曲的神韵。）

六、板书设计

教学反思：

本课教学充分体现了以学生为主体的教学理念，加强了人文性、审美性、实践性的新课标精神，各个环节都能引导学生积极参与到音乐实践与体验中去。注重传承以京剧为代表的中国戏曲艺术，较深刻地体验了戏歌的风格特点，既开阔了学生视野，也让学生对民族音乐文化有了更深层次的了解。信息技术手段恰到好处的运用到本课教学中，对学生掌握音准、节奏等起到了关键作用。尽管本课教学中学生歌曲演唱音准、音色、节奏、韵味等掌握较好，但还是感觉孩子们演唱的京剧韵味儿相对不足，还有较大的提升空间。这需要在以后的教学环节中加大京剧戏歌韵味儿的教学比重，进一步增加学生对歌曲韵味儿的理解和练习力度，充分引导学生唱出歌曲的韵味美，更好地体会歌曲浓重的京腔京韵特色。

教学设计特色说明：

1. 精心设计导入，激发学习兴趣。充满兴趣的导入是教学获得成功的一半，本课教学教师充满京剧韵味的哼唱和拓展欣赏京剧片段迅速引起了学生的学习兴趣，让学生对后面的教学充满了期待。

2. 充分运用信息技术和数字教育资源辅助音乐学习。运用iPad键盘软件弹奏歌曲高低声部，在模仿、表演等富有创造性的音乐活动中很好地完成了二声部歌曲的学唱。

3. 采取自主合作的学习方式。引导学生自主上网搜集京剧的唱腔知识，通过小组交流的形式认识京剧唱腔的特点，感受其韵味。

·专家点评

陈老师执教的《龙里格龙》一课，教学设计思路清晰，具有浓郁的音乐文化内涵。本课通过歌曲的学习，引导学生初步了解了京剧的相关文化和京剧的唱腔特点，其教学意义和价值是不可低估的。

第一，以京剧文化——唱腔、行弦为线索，使学生了解中国京剧的京腔、京韵的旋律特点，借助京剧《卖水》《铡美案》等唱段帮助学生认识京剧中的"行弦"及演唱的韵味，既开阔了学生的音乐视野，又培养了学生对中国戏曲的兴趣爱好。

第二，音乐教学的"过程与方法"富有创造性。

1.从巧妙地模仿、哼唱京剧的过门导入教学，进而认识京剧中的"行弦"，激起学生对歌曲学习的兴趣。

2.通过聆听京剧片段《卖水》，让学生理解京剧中"行弦"的作用，并对歌曲有完整的感受和理解。

3.为让学生进一步体会歌曲的韵味，唱出歌曲的神韵，教师充分运用现代信息技术和数字教育资源辅助学生学习，引导学生上网搜集京剧的唱腔知识，并通过小组交流的形式认识京剧唱腔的特点，感受其韵味。教学中还采取小组合作的方式，运用iPad键盘软件弹奏歌曲高低声部，在模仿、表演等富有创造性的音乐活动中很好地完成了二声部歌曲学唱。

4.在教学过程中体现了对歌曲演唱、表现的关注。如，加入力度变化的演唱、拍着板眼演唱、演唱合唱部分难点的解决、创设情境——引导学生自主设计京剧的走场和亮相动作，学生在模仿、表演的活动中，准确有效地完成了二声部合唱的演唱。

本课的学习不仅完成了学习目标，激发了学生学习的积极性，更重要的是让学生从中掌握了学习方法，学会了如何学习。

（点评：任弘　北京市音乐特级教师）

音乐课堂变革—— 感受与欣赏课

《义务教育音乐课程标准》指出：感受与欣赏是音乐学习的重要领域，是整个音乐学习的基础，是培养学生音乐审美能力的有效途径。良好的音乐感受能力与欣赏能力的形成，对于学生丰富情感、提高文化素养、增进身心健康具有重要意义。

我校"音乐欣赏课"课堂采用聆听、模仿、体验、探究、合作的方式，引导学生在愉悦的课堂氛围中、在自身的体验中、在循序渐进的学习中，获得敏锐的音乐感受能力和良好的音乐欣赏能力，最终目的是：学生"会感受音乐、爱欣赏音乐"。在教学中，我们主要从聆听方式、聆听的层次两个维度设计课堂教学环节和活动。

从聆听方式讲，课堂包含"初次聆听（整听）—深度感受（分听）—完整欣赏（整听）"三个环节。初次聆听，采用安静聆听的方式，学生对音乐作品的情绪、音色、节拍特点等音乐表现要素有整体的聆听体验；深度感受，是课堂重点，运用分段精听的策略，根据音乐作品特点选用相应的教学方法，从"音乐表现要素、情绪情感、题材体裁、风格流派"等方面，引导学生从多个角度理解音乐作品；完整欣赏，是检验课堂教学效果的一种手段，也是教学成果的一种展示，本环节鼓励学生运用自己的方式表达聆听感受与体验。

从聆听层次讲，按照"聆听音乐音响"—"听辨音乐要素"—"感受音乐情绪情感"—"理解音乐文化"四个层次，始终将"音乐本体"放在首要位置，结合音乐作品，实现音乐教学领域内、音乐与艺术学科之间、音乐与艺术学科之外其他学科的融合。让学生在学习、感受音乐的同时，拓展艺术视野，提升审美品位，提升人文素养。

总的来讲，我们是以音乐作品为依托，以学生的听觉感受为基础，以身体动作为导向，引导学生运用音画、身体动作、语言、综合艺术等多样方式表达聆听体验，激发学生听赏音乐的兴趣，逐步养成良好的音乐习惯，积累感受与欣赏音乐的经验。

感受与欣赏课例：小放牛

梁小娟

一、教材分析

《小放牛》是人音版教材三年级第二单元"感受与欣赏"领域的教学内容。该单元共包含三首音乐作品：《小放牛》《剪羊毛》和《春晓》，后两首是歌曲，属于"表现"领域的教学内容。这三首作品的题材，均与生活中的场景或景象相关，传达了欢快、愉悦、清新、轻松的情绪与情感。因此，设定本单元的主题为：音乐与快乐的生活。

本单元共安排3课时：民族器乐曲1课时；两首歌曲各1课时。第1课时学习《剪羊毛》，第2课时学习唢呐与乐队《小放牛》，第3课时学习《春晓》，如下图所示：

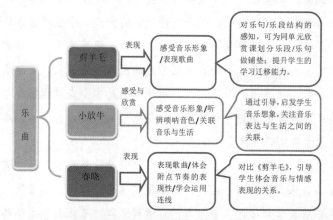

唢呐与乐队《小放牛》根据民歌《小放牛》改编而成，内容描写村姑向牧童问路，俏皮的牧童故意留难对答的情景。在乐队的配合下，乐曲通过三种不同唢呐（口弦、唢呐、卡腔）的音色表现村姑、牧童的音乐形象及一问一答、生动有趣的山村生活场景。全曲以河北民歌《小放牛》的曲调为核心，在一段活泼欢快的引子之后，旋律作了各种变化与发展，在不同的速度中多次出现，形成了三个段落，2/4拍，民族徵调式。

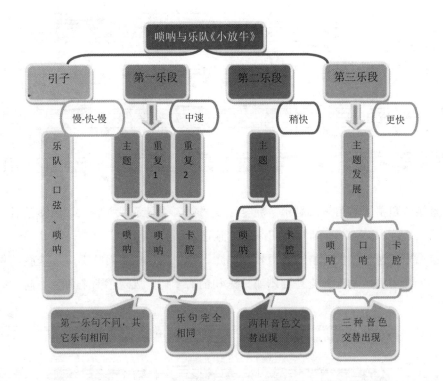

第一乐段中速稍慢，包含主题的一次呈示和两次重复。乐曲主题包含四个乐句（a+b+c+b′），第一次呈示，主题旋律由唢呐演奏，音色明亮，音调明快、活泼。

在乐队过门后，主题引入了一个新的乐句，替换第一个乐句，仍由唢呐演奏，进行了第一次重复，是主题的第二次呈示。

紧接着是主题的第三次呈示，完全重复"第二次呈示的主题"，演奏乐器由"唢呐"改为"卡腔"，卡腔的音色浑厚、诙谐。

第二乐段速度加快，情绪显得较为热烈，第一乐句先由唢呐奏出，卡腔重复演奏，紧接着唢呐与卡腔交替演奏第一乐句的后半句，表现了两个角色一问一答的情景。

唢呐……

第三乐段速度更快，节奏收紧、句幅缩短，唢呐与口弦、唢呐与卡腔分别进行了三次交替演奏，气氛也更为热烈，是全曲的高潮部分。

二、学情分析

本课任教班级为三年级十三班，共有36名学生。学习乐器、参加合唱团的学生有

20人（5人学习民族乐器），占比56%，这部分学生的识谱能力相对突出。针对本课教学内容，我设置了课前测题。具体如下：

试题1：你听到了_____乐器的音色（《荫中鸟》）

A.笙　B.葫芦丝　C.箫　D.笛子

试题2：请选择与你听到的音乐片段相匹配的聆听感受_____（《第二小提琴协奏曲》）

A.波涛汹涌的大海　B.平静的湖水　C.潺潺的小溪　D.静寂的森林

试题3：你认为本首歌曲包含_____个乐句（《兰花草》）

A.2句　B.3句　C.4句　D.6句

试题4：你明显听到了乐曲中_____发生了变化（《雷鸣电闪波尔卡》）

A.力度　B.速度　C.节奏　D.拍子

试题5：你感受到了_____的变化（《在钟表店里》）

A.音色　B.速度、力度　C.力度　D.速度

试题6：教师用钢琴弹奏以下两个旋律片断，学生模唱

(1)

(2)

学生回答结果如下：

题目	答对人数	答错人数	准确率	分析与思考
1	34人	2人	94%	个别学生对吹管乐器缺少聆听体验，课堂需要特别关注这两名学生。
2	36人	0	100%	学生对音乐的情绪体验和感知较为敏锐。
3	33人	3人	92%	对乐句结构感知不准确，可通过随乐身体动作帮助学生感受。
4	36人	0人	100%	学生对速度、力度的变化判断准确，继续加强学生的感受和认知。
5	36人	0人	100%	
6	33人	3人	92%	学生存在音高或节奏感知不准确的现象，加强学生对旋律的听觉感知、记忆能力的练习。

结合本课教学内容和学生的基本学情，我的思考是：

在"感受与欣赏课"的教学中，如何激发学生听赏音乐的兴趣，鼓励学生对所听音乐表达独立的感受和见解，让学生在体验式的情境和活动中学会感受乐曲，在点滴的积累中掌握感受乐曲的方法，养成良好的音乐聆听习惯，培养学生对民族民间音乐的热爱，是本堂音乐课重点思考、解决的问题。本课中，课堂上面临的主要问题是：

1. 如何帮助学生感受民族乐曲的风格，体会乐曲的形象性？

2. 乐曲同一主题的多次呈示，学生如何感受乐段间的差异和变化？

3. 如何拓展学生对民族音乐文化的认识，培养学生善学、乐学的品质？

基于全面的思考和分析，在教学设计上，我采用了多样的聆听、体验的方法，帮助学生增强课堂采用了全曲"静"听、分段"动"听、全曲再"表现"听，以音乐为本、以学生为主体，提升课堂趣味性：

1. 在"整体聆听"环节，引导学生关注唢呐的不同音色。

2. "分段聆听"，用"不同动作表示不同乐句"的方式，引导学生听出乐段内主题乐句间的相同和不同、同一主题多次呈示的区别；用"模仿乐器演奏姿势"的方式，帮助学生感受"唢呐"和"卡腔"不同的音色。

3. 拓展环节，引入京剧《小放牛》片段、笛子与乐队《小放牛》，拓宽学生的艺术视野，帮助他们理解民族民间音乐文化的魅力。

三、教学目标

1. "情感态度与价值观"目标：通过不同方式的聆听、体验活动，学生感受乐曲欢快的情绪，体会乐曲中"村姑""牧童"的形象，培养学生对民族民间乐曲的喜爱之情。

2. "过程与方法"目标：学生通过聆听、模仿、对比、探究、合作、体验、表演等方法与手段，认识乐曲结构、乐段的相同和不同，体会并感受乐曲的内容与音乐形象。

3. "知识与技能"目标：认识唢呐，能听辨唢呐的音色，知道乐曲的结构，熟悉并演唱各乐段旋律。

四、教学重难点

乐曲《小放牛》的感受与体验，准确听辨、区分三个乐段。

五、教学过程

本课共由五个教学环节组成：

| 聆听歌曲
趣味导入 | 完整聆听
整体感受 | 分段聆听
深度感受 | 完整聆听
情境表现 | 拓展欣赏
文化理解 |

（一）聆听歌曲、趣味导入

1. 师：今天老师给大家带来了一首歌曲，我们一起来听一听。请你来说说你感受到了什么？

生：欢快的情绪。

2. 师：范唱并带学生演唱歌曲《小放牛》片段。

3. 师：大家刚才听到的是河北民歌《小放牛》中的一个乐段，《小放牛》是一首流传于河北民间千年的优秀曲目。今天梁老师就给大家带来了一首根据这首河北民歌改编的民族器乐曲《小放牛》。

4. 师：出示课题《小放牛》。

（设计意图：通过河北民歌《小放牛》，引入唢呐与乐队《小放牛》，让学生对"小放牛"的旋律有初步的听觉印象。）

（二）完整聆听，整体感受

1. 学生初听全曲，整体感受乐曲的情绪和主奏乐器。

师：播放乐曲，设问：这首器乐曲的曲调跟我们刚才听到的歌曲相比，它们之间有什么关系？

生：曲调是相似的。

师：谁来说说你感受到的乐曲的情绪是怎样的？

生：欢快的。

师：情绪是欢快的，活泼的，热闹的，喜庆的。你们有没有注意到乐曲的主奏乐器是什么？

生：唢呐。

师：同学们请想一想，中国民族乐器的四大分类中，拉弦类、弹拨类、打击乐、吹管类，唢呐属于哪个类别？

生：吹管类乐器。

师：这首乐曲除了听到的唢呐外，你还听到了哪类乐器的声音？

生：拉弦、打击。

师：咱们听到的是唢呐与乐队演奏的《小放牛》。老师不光带来了唢呐的图片，还带来了真实的乐器，请大家看一看。

2.学生认识、试吹唢呐，找会吹唢呐的同学介绍唢呐的构造。

师：PPT出示唢呐的图片，拿出实物唢呐，谁想试一试这乐器怎么演奏？

生：尝试演奏。

师：我们班有一位学唢呐的同学，我们请他来吹一吹；请他来给大家介绍一下唢呐的构造。

3.呈现唢呐，学生直观感受乐器音色。

师：接下来，老师想请大家聆听三个音乐片段，请你感受乐曲当中出现了几种唢呐的音色，各有什么特点。

生：三种不同的音色：尖细、明亮、低沉（粗犷）。

师：我们听到的三种音色是这支唢呐吹出来的吗？

生：不确定/不是。

师：这是三种不同的唢呐吹出来的声音，我们一起来了解一下。

师：播放三种唢呐的演奏视频。

生：模仿三种唢呐的演奏姿势。

（设计意图：通过整体聆听让学生感受乐曲的欢快情绪，通过实物+图片的方式+音频等多种刺激，学生更直观地了解了唢呐的构造、听辨唢呐的不同音色。）

（三）分段聆听、深度感受

1.引子部分

师：下面我们分段来欣赏一下这首乐曲。先听第一个片段，请你听一听这个片段中出现了几种唢呐的音色？（打拍子，给手势，提醒学生。）

生： 两种，分别是口弦与唢呐。

师：谁能说一说刚才的片段中音乐的什么变化最明显？

生：速度。

师：速度发生了怎样的变化？

生：慢—快—慢。

师：这个片段其实就是《小放牛》的引子部分。

2.第一乐段

（1）感受第一乐段第一次呈示

师：请大家在听的同时，和老师一起跟着音乐做动作，想一想这段音乐包含了几个乐句？

第一乐句：拍胸—手甩出去

第二乐句：手跟着节奏下—上甩

第三乐句：手跟着节奏左—右甩

第四乐句：手跟着节奏下—上甩

生：4个乐句。

师：大家看着乐谱，一起演唱乐谱。（设问：这段音乐是几几拍的呀？这段音乐中出现了几种唢呐的音色？）

生：2/4拍。1种：明亮的，是唢呐的音色。

（2）感受第一乐段第二次呈示

师：仔细听一听这个片段中的旋律跟刚才的旋律有什么区别？（边动作边听）

第一乐句：右手拳头拍左手—右手拳头拍右腿；第二、三、四乐句的动作同上。

生：第一乐句不一样了，旋律发声了变化。

师：我们来唱一唱新的乐句。

师：这个片段唢呐的音色有没有发生变化？

生：没有，还是唢呐。

（3）感受第一乐段第三次呈示

师：我们接着听第三个小片段，请你听一听它的旋律跟前面两个片段中的哪一个是相同的？

生：跟第二个片段是相同的。

师：旋律跟第二个片段是相同的，那跟第二个片段有什么不同？

生：音色发生了变化，这个片段的主奏乐器是：卡腔。（学生将卡腔的图片贴在黑板上）

（4）关联音色与音乐形象

师：大家刚刚听的三个小片段合在一起，构成了小放牛的第一乐段。这段音乐表现了山村姑娘和小牧童的人物形象，你觉得哪个音色表现了山村姑娘，哪个音色表现了小牧童的形象？

生：明亮的是牧童，低沉的是村姑……

（5）完整聆听第一乐段，感受音乐的速度、音色等。

师：接下来老师完整播放第一乐段，大家一起跟着音乐边哼唱旋律边做做动作。

生：边聆听边做动作。

师：刚才我们完整聆听了第一乐段，你认为这个乐段的速度，是中速、慢速还是快速？哪个更合适？请你把答案贴在黑板上。除了唢呐，你还听到了哪些乐器的音色？

生：中速的，拉弦类乐器，打击类乐器。

3.第二乐段

师：请你感受第二乐段的速度跟第一乐段相比，发生了什么样的变化？这一段出现了几种唢呐的音色？

生：速度变快了；两种音色。

师：音乐的情绪显得更加活泼、生动、有趣。请你们想象一下，这两种音色表现了村里的姑娘和牧童在干什么呢？

生：他们好像在说话。

师：这首乐曲表现的是牧童在山间田野放牛，对面走过来一个村姑，向牧童问路，牧童故意问难，两人你一问我一答的场景。接下来，请大家完整聆听，女同学模仿山村姑娘，男同学模仿牧童，根据唢呐音色的变化，边听边表演。

4.第三乐段

生：聆听第三乐段。

生：分组自主合作探究学习（音乐的速度、音色、旋律的变化、设计情境表演的动作）。

生：分组展示探究成果。

师：出示发展变化的旋律片段，带学生演唱乐谱。

生：复听第三乐段，明确不同唢呐出现的顺序。

（设计意图：采用模唱、模仿、对比、探究、合作、情境表演等多样的课堂活动，了解主题乐句结构，听辨"唢呐"与"卡腔"的不同音色，帮助学生感受音乐形象，提升音乐综合感知力。）

（四）完整聆听、情境表现

生：完整聆听乐曲，分角色边哼唱旋律边进行情境表演。

（设计意图：在分段聆听的基础上，让学生对乐曲有更加完整、深入的感受与认知，并能表现自己的聆听体验。）

（五）拓展欣赏、文化理解

1.师：根据河北民歌《小放牛》改编的作品还有很多，今天老师为大家带来了京剧版的《小放牛》和笛子与乐队的《小放牛》，大家一起听一听。

2.生：聆听、感受京剧版《小放牛》片段、笛子与乐队《小放牛》片段。

3.师：京剧小放牛的曲调，保留了民歌特征，显得更加天真活泼了，而笛子与乐队《小放牛》的旋律加入了新的元素，更加丰富了，你们课下可以收集、聆听更多版本的《小放牛》，分享给大家听。

六、板书设计

教学反思：

本课教学充分体现了"以学生为主体"的教学理念，加强了人文性、审美性、实践性的新课标精神，各环节都引导学生积极参与到音乐实践与体验中去。课堂注重用不同的方式让学生聆听、感受、体验、合作、探究乐曲的音响、音乐表现要素、音乐情绪情感及文化语境，拓展学生的艺术视野、音乐感受力、自主学习能力等等。主要凸显了以下特点：

1.本课突出"音乐是听觉艺术的本质"。课堂教学环节以音乐音响为本，把学生敏锐的"耳朵"放在第一位，学生在多样的听觉刺激环境中感受乐曲，通过层进式的课堂体验活动，在过程中引导学生发现自己敏锐的"听觉能力"。特别是在"深度感受"环节，借助身体动作让学生感受乐段、乐句之间的关系，拓宽了学生感受音乐的渠道。通过不同体裁的《小放牛》，拓宽学生民族民间音乐文化的艺术视野。

2.本课以"学生为中心"设计教学过程。在教学过程中，以学生的音乐认知和能力为出发点，巧用学生已掌握的能力，通过分段聆听的方式，层进式的课堂参与模式，解决本课的重难点问题，用边听边表演、视听结合等手段与方法，提升课堂的趣味性。同时，鼓励学生大胆表达自己的聆听体验和认识，尊重学生的独立见解和聆听体验，让学生站在"课堂的正中央"，成为课堂的主体。

3.以"小放牛"题材为共通点，欣赏不同体裁的艺术作品，适当拓展学生的艺术视野。在确保乐队与唢呐《小放牛》教学目标达成的基础上，我带着学生在课上感受京剧版本的《小放牛》，体会京剧在艺术表现上的效果。同时，引导学生在课下感受其它体裁和版本的《小放牛》，让学生感受民族民间音乐文化的艺术魅力，启发学生对民族民间音乐文化的认识，拓展他们的艺术视野。

在"分段聆听、深度感受"课堂教学中，我发现学生对《小放牛》曲调的视谱演唱稍显生疏，因此，在其他班级的教学中，我根据学生的音乐基础，适当将"视唱"调整为听唱、视唱、哼唱等多种方法，以适应学生的学情。

在与学生互动教学的过程中，如何在基于听觉感受的基础上设置更丰富的自主探究活动，让学生的"探究式学习""合作式学习"更深入、更有效，是本节课乃至以后的欣赏课需要继续探究的课题。

《小放牛》是由唢呐与乐队演奏的一首描绘山村生活场景的生动有趣的乐曲。这一课的设计，梁老师对于教材作品音乐性的分析把握很深入；所学音乐知识与技能要点的提炼与阐释较为准确，特别是能通过对单元内容的分析提炼出主题，整体规划出知识技能的教与学。梁老师充分考虑了中年级学段学生学习音乐的认知特点，运用多种形式引导学生体验和感受音乐。其特点有：

1. 教学目标明确。在整个教学过程中，学生的学习活动始终围绕着感知音响、记忆主题、听辨结构、体验音乐而进行，教学内容层层递进，环环相扣。

2. 反复聆听音乐。教学活动的设计突出了音乐学科的学习特点，即反复、有目标地聆听音乐。如在A段的听赏过程中，分别设计了一听：熟悉主题；二听：辨别音色；三听：律动体验；……音乐是听觉的艺术，具有弥漫性的特点，只有通过反复聆听，才能加深学生对音乐作品的印象和理解，才能对作品产生感情。本课的设计正体现了这一理念。

3. 重视参与活动。音乐实践活动是激发学生学习兴趣、提高学习能力的重要手段，本课教学中，学生通过聆听、思考、演唱、观察、律动等多种方式，在老师的引导下，多渠道地参与音乐活动，使不同层次的学生都在参与体验音乐中有所收获。

本节课教学内容丰富，教学方法、教学实践活动有效，学生状态积极，教学效果良好。

（点评：任弘　北京市音乐特级教师）

音乐课堂变革—— 音美整合课

黑格尔曾经说过："音乐和绘画都有密切的亲族关系，部分地由于在这两门艺术里内心生活的表现都占较大的比重，现在的艺术教学在材料处理方面，绘画可以越过边境进入音乐的领域。"这充分说明了美术与音乐是有其内在联系的，在个体感知中具有相通性。在美术教学活动中如果选择适宜的音乐能帮助学生打开心灵的窗户走进作品。音乐和美术之间存在着某种天然的联系。正是这种天然联系，使得大家有可能穿过某种形式而走进另一片艺术天地。

根据《义务教育艺术课程标准》中提出的总目标"艺术能力和人文素养的综合发展"，美术和音乐是实施美育的两大艺术课程。在平常的教学活动中，这两门学科仿佛是"井水不犯河水"，从表面上看来，美术和音乐似乎没有关联——音乐是听觉和时间艺术，而美术则是视觉和空间艺术——但它们却有着很多共同点，例如它们都是借助于情感对学生进行美育的工具；它们都能够净化学生的心灵，培养学生的审美情趣与高尚的思想道德情操；在一定的艺术氛围的感染下，可以调动学生积极向上的情感，还可以促进学生形象思维与创造思维的发展等。例如：我们筛选出合理、巧妙的音乐运用于美术教学中，可以取得很好的教学效果。美术课前，播放一段轻音乐，能快速地稳定学生的情绪，使他们很快就进入美术学习状态；导入部分，播放一段与课堂内容有关系的歌曲或旋律，学生开心雀跃，注意力很快就集中起来，课题就自然而然地被揭示出来；新授中，不时地穿插些符合本课意境的音乐，使学生能更好地理解美术作品，同时放松了他们的心情，回答问题时也不再拘谨，连胆小的学生也能做到畅所欲言，带着愉快的情绪去创作；结束部分，配上美妙的音乐，让学生或唱或舞，井然有序地出教室，他们的脸上都洋溢着满足而欢乐的笑意，看得出他们学习美术是感到很快乐的。音乐与美术学科打破原有的学科界限，真正将两个学科巧妙、有机地融合在一起，不仅使我们能对艺术学科有更新的认识，同时也能使师生在不同方面有所提高。

音美整合课例：渔舟唱晚

李 娟　鲁晓光

一、教材分析

　　课程整合是以学科之间的相互促进、共同提高为目的。其实质是跨学科的学习方式整合双方或多方应互相支持，注重培养学生的综合能力。

　　《渔舟唱晚》是一节音乐欣赏和美术造型表现的知识整合课程。通过聆听、探究、感悟、实践等过程以及赏析音乐、表现音乐和音乐创造活动为主的审美活动，使学生在活动中由抽象的音乐旋律逐渐形成具象渔舟唱晚美丽的画面感，激发学生用已有的中国画技法表现渔舟唱晚的不同景物，抒发自己对《渔舟唱晚》这首古曲的情怀，使学生充分体验蕴涵于音乐音响形式中的美和丰富的情感，为中国传统文化所表达的真善美理想境界所吸引、所陶醉，与之产生强烈的情感共鸣，使学生在学习中国传统艺术中潜移默化地得到净化心灵、陶冶情操、启迪智慧。

二、学情分析

　　五年级学生随着生活范围和认知领域不断地扩展，感受体验与探索创新的活动能力也在不断地增强，能够用多种形式表现自己对事物的想法，情感世界更加丰富。在通过之前的学习，学生已经具备了一定的音乐基础知识和初步的识谱能力，但是对于我国古曲知之甚少，因此本节课通过聆听、观看、延伸的方式让学生对中国古曲有一个初步的了解。在美术方面，五年级的学生具有较强的分析能力，能够用已有的美术知识或美术技法表现自己的所见所感，画面表现更加理性。因此，结合学生知识能力、情感发展等多方面的特点，特此选择《渔舟唱晚》这一乐曲进行音乐和美术学科的整合，使学生调动各种感官，利用不同的方式更深入地理解中国传统文化的联系与精髓。

三、教学目标

　　1.情感态度价值观：喜欢聆听民族古典乐曲《渔舟唱晚》，乐于用国画的形式进行创作。

　　2.知识与技能：了解古筝的文化、音色和演奏技法；学习宣纸吸附画的技巧，领会国画的意境美。提升学生赏、析、画、评的艺术学习能力。

3.过程与方法：在聆听、感受乐曲的过程中，体会音乐的意境美，通过观察、模仿、欣赏、实践等进行国画创作。

四、教学重难点

1.欣赏《渔舟唱晚》，感受《渔舟唱晚》的意境美。

2.通过欣赏古曲，对吸附墨迹处画面进行巧妙地联想，运用构图、墨色等国画技巧创作风景小品。

五、教学过程

水、墨是中国画的重要工具，两者相遇会产生很多奇妙的效果。下面我们一起来做个活动感受水墨的魅力。

（一）活动导入：

1.体验宣纸吸附之美

首先我们要唤醒沉睡的水，之后在里面滴入二到四滴墨，请学生观察墨的变化。给你什么样的感觉？你如何将这奇妙的瞬间保留下来？

学生回答：画下来、拍摄下来等等。

师：介绍给大家一种新的方法，将神奇舞动的墨留下来——吸附（板书）。

（1）教师演示，请鲁老师帮忙一起来完成吸附体验。

教师在吸附过程中强调注意事项：

①搅动水后滴入2—4滴墨，迅速将宣纸放入其中，并左右摇动将墨迹保留在纸面上，轻轻地放在毡子上以备后用。

②第二位同学在吸附时要重新滴墨。

③注意学生间的配合。

（2）学生实践，每位同学完成一张作品。

师提问：神奇的游戏结束了！看看宣纸上墨迹让你联想到了什么？

学生回答：像云、山、水等。

2.感受山水画意境美

同学们你们知道吗？这云、山、水就是中国山水画的基本元素。现在我们就一起来欣赏几幅国画大师的不朽作品。

教师出示图片，看了这几幅作品你有什么感受？学生回答。

师：中国画造型概括、夸张，重在写意。意境被称为"中国画之魂"。

生：国画最能体现意境，音乐也能体现这种意境美。鲁老师是这样吗？

（二）欣赏乐曲《渔舟唱晚》

1. 导入音乐欣赏

师：是的，我们国家有很多古曲都能表现像国画这样的意境美，如《高山流水》《寒鸦戏水》《春江花月夜》等，它们都是用我们古代乐器古琴、古筝等演奏的，特别有民族韵味。一会儿就请大家欣赏一首著名的古筝独奏曲，这首乐曲一共有三段，每一段都表现了不同的富有美妙意境的画面，听完说一说你最喜欢哪一段，哪一段给你留下了深刻的印象？

2. 播放水墨视频和音乐《渔舟唱晚》

3. 学生谈对音乐的感受和联想的画面

4. 欣赏乐曲第一乐段

（1）学生表达意境，表述心情。

（2）引出课题：这首乐曲的名字叫《渔舟唱晚》，夕阳西下，湖面歌声四起，满载收获的渔民驾舟归来。老师介绍乐曲出处。（课件展示重点内容）

（3）聆听主题乐句，感受音乐情绪。边听边想，音乐描绘了怎样的画面？请为这个画面选择一个合适的词语，学生选择。

（4）划旋律线，跟音乐模唱。这就是大家最熟悉的主题乐句，划旋律线，跟音乐模唱。你们划出的旋律线像连绵起伏的小山、波光粼粼的湖面。

板书：舒缓、平静

（5）学生示范演奏，介绍古筝，体会民族五声调式的韵味。

5. 欣赏乐曲第二乐段

（1）完整聆听第二段，描述画面情景。这一段还是平静舒缓的吗？有什么变化？学生回答。

板书：流动、欢快

（2）老师唱主要乐句，学生感受画面，用词语表达。

6. 欣赏乐曲第三乐段与尾声

（1）聆听音乐，体会速度变化，联想画面，体会情境。和前两个乐段比最明显的变化是什么？联想出怎样的画面？表达了渔民怎样的心情？

总结音乐特点——速度渐快 力度渐强（板书）

（2）视频播放花指演奏技巧，同学模仿动作，体会激动心情。

欣赏尾声，学生联想，表述音乐画面。

7.完整欣赏乐曲（放录音，美术老师作画）

（1）"仔细听完每个段落后，我想每个人的脑海里都浮现出了更加生动美妙的画面，我想问问美术李老师，你此时此刻有什么感受？"

（2）现在无法用语言来形容我的心情，我特别想用手中画笔把它画下来。

（三）教师听音乐创作《渔舟唱晚》

1.美术教师听音乐创作《渔舟唱晚》。

2.你们看到了什么样的画面？用什么样的笔墨表现的？

3.与学生一起进行画面再创作，表现不同的景象。

（四）激发想象，谈思路

1.结合自己吸附的墨迹，讨论自己的设计思路，并汇报。

2.教师总结，提出作业要求。

（五）学生创作，教师辅导

学生根据吸附画面进行国画创作。

（六）评价、拓展

1.学生结合《渔舟唱晚》自评、互评学生作品。

2.教师将学生作品组合成长卷并进行添画。今天通过欣赏《渔舟唱晚》的古曲，创作不同情境的山水画面，使师生深深地沉浸在这悠扬、安静的山水中，领略到了中国传统艺术的魅力。中国绘画、音乐都可以使人感受深远的意境美，中国画的艺术魅力就是画已尽而意不止，笔虽止，但意不穷。

六、板书设计

教学反思:

此次音美整合课《渔舟唱晚》的成功离不开专家的细心指导,也包含着诸位老师的热心点拨。这节整合课为后面音美教师的尝试起到了抛砖引玉的作用。同时这节整合课也使我们认识到很多教学中存在的问题和不足。

首先,作为艺术教师不应只是将专业局限于本学科,要做到一专多能,博学多才。现在教育中学科整合是大势所趋,这样对教师的要求就要更高,就像本次教授《渔舟唱晚》一课,不仅涉及音乐、美术,而且还联系到文学、历史等门类,所以作为艺术教师知识更应多元化,才能满足学生的需求。

其次,通过本次整合课,我们发现了教学中存在的不足,即学生在语言上的匮乏:1.在描述景物和心境方面语言过于贫乏,不能生动或灵活表达自己的想法。2.在专业用语上不够准确,需要老师在平时教学中要潜移默化地渗透。3.学会用不同学科的语言进行评价,发散学生的思维。这些不足都是需要老师们在今后的教学中不断完善,循序善诱的。

再次,学科间的整合是现代教育的大趋势,因此在教学中我们就要有意识地进行学科知识整合。在平日教学中多思索、勤尝试本学科可以与哪些学科进行科学整合,在日常教学中就可以小试牛刀,逐渐将这种思想融入自己的课堂,长此以往学生就能在知识上灵活转换。

我们的音美整合课题研究虽然取得了一些成果,但还有很多东西有待进一步钻研。比如说音美整合训练要有可行性、连续性。平时的课堂上不能随便选个音乐就放入美术课,而应符合本节美术课的内容和意境,要做到关联性、针对性,也就是可行性;再有音美整合训练要有连续性,也就是坚持性,切不可怕麻烦怕选择音乐素材就随性而为,什么事都贵在坚持。

这是一节较成功的课例，教师较好地把握和处理了音乐的学科特点与多学科、多途径综合的问题。

《渔舟唱晚》是一首著名的古筝曲，描绘了夕阳西下，渔人载歌而归的诗情画意。本课是以音乐与美术融合的形式呈现的，感受、体验、表现音乐的意境美是本课的重点。教师根据教材的特点、学生学习的需求，在钻研教材的基础上，能够跳出、拓展教材。教材只是一个载体，不是唯一的课程资源，教师要做的不只是"教教材"，而是用"教材教"。课上看出教师有机地整合课程资源，创造性地使用教材，让教材里的知识成为学生积极发展的广袤天地。

从本课教学设计中可以看出，教师的教学资料准备很充分，对于作品的分析和理解细致、准确，每个音乐主题特点的把握和教学形式的运用既有理性分析又注重对音乐感性的理解。教学环节清晰，始终围绕教学难点展开活动。尤其利用视觉辅助、视听结合的手段，如欣赏中外美术作品、欣赏教师现场作画等，帮助学生有效地提高了音乐的感知能力。

德国音乐家舒曼曾经从拉斐尔的圣母像得到启发后写了《圣母颂》，说明艺术之间是相通的，穿过音乐能走进另一片天地。教学中教师利用美术帮助学生理解音乐，通过美术刺激学生的音乐灵感，使学生深刻体会了乐曲的情绪，把握了音乐的意境，感受到了音乐作品的诗情画意，并在聆听作画的过程中，提升了学生的想象力和创造力。

（点评：任弘 音乐学科特级教师）

第五节

美术篇

MEISHUPIAN

智慧教学范式——美术学科课堂样态

房焕香

新时代下随着教育理念的不断更新,五一小学也根据当前教育现状和学生的认知能力进行了教育教学方面的深入研究与尝试。我校围绕民主、对话、生成的课堂教学范式,充分发挥学生自主探究意识,培养、提高学生提出问题、解决问题的能力。在研究过程中美术学科本着民主、对话、生成的课堂教学理念,以美术核心素养为教育目标,以美术课程标准为实施依据,在实践过程中使学生不局限于课堂的时空,在真实的生活情境中获得各种切身体验和解决现实问题的能力,开展融合各学习领域和跨学科界限的实践活动。

为了能更科学、更全面、更深入进行美术学科新样态的研究与实践,我组教师进行了1—6年级美术四个领域的研究,使其形成单元学习主题或领域,有助于学生进行体验性、探究性的深度学习,促进学生持续探究的意识,从而使学生在美术表现、图像识读、创新实践、文化理解、审美判断等美术核心素养方面能全面的发展。美术教师按照"造型·表现""设计·应用""欣赏·评述"和"综合·探索"四个领域进行分组课堂样态研究。研究中以"点"着手从所教年级中选取研究领域或单元主题内容进行讨论、研究、实践、修改等过程来展现美术学科某一领域的特点,也为其他老师的研究起到抛砖引玉的作用。学生在教师的指导下,通过解释、举例、分析、总结、表达、解决不同情境中问题,在已有知识基础上构建活动,创造对新知的理解。

美术课堂样态图

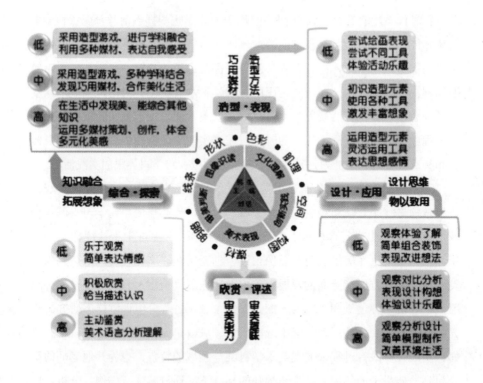

美术课堂样态解读

美术课程新样态是以美术课程标准为指导思想，面向全体学生以五一小学课程新样态为依据。美术课程力求改变单纯以学科知识体系构建课程的思路和方法，以促进学生素质发展的角度，凸显视觉性、具有实践性、追求人文性以及强调愉悦性。

美术学习活动可以划分为四个领域和两类。首先根据美术学习活动方式划分为"造型·表现""设计·应用""欣赏·评述"和"综合·探索"四个学习领域。美术学习活动大致可分为创作和欣赏两类。

为了便于学习，将创作活动再具体分为"造型·表现"和"设计·应用"两个学习领域。在"造型·表现"领域中不仅包括国家课程"造型·表现"，而且还包括我校开设的国画和剪纸校本课程的一部分。这里领域是美术学习的基础，其活动方式更强调自由表现，大胆创造，外化自己的情感和认识。"设计·应用"学习领域包括设计和工艺学习内容，既强调形成创意，又关注活动的功能和目的。

欣赏活动则包括"欣赏·评述"和"综合·探索"两个学习领域。"欣赏·评述"这一学习领域注重通过感受、欣赏和表达等活动方式，内化知识，形成审美心理结构。"综合·探索"作为美术课程特别设置的学习新领域。综合性学习是当代教育发展的一个新特点。"综合·探索"学习领域提供了上述美术学习领域之间、美术与其它学科、美术与社会等方面相综合的活动，旨在发展学生的综合实践能力和探究发现能力。

上述四个学习领域的划分是相对的，每一学习领域各有侧重，又互相交融，紧密相关，形成一个具有开放性的美术课程结构。

美术课堂变革—— 造型·表现课

"造型表现"学习领域是美术课程内容中重要的学习领域，包含了绘画、雕塑等各种学习内容，它以造型为载体、以表达情感观念为目的，它的内容涵盖面最广，学习手段最丰富，在学习中所占教学分量最重，同时也为学生进行其他领域的学习奠定基础。

"造型表现"学习领域在《义务教育美术课程标准（2011年版）》中定义为"运用多种媒材和手段，表达情感和思想，体验造型乐趣，逐步形成基本造型能力的学习领域"。也就是说"造型表现"学习要呈现出以运用各种造型手段创作视觉形象，通过运用各种媒材进行造型实践，自由大胆地表达自己的思想感情的主要特征。

它具有两方面特征：

一、造型性：运用多种媒材和手段进行造型活动，丰富学习创作的空间，使学习活动在各种造型材料的熟悉使用与造型方法探索掌握过程中，认知广博的视觉艺术，增添学习乐趣。引导学生在各种造型活动中，掌握基本的美术知识、艺术规律、创作法则、技能技巧，形成初步的美术素养。

二、表现性：在造型活动中情感和思想的表达体现在创作活动的过程与结果。在创作中表达观念、情感，并通过作品呈现出来，利用丰富的媒材与造型手段以新鲜的形式呈现出不同的作品特性。不同的造型乐趣带给人新鲜愉悦的心理感受。

造型能力是视觉艺术的基础，是视觉艺术学习中最重要的组成部分。结合"新样态课堂"这一理念的提出，在对造型表现学习领域教学内容进行实施的过程中，既淡化了美术学习中对美术知识技能的过度关注，又对课改初期对于美术知识技能过度"疏离"的意识做了调整，分学段学习的过程达成了美术教学层层递进、逐步深入的学习目标，同时更加关注贴近学生年龄特点、注重学生身心发展，不仅关注美术学习的结果，还关注学生的学习过程及过程中学生的身心发展，充分体现人文性。

造型·表现课例：中国画——猫头鹰

巩咏晖

一、教材分析

本课是人美版四年级上册第八课，学生在大熊猫之后的用水墨画动物的第二课，《猫头鹰》一课的设计我主要考虑的是两方面：一个是浓淡干湿的掌握和表现，这是本课的重点也是难点。通过欣赏画家作品，感受中国画笔墨的表现力，鼓励孩子自己尝试如何通过浓淡干湿表现猫头鹰漂亮的羽毛和可爱的样子。在尝试中发现问题和困难，学生带着困惑去学，使教师的示范和学生的学习更有实效；第二点就是贯穿整节课的情感体验，引导表现有情境的画面，尝试水墨绘本故事的创作。以上两点是我对本课着重设计的环节，使我国传统的国画内容与儿童画有机结合，题材更贴近学生的生活，目的是为了在继承了中国画中一些传统技法的同时表现学生所熟悉喜爱的内容，使儿童水墨画焕发新的活力。

二、学情分析

本课是四年级运用技法表现动物题材的第二课，在《熊猫》一课中学生对中锋、侧锋以及浓淡墨的调和已经有一定的掌握，对于干湿笔的控制还不好，学生对于猫头鹰这种动物只是从电视上和书上得到的一些认知，教师要引导学生了解猫头鹰的多样性，在仔细观察的基础上进行艺术的创作和加工，感受艺术作品来源于生活高于生活的特点，能进行大胆地创作。

三、教学目标

知识技能：了解中国画干墨、湿墨以及墨破色、色破墨、浓破淡、淡破浓的相关知识，学习用干墨、湿墨的变化表现猫头鹰的形象特征。

过程方法：通过观察讨论分析，感受猫头鹰可爱的样子，美丽的羽毛，以及它的多样性，学习用水墨表现猫头鹰或呆萌、或机警、或威风的样子来。

情感价值观：通过绘本故事启发孩子带着情感去创作，表现有情趣的画面，画出对猫头鹰喜爱的情感来。

四、教学重难点

学习浓淡干湿的不同墨色，表现猫头鹰的形象特征，表现有情境的画面，尝试绘本故事的创作。

五、教学过程

【活动一：绘本故事引入】

师：猫头鹰妈妈和她的三个孩子住在一棵大树洞里。

妈妈去捕食的时候，三个小家伙在树洞里乖乖地等妈妈回来。

漆黑的夜晚，它们挤在一起互相壮胆。

不知不觉中它们睡着了。

终于，妈妈回来了，三个宝宝好开心啊！

师：故事中的猫头鹰宝宝给你留下了什么印象，你喜欢它们吗？今天老师就和同学们用水墨来画猫头鹰。

生：可爱、勇敢、乖巧。

（设计意图：优秀绘本故事的引入，给孩子创设一个故事情境，激发孩子对猫头鹰的喜爱，为下面的创作做铺垫。）

【活动二：观察分析、体现探究】

（一）猫头鹰的习性及外貌特征

师：猫头鹰的学名叫枭，它的种类很多，毛色也各不相同，它给你留下了什么印象？（有的很呆萌、有的很威风、有的机敏警惕，有的则显得很神秘）

师：你了解哪些关于猫头鹰的事情？你们知道吗，猫头鹰一个夏天捕鼠近千只，真可谓劳苦功高，是名副其实的森林卫士！猫头鹰的脖子特别灵活，可以旋转270度，很容易观察到视线以内的猎物。这个特点很有趣，我们画的时候可以给表现出来。

师：它的样子有什么特点呢？

观察：猫头鹰的身体分为了几部分？（头、躯干、尾巴、爪子）鸟的身体大多是卵形组成的。面盘上头上又长有耳羽配上圆圆的大眼睛，看上去像猫一样，因此而得名。

（二）欣赏画家的作品

过渡：其实许多大画家也特别爱画猫头鹰我们来欣赏一下。

（设计意图：观察是创作的基础，通过观察自然界猫头鹰，了解猫头鹰的种类繁多，毛色样子也各不相同，为学生创作造型的多样性做铺垫。）

师：你比较喜欢哪幅？说说为什么？（可以从背景、表情、毛色、姿态）

师：画家抓住了猫头鹰的什么突出特点来表现的？和真实的猫头鹰又有什么不同？

师：耳羽、眼睛夸张，造型概括。画家不但抓住了猫头鹰的突出特点，而且对猫头鹰的形象进行了艺术的提炼和加工，使它们看上去更加生动惹人喜爱，这就是我们常说的艺术来源于生活却高于生活。

师：我们中国画特别讲究浓淡干湿的变化和对比，你觉得哪里用干笔比较好，什么地方的水分要多一些？哪儿需要浓一点的墨，哪儿需要淡一点的墨，它漂亮的羽毛，这种毛茸茸的感觉，怎样通过浓淡干湿不同的用笔表现出来呢？你想不想画画试试？（可以选择猫头鹰的一个局部画画）

（三）学生尝试、发现问题

学生尝试，两分钟音乐计时。

汇报交流：你为什么这样画它的羽毛？你是怎么画出这种效果的？

小结：水分大显得毛绒绒的很软，干笔画出的显得毛特蓬松。干湿变化可以让你的画面更生动有趣。

师：你在尝试的过程中遇到了什么困难？下面看看老师的示范能给你什么帮助和启发？

（设计意图：通过自然界中猫头鹰与艺术作品中的猫头鹰对比，感受艺术来源于生活但却高于生活，教师通过鼓励学生尝试体验，感受"是非经过不知难"，在尝试中发现问题，带着问题去学习，使教师的指导更有实效。）

【活动三：教师技法示范以及情境的表现】

师：教师示范不同的画法（正面、侧面）。

我想画两只，一只正面的、一只侧面的。可以一高一低或者一大一小。

演示：色破墨的技法表现羽毛花纹。

师：猜猜他们在做什么想什么呢？其实猫头鹰和人一样也是有情感的。（看课件）

A：嗨，我们向你道歉　　B：你们歌会，我来放哨　　C：看，那是什么！

师：老师有一些画好的猫头鹰，你想把它们安排在怎样情境中？它们的表情姿态是怎样的？谁勇敢地上来摆一摆！（2人）

注意：猫头鹰之间的联系和构图上的疏密。

师：我们还可以添些什么让画面更完整？（树枝、树叶、树洞）

师：我们不但可以画树叶，还可以这样印树叶。（用实物拓印树叶）好玩吗？想不想也试试？

（设计意图：教师通过示范帮助学生解决一些技法上的问题，通过让学生看课件中的猫头鹰，摆一摆等环节，帮助学生解决构图和画面情趣。）

【活动四：学生作品欣赏】

师：看看同学的作品：说说墨色、用笔，姿态表情哪里特别生动？

（设计意图：通过欣赏同龄人的作品，感受笔情墨趣，以及画面有趣的构思，给学生以启发。）

看，有老鼠　　　　　　　交个朋友吧　　　　　有哥哥在，不要怕

【活动五：艺术实践】

师：你想不想也画一个故事中的场景，一会把你的想法讲给大家。

【活动六：评价】

师：介绍自己的作品，你画的是故事中的什么场景？

师：谁还能从中国画的技法上再评一评。

师：我们学会了用水墨画猫头鹰，你想不想把这个有趣的故事继续画完讲给大家听呀，老师相信你们一定行！

（设计意图：通过介绍自己的作品让学生有一个积极的情感体验，表达自己的情感，把课堂的内容进行延伸，使学生对本课的学习有可持续的发展。）

六、板书设计

教学反思：

本课属于"造型、表现"学习领域，美术课程标准指出，学生应该在三方面达到一定的目标，分别是知识目标，能力目标和情感态度目标，以上这三个决不能孤立对待，在实际的美术教学中，它们是紧密联系相辅相成的，过程与方法是此次课程改革的关键问题，只有紧紧抓住过程与方法，才能带动知识与技能的发展以及情感态度价值观的培养。学生知识、能力的增长和情感态度的培养都是在学习活动的参与和探究中实现的。落实到"造型表现"学习领域，应该努力关注学生的学习活动方式，精心设计教学过程，创设情境，引导孩子大胆尝试体验感悟。在本课的教学中，我通过以下四点来表达我对本课的理解。

1.中国画的教学不是仅仅体现在知识技法的传授上，我在本课更关注孩子情感的体验，所以我精心设计了教学环节，创设情境让孩子带着情感去画，整个教学过程充满了人文的关怀，使孩子在一种温情氛围中愉悦地创作。本教学设计与以往的水墨画教学的最大区别就是孩子们不仅是用中国画的工具画传统意义上的猫头鹰，而是孩子们所表现的作品充满了感情、童趣盎然，让人感动。

2.本课教师让学生大胆尝试在先，示范在后，让孩子带着问题和困惑主动地去尝试去学习，使教学更有针对性和实效性。

3.最后的拓展与引入相呼应，鼓励孩子们大胆尝试用水墨表现一个关于猫头鹰的故事，激发了孩子再创作的兴趣，为今后开展水墨绘本的创作做铺垫。

4.多种材料的使用，在添画背景的环节，加入了树叶的拓印，激发了孩子的兴趣，使画面更丰富。

本课教学突出的特点是环环相扣，以问题情境引导学生探究实践，有效发挥了学生的学习自主性，尊重学生的主体性，充分体现了"民主、对话、生成的教育理念"。从绘本的情景导入到学科融合积累相关知识，再由围绕美术学科本体的外形特征分析到画家作品的感受判断，为学生营造地轻松愉悦、多角度探究体验的学习氛围，教师为学生搭设了构建新知的脚手架。

在教学环节中，教师努力发掘、渗透能够引领学生形成美术学科核心素养的元素，以真实的猫头鹰图片和水墨猫头鹰作品的对比观察，带动学生的审美判断，感悟水墨艺术的概括性、灵活性、创造性，渗透文化理解、创意实践的意识培养；通过观察分析、体验实践，学生在美术表现中探究水墨表现方法、生成问题资源，引导教师即时的指导，解决学生的实际问题，符合学生的认知规律。

本课还很好地关注了学生情感、态度、价值观的引导，一方面对国画艺术的感悟，建立学生的文化自信，一方面以情感为主线，让学生带着对小动物的喜爱、关爱之情，展开想象创作出充满感情、童趣盎然，让人感动的艺术作品。

整节课环节紧凑，落实有效，值得借鉴。

（点评：耿鑫 北京市美术学科教研员）

美术课堂变革—— 设计·应用课

　　"立足核心素养，实施适合教学"基于学科核心素养进行教学设计，通过适合定位素养目标，精准把握学生学情，设计适合学生的活动，安排适合学生的作业评价，改变以知识目标为中心，以平均水平为标准，用平均速度来推进的低效教学样态；通过改变学生的学习方式，引发学生深度思考，创建高效生本课堂；通过适合教学让不同层次的学生都能学有所获。素养与适合有效融合，成就每一个学子。

　　本节课的教学活动立足于素养如何在课堂中生长，聚焦于适合教学如何在实践中落地，关注于学生的学习方式发生怎样的改变。本节课教学活动是研究与实践的互动，一直以来我的课堂实践探索正努力能实现以下五个方面的突破：

　　打开学生的自我系统，形成学习的内动力和积极的学习心态；打开学生的元认知系统，形成"学会学习"的心智习惯；打开学生的思维体系，形成良好的思维品质；打开学生的个性化需求，形成以生为本的课堂样态；唤醒学生的生长力量，形成以素养为根的育人模式。

　　"教育不能首先着眼于实用性，不是首先去执行传授知识和技能，而是要去'唤醒'学生的力量，培养他们的自我性、主动性，抽象的归纳能力和理解能力。

设计·应用课例：急救包设计

齐文彦

一、教材分析

急救包有救死扶伤的作用。从生活富足到居安思危，培养学生在困境中自救自护的意识。从生活的不同需求中寻找设计点，体现了美术服务于生活的特性。

教材分析：横向来看，本课的内容为新编课程。"设计·应用"课多选用的是贴近学生生活实际的内容，如本册教材还包括《生活中的标志》等其它4课，其中《台灯的设计》《垃圾桶设计》为经典课程，深受师生的欢迎。在此加入《急救包设计》有一个突破点：如果把以往设计定位于锦上添花的话，那么本课可以说是雪中送炭。台灯和垃圾桶在生活中不可或缺，急救包则是培养学生自救自护的意识，所以，此课程的加入真正做到了密切联系学生的生活实际。

纵向来看，学生在低年级通过《花手套》《自己做玩具》《新颖的小闹钟》《我们班的旗帜》等课初步了解了形状和用途的关系，体验了设计的乐趣。在中年级通过《设计紧急避难逃生路线图》《设计动漫标志牌》《小小旅行壶》《靠垫设计》等课，尝试从形状与用途的关系，学习形式原理，用手绘草图的方式表现设计构思，强化了设计意识。高年级更注重从形式与功能的关系。五年级上册《我设计的鞋》和五年级下册《台灯设计》要求运用设计图表现创意，为《急救包设计》奠定了设计图绘制的知识基础。虽然六年级没有了绘制设计图的课程，但学生通过设计图的绘制养成了严谨的态度，对接下来的《有趣的仿生设计》《我们的联系卡》等课程提供了理性思维的支持。

二、学情分析

在知识的储备和连贯方面，五年级学生在前期已有大量的设计应用领域的课程学习，如《小小旅行壶》《靠垫设计》《我设计的鞋》《各式各样的椅子》《台灯设计》《垃圾筒设计》等设计课程，学生已对设计这个概念有相应的了解。而本课的重点放在，如何使学生有目的性的针对某个特定的领域、特定的年龄层次进行思维与知识的创新。技法方面，对于第三学段的高年级学生而言，造型对他们已经不作为重点。教学前期第一二学段以解决造型的问题。

"设计·应用"课多选用的是贴近学生生活的内容，但是《急救包设计》一课和以往的设计课有些不同。一提到急救包学生会觉得有些陌生，没有《台灯的设计》或《垃圾桶设计》那么贴近生活，但我认为这一课除了让学生能够设计出一款急救包，更重要的是培养学生在困境中自救自护的意识。为了让此课更贴近生活，我在教学环节中让学生从家人的年龄、爱好、职业的不同需求中寻找设计点，体现了美术服务于生活的特性，激发了学生们的创作欲望。

建构主义认为："知识不是通过教师传授得到，而是学习者在一定的情境即社会文化背景下，借助其他人（包括教师和学习伙伴）的帮助，利用必要的学习资料，通过意义建构的方式而获得。"所以在学习"如何设计急救包"的环节中，我选择了小组探究的方式，通过给学生提供资料及学生通过以往生活的知识为基础进行讨论，从而让学生自主探究出设计急救包的方法。这其中也隐含着学生需要对疾病、药品、急救方法、应急工具等有所了解，做到"对症下药，应急救援"。

无论是在学生出游、还是上学的途中，都有可能突发危险。通过此课的学习，希望学生在遇到突发事件时能够有救护的意识和自救的措施，能够有互救的思考，从而达到学以致用。

三、教学目标

1.知识与技能：初步认识急救包，简要了解急救包设计的要点。依据不同的救援需要，绘制表现不同用途，清晰实用的急救包设计图。

2.过程与方法：分析急救包的用品选择和收纳的方式，从而了解各种急救包的作用和设计理念。通过小组探究发现的方法了解急救包的设计方法。

3.情感、态度和价值观：通过急救包的认识和设计，树立居安思危的意识。针对不同灾难设计有针对性的急救包，深层体验到生命的可贵，要更加珍惜。在设计过程中，感知设计的魅力，培养用设计改善生活的思维。

四、教学重难点

教学重点：通过对急救包的分析及学习急救包的设计方法，学生能够进行有针对性地设计实践。

教学难点：在急救包设计中，考虑到具体用途的材质、物品选择以及内部安排等科学性。

五、教学过程

【活动一：创设情境，导入新课】

师：上课之前，我们先看一段视频。（播放视频）

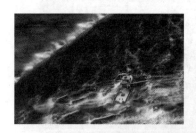

师：这段视频里有哪些场景？给你什么感受？

（设计意图：创设情境，引起学生灾患意识，激发学生学习兴趣。）

师：除了视频中的灾难，我们生活中还会遇到哪些危险？

学生：例如：登山、在校园里、外出旅游等等。

（设计意图：唤起学生记忆，为接下来设计什么样的急救包做准备）

师：除了大灾大难，在生活中难免会突发小的危险，所以我们需要一样东西维持或挽救我们的生命，它就是急救包。

（设计意图：说明急救包的作用是维持和挽救生命，引出课题。）

师：我们今天就来一起学习——《急救包的设计》。

【活动二：小组探究，讲授新课】

（一）通过探究，了解急救包的设计方法。

师：在刚刚的视频中有一个场景让老师触目惊心，那就是地震。有这样一组资料，汶川、日本、美国近年的地震比较，你看到了那些信息？

生：日本和美国的震级比汶川高，但是受害人数却远远低于我们，除了中国的人口基数大以外，还有一个重要的原因，美国和日本的急救包配备率超过了70%，而中国几乎为0，这说明我们缺乏居安思危的意识。

师：在每组的资料夹中有一些地震的用品和别人设计好的一款急救包，小组探究两个问题：（1）你能不能在众多物品中挑选几样必备的用品，并说明理由；（2）探究资料夹中的急救包是从哪些方面设计的。

生：（1）挑选必备品，谈理由。（老师补充）（2）急救包的设计从内部归类、材料、大小、包的形状等进行设计。

师：哪个小组来说说第一个问题，挑选的物品及理由。

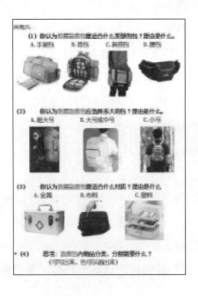

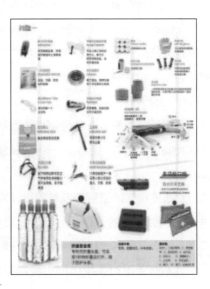

生：回答，并说明理由。

（设计意图：小组间相互补充并提出不同想法，从而指出什么是必备的物品，阐明急救包最大的作用一定是维持生命和自救逃生，急救包和生存包是不同的。）

师：必备的用品，我们如何收纳呢？随便找一个包可以吗？这也就是我们第二个问题，急救包是从哪些方面设计的。哪个小组想来分析一下。

生：急救包的设计从内部归类，材料、大小、包的形状等进行设计。

急救包的内部需要分隔不同的用品，这样如果遇到危险可以第一时间找到。

包的材料分为：金属、塑料、布料等，地震急救包选择布料的原因是轻便，如遇到危险，比金属和塑料的伸缩性强，并且同样大小可以装更多的东西。

包的大小：根据人的需求决定，地震需要背包，要装的物品较多，但又必须方便携带，所以是中号的包更合适。

包的类型分为：手提包、双肩包、斜挎包、腰包等等，也有很多不同形状的包，地震急救包应该选择双肩背包。

（设计意图：小组间相互补充完善，从而分析不同材料，大小，类型的包各有什么好处，为学生设计奠定基础。从而解决教学难点。）

师：小结：通过同学们的发言，我们知道了要设计一款急救包是基于不同需求的，我们要从用品选择，包的造型及材料这三方面进行设计。

（设计意图：小组通过探究地震急救包，了解急救包的设计方法，从而解决教学重点和难点。）

（二）分析探究不同急救包的特殊之处。

师：我们刚刚看到的急救包形状都是方方正正的，但江苏大四的学生焦成为环卫工人设计了一款急救包造型很独特，我们一起看看，这个急救包的形状和特点。

生：急救包的形状是圆柱形的，特点是方便、快捷、实用。

（设计意图：拓展学生创作思路，强化设计思路。拓展设计急救包的适用人群和范围。）

（三）感受不同设计的魅力。

师：那么，如果现在让你设计一款急救包，你觉得有哪些困难的地方？

师：老师通过示范，来帮助大家解决困难。我想为夏天去海边旅行的人设计一款急救包。（教师示范：1.确定包的大小和形状。2.思考需要的物品。3.合理安排布局。4.让作品更加美观。）

师：同年级的同学也设计了实用性很强的急救包，我们一起看一看他们的急救包有什么亮点。

师：我们的家人有着不同的年龄，职业和爱好，你能不能为家中的某个成员设计一款急救包呢？

（设计意图：感受设计魅力，启发学生的设计思维。）

【活动三：运用知识，实践创作】

师：你能不能为家人设计一款急救包？

设计要求：

（1）根据职业、年龄或爱好设计。

（2）限时15分钟，只设计图纸不上颜色。

（3）写出简要的设计说明。

（设计意图：依据不同突发状况的救援需要，通过绘画的方式完成不同用途。清晰醒目的急救包设计图。）

【活动四：设计发布，展示评价】

师：召开急救包设计发布会，展评学生作品。

（设计意图：通过评价活动，引导学生互相学习，互相欣赏，互借鉴的设计理念。学生选出奖项，体现民主性。）

【活动五：课后小结，拓展思维】

师：小小的急救包，不单单蕴含了设计理念，还包含了我们对家人的情感。同时，希望通过今天的学习同学们能够拥有居安思危的意识。

（设计意图：总结升华，好的设计一定是有情感的，提醒学生要拥有居安思危的意识。）

六、板书设计

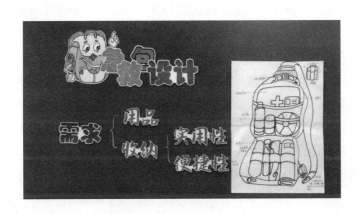

教学反思：

《急救包设计》是人教版五年级下"设计·应用"学习领域中的一课。本课主要是让学生初步认识急救包，简要了解急救包设计的要点。依据不同的救援需要，绘制表现不同用途，清晰实用的急救包设计图，培养学生居安思危的意识。

1. 灾难视频唤防患意识

为了让学生切身感受到急救包的重要性。在课下，我找了很多关于灾难电影的视频，最后选择了《唐山大地震》《后天》《2012》，里面的场景选择了地震、龙卷风、海啸。用混合剪辑的视频给学生灾难的震撼，并通过这种情绪激化使学生迅速融入到本节课的情景中，让学生谈谈灾难的感受，再联系到生活中的小危险，学生认识到了生活中危险伴随着我们，我们要有急救和防患意识，从而展开今天的主题《急救包设计》。学生在看视频中体会最深的就是地震，因为我国很多省份是在地震带上，有关地震的新闻也是频繁出现，所以根据一组"中国、日本、美国地震伤亡人数分析"的资料，学生得出除了我国人口基数大导致伤亡人数远超其他两国以外，更重要的原因是我国急救包的配备率几乎为零，说明了我国人民缺乏急救和居安思危的意识。之后趁热打铁，就"地震急救包"让学生探究设计方法。

2. 小组探究挖急救设计

这个环节，在这节课之前是修改最多的一个部分，因为重难点几乎都是在这个环节出现了，所以是非常重要的一环。第一个问题是"挑选地震急救包的必备用品"，第二个问题是"地震急救包从包的类型、大小、材质三方面是如何设计的"，在汇报时组与组的互相补充拓宽了学生的设计思路，也让我发现学生对生活的关注度还是很高的。两个问题设置的好处是，每个小组讨论不全面的，另外的8个小组都可以进行补充，学生的积极性更高了，学生在汇报的时候，其余的小组听得更加认真了，并且这个环节并不需要老师过多地介入，而是学生间的互相补充、质疑，老师只起到引导和必要时刻的参与，也是这个环节使课堂的自由气氛达到了高潮。在课下的访问中学生也更喜欢这种方式。所以我认为这个环节的设置还是很成功的。

3. 情境展示促情感交流

我认为设计课除了让学生能够设计出符合需求的产品外，更重要的一点是能够介绍自己的产品并且能够评述别人的作品。所以，虽然时间非常紧张，我还是安排了在学生完成作品后小组间互相看看设计作品交流意见的环节，并且召开了"产品发布会"展出学生的作品，请两个同学来介绍自己的急救包，说出设计意图和设计亮点。因为是为家人设计一款急救包，学生的作品中透露出了对家人的关怀和暖暖的爱意，一件件温馨的作品，感染着我，也感染着每位同学。虽然学生的作品多少都有一些小问题，但我认为，此节课的目的并不是能够设计出急救包这一个点，而更多的让学生通过设计急救包，了解到急救包的重要性，以及拥有居安思危的意识。

·专家点评

本节课突出体现了艺术与生活的紧密联系，以自然灾难、应急自救等生活现象调动学生已有的生活经验开展自主探究，激发学生发现问题解决问题的能力，符合认知规律，知识的建构更加真实、自然。通过给学生提供资料及学生通过以往生活的知识为基础进行讨论，从而让学生自主探究出设计急救包的方法。这其中也隐含着学生需要对疾病、药品、急救方法、应急工具等有所了解，做到"对症下药，应急救援"。无论是在学生出游，还是上学的途中，都有可能突发危险。通过此课的学习，希望学生在遇到突发事件能够有救护的意识和自救的措施，能够有互救的思考，从而达到学以致用。在教学中，通过问题情境的引导，逐步建立学生理解设计"以人为本"的理念，很好地培养学生的设计意识。

整节课围绕急救包的设计层层递进，达成了教学目标。教学中应有了大量的视觉资源，对学生的图像识读、审美判断、创意实践等方面的学科核心素养进行了很好的引导与培养。指导学生设计方法时也注重了多角度、多方法的引导。值得注意的是，教师在进行完整示范时，要考虑教师示范的拓展性和启发性，教学中，教师以一个急救包的设计进行示范，虽然能够指导学生的设计、绘画步骤方法，但是，忽略"先入为主"对学生设计的局限，建议，在示范过程中，即时出示与众不同设计图稿，还可以师生互动共同示范，这样能更好的拓展思路，启发学生的创意实践。

本节课恰当地融合了各学习领域以及跨学科的知识和实践活动，拓展学习空间，在真实的生活情境中获得各种切身体验和解决现实问题的能力。

（点评：耿鑫　北京市美术学科教研员）

美术课堂变革—— 欣赏·评述课

　　美术作为视觉的艺术，欣赏评述无处不在，它不仅出现在欣赏评述领域的课程中，每节美术课都离不开欣赏与评述。也就是说欣赏评述活动中激发学生的探索欲望是每一节美术课上教师思考的问题。课程标准中指出："美术教育在于激发学生感受美，表现美的情趣，丰富他们的审美体验，使之体验自由表达和创造的快乐。"美术欣赏是学生在通过对大自然、美术作品、生活环境的感受、想象、体验和理解、判断的系列活动中达到以美促知、以美促智、以美怡情、以美促能的教育效果，从而获得终身的、可持续的审美创造力。

　　课标中指出，对于第二学段的学生来说，在学习本领域时的要求是：能够尝试对我国具有民族特色的美术作品或建筑，用简洁的语言或文字进行描述，用多种方式表达自己的感受与认识。能够积极搜集我国民间美术作品（如剪纸、年画、传统纹样、皮影、面具等），并了解其中的特点或寓意，进行交流。学生在课堂中能够积极参加美术欣赏活动，能够主动收集我国民间美术作品或图片。三四年级的学生经过几年的美术学习，已经储备了一定量的美术知识，学生认识的美术作品表现形式、表现方法种类增多，对造型要素中形状、色彩、构图等知识也逐步深入，欣赏的视野也从兴趣所致拓展到中外优秀作品、民间民族艺术等。而在能力方面，学生对物象的观察也变得更加全面和细致，从只注重细节到顾全作品全局。总之，学生对美术"欣赏·评述"学习或许已经欣然接受，大部分学生还在欣赏活动中领悟到了文化传承，获得了情感的升华。部分学生受家庭、环境、兴趣喜好的推动，对美术知识的储备更是不可小视。

欣赏·评述课例：北京的城楼（一）

齐文彦

一、教材分析

《北京的城楼》这一课属于"欣赏·评述"学习领域。纵观全套教材，三年级下册《走进颐和园》、四年级上册《庄严的牌楼》，都是以欣赏北京的古建筑为主的"欣赏·评述"课。这些课的编写目的，是引导学生感受不同时期北京古建筑风格迥异的艺术特色和形式美感，感悟其丰富的文化内涵，了解其兼容并蓄的发展史，增强学生对北京的热爱之情。

二、学情分析

优势：四年级学生思维逐步成熟，开始从被动的学习主体向主动的学习主体转变，知识增长速度明显加快。

劣势：对城楼这种建筑形式了解不多。学生欣赏方法能力有限，制约学生评述能力的提升。

课标中第二学段"欣赏·评述"的分目标，是欣赏符合学生认知水平的中外美术作品。用语言或文字等多种形式描述作品，表达感受与认识。本课通过学生初步了解北京城楼的历史文化、建筑形式的特点和功能等，从而培养学生了解北京、热爱北京的情感，提高学生的"欣赏·评述"能力。

建构主义认为："知识不是通过教师传授得到，而是学习者在一定的情境即社会文化背景下，借助其他人（包括教师和学习伙伴）的帮助，利用必要的学习资料，通过意义建构的方式而获得。"在本课教学中，主要通过学生小组间利用iPad探究城楼的艺术特点和功能，学生与学生之间的相互补充，提高了自主探究的学习能力，同时，利用小组合作探究提高评述能力。

三、教学目标

1.知识与技能：初步了解北京古城楼的相关历史、文化知识，以及城楼建筑的风格和功能。能评述城楼的建筑艺术特点及功能，感知古城楼的形式美感。

2.过程与方法：在图片欣赏和知识介绍中，对城楼有整体的了解，在小组探究活动中，采用对比观察的方法，比较城楼不同的艺术特点及功能。

3.情感态度价值观：在欣赏评述中丰富视觉感知，感受历史文化内涵，增强对北京的热爱之情。

四、教学重难点

初步了解北京古城楼的相关知识，能评述城楼的艺术特点及使用功能。整理和筛选有关城楼的资料，能用恰当的美术语言对城楼进行评述。

五、教学过程

【活动一：导入】

师：同学们认识这个图标吗？

生：国徽。

师：国徽中间的建筑是哪儿，你认识它吗？

生：国徽中间的建筑是天安门，是北京的建筑。

师：谁去过天安门？给你什么样的感受？

生1：威武庄严。

生2：高大雄伟。

师：北京的城楼应用了中国古代精湛的技术工艺，具有典型的古建筑艺术特色。

师：今天，齐老师带领大家一起走进《北京的城楼》去感受城楼的美。

（设计意图：从生活中学生们最了解的天安门城楼入手，激发学生的学习兴趣。）

【活动二：新授】

师：首先我们来了解一些城楼的结构，有没有同学能看出城楼是由哪几部分组成的？

生：依据旧知识尝试分析。

师：城楼+城台。城楼是修建于城门之上精美的高层建筑。

师：谁了解天安门在古代的功能？

生：在古代，天安门作为皇城的出入口，是供皇帝出行经过的。

师：天安门城楼主体颜色是红色。有没有同学知道为什么是红色的城墙？

生：红色是传统颜色，有吉祥的寓意。也象征红红火火的祝愿。

师：让我们再走近一些，看一看还有什么颜色？除了色彩，仔细看看城楼上有

哪些装饰，都是什么形象和图案？给你什么感受？（小组讨论）

生：彩画的色彩以蓝、绿为主，城楼的墙壁和屋顶以红、黄为主，彩画的色彩增加了城楼色彩的丰富性，城楼整体色彩既统一又不单调。

师：琉璃装饰和彩色团，既有吉祥寓意，又增强了建筑的富丽堂皇之感。

（设计意图：了解城楼的建筑风格和艺术特点，引导学生感受天安门城楼的形式美感。）

师：我们通过了解功能、造型和色彩三个方面了解了天安门城楼，由于功能的不同，北京的城楼主要有城门楼、角楼、箭楼、钟楼、鼓楼五种形式。

（设计意图：总结方法，为之后的自主赏析做准备。）

师：检验同学们分析能力的时候到了，请同学们用对比的方法，通过视频、图片分析自己组城楼的艺术特点及功能。

师：谁想来打头阵分析一下你们的城楼？

钟楼和鼓楼的功能是报时，那么它们在艺术特色上有什么不同？

城门楼和箭楼是一个整体，形成瓮城，但是它们的功能和造型有什么不同？

生：小组讨论对比的方法：

鼓楼——钟楼

城门楼——箭楼

色彩、造型（材质）、内部的报时工具……不同

色彩、造型（材质）、大小……不同

（设计意图：小组内通过资料了解城楼的相关知识，并两两进行对比分析从而了解各城楼不同的美感。）

师：除了正阳门城楼北京还有哪些城楼呢？我们通过视频了解一下。

生：（学生观看视频，了解北京的城楼的数量和分布情况）

师：城门楼和箭楼的高大雄伟给我们厚重的美感，而紫禁城的四个角有一个精灵。我们先来欣赏一下它的美。看视频说一说它的美在哪儿？它给你什么感受？

师：共同感受角楼玲珑的美感。东便门也有一座角楼，但是它和紫禁城的角楼有什么不同呢？

（设计意图：一同欣赏造型别致的角楼，了解位置因素使城楼造型发生变化。）

师：北京的城楼建筑显示出历史古城的风貌，是我国珍贵的文化遗产，我们应

该怎么做？

生：爱护城楼。

【活动三：艺术实践】

师：你能不能给城楼写一条宣传语。

（设计意图：通过写宣传，巩固、深入感受城楼的美感。）

【活动四：效果评价】

生：（展示朗读宣传语，说一说设计想法）

（设计意图：提升学生的自信心。）

【活动五：拓展提高】

师：希望同学们通过今天的学习，能在课余时间和自己的父母真正地登上城楼，感受城楼的美感和北京悠久的历史。

（设计意图：升华感情，培养学生对北京的热爱之情。）

六、板书设计

教学反思：

本节课是"欣赏·评述"学习领域。本节课的目的是引导学生感受北京不同时期北京古建筑风格迥异的艺术特色和形式美感，感悟其丰富文化内涵，了解其兼容并蓄的发展史，增强学生对北京的热爱之情。

在教学中，我首先带领学生梳理出如何欣赏建筑的基本方法，先从整体观察分析建筑形式，以此让学生在自主探究环节有更清晰整体的讨论。本节课，以天安门为例，由老师和学生一起分析研究天安门城楼的艺术特色和功能。这样的好处是，从学生的形容中归纳出欣赏城楼的方法，即：可以从哪些方面去欣赏。另外，以天安门城楼作为切入口，引导学生感知城楼的历史价值。在古代，天安门城楼作为皇城的出入口，供皇帝出行经过；而现代，新中国成立的开国大典在此举行，它是新中国的象征。特别是国徽上的天安门图案，标志出这个举世瞩目地方所具有的与众不同的政治地位，增加了它的恢弘气势。因此，北京的城楼在历史发展和文明进程中占有重要的地位。

在本次教学中，时间分配最多的环节是学生自主探究环节。此环节，学生以小组为单位，通过iPad中的视频、图片、文字资料了解相应的两座城楼，通过比较的方法，找出其不同点。iPad的应用让学生可以大量地进行图像试读，调动了学生的各种感官，让学生可以在小组中各抒己见，畅所欲言。由于功能不同，城楼的造型有城门楼、箭楼、角楼、鼓楼、钟楼等形式。北京现存的城楼均为明清两代的建筑遗迹，气势恢宏，造型各异，并与当时城市格局有着密切的联系，是我国珍贵的历史文化遗产。学生先通过视频整体了解城楼的信息，再通过文字了解其功能，深入细节通过图片了解艺术特点，最后借助同类建筑进行对比分析，把握特点。通过课中"找不同、考眼力"这样的竞赛模式，调动了学生的学习兴趣，使他们积极地参与思考，从而在观察与判断、分析与评述的过程中，加深对北京城楼的了解，丰富对传统建筑艺术美的感知，这些方法的运用，还有助于学生自主欣赏，独立判断，形成艺术欣赏的素养。最后，通过小组讨论"为城楼制作宣传语"的形式，巩固知识，同时鼓励学生运用语言表达自己的所感所想，培养学生评述能力。

·专家点评

本课为欣赏评述领域的内容，教学环节条理清晰，注重问题情境的引导，努力营造调动学生参与的教学氛围。教学中围绕城楼的造型、结构、色彩、历史文化价值、功能和艺术的价值，多方面、多角度地引导学生自主探究，感受北京不同时期风格迥异的古建筑艺术特色和形式美感。北京现存的城楼均为明清两代的建筑遗迹，气势恢宏，造型各异，并与当时城市格局有着密切的联系，是我国珍贵的历史文化遗产。学生先通过视频整体了解城楼的信息，再通过文字了解其功能，深入细节通过图片了解艺术特点，最后借助同类建筑进行对比分析，把握特点。通过"找不同、考眼力"这样的竞赛模式，调动了学生的学习兴趣，使他们积极地参与思考，从而在观察与判断、分析与评述的过程中，加深对北京城楼的了解，丰富对传统建筑艺术美的感知，这些方法的运用，还有助于学生自主欣赏，独立判断，形成艺术欣赏的素养。感悟其丰富文化内涵，了解其兼容并蓄的发展史，使学生在图像识读、审美判断、文化理解这三方面的美术学科核心素养的培养中得到充分地实践体验。

本课在教学方法的选择上，还可以体现多样性，除了以问题引导学生观察思考、分析探究，能否增加以学生活动为主的体验探究环节，既调动学生参与的积极性，又活跃课堂氛围；作为欣赏评述的主体，教师能否创设一些开放式的问题情境，引导学生表达自己的感受，充分展开评述。另外，从艺术作品的角度再引导学生欣赏感受城楼的形式美感，培养审美素养，丰富审美感受，

（点评：耿鑫　北京市美术教研员）

美术课堂变革——综合·探索课

　　根据新样态中提出的"综合·探索"作为美术课程特别设置的学习新领域。综合性学习是当代教育发展的一个新特点。"综合·探索"学习领域提供了上述美术学习领域之间、美术与其它学科、美术与社会等方面相综合的活动，旨在发展学生的综合实践能力和探究发现能力。在学习"欣赏·评述"领域中的这节《摄影艺术欣赏》课的基础上，引导学生掌握摄影引导学生掌握欣赏摄影艺术作品的方法和要点，感受摄影作品的艺术魅力，丰富学生的摄影知识，在教材中发挥了承上启下的作用。《摄影——美丽的花》以学习花卉摄影的基本技巧为主题，符合学生的认知特点，使学生易于掌握及开展艺术实践，并在综合探索活动中熟悉运用所学摄影技巧和规律，为六年级下册《我在母校留影》作好铺垫和知识的积累。所以，这节课也起到很重要的作用。

　　五年级学生生活中虽然接触照相功能，也会自己简单P图，但是对摄影的基本概念以及简单基本摄影知识并不是非常了解，尤其是对花卉摄影构图、用光知识的了解还很欠缺。通过这节课的学习让学生学习到摄影知识并能够运用这些知识拍摄花卉。通过探究学习，让学生懂得常见光中的侧光和散射光拍摄效果的不同；取景时不同的角度拍摄出的花卉也就多姿多彩；花的朝向位置决定了构图方式等一些简单的摄影知识；鼓励小组合作拍摄作品。学生学习简单的修图方法，让自己拍摄的照片更加美丽！从而理解欣赏摄影角度花卉的美丽。用一些简单的摄影基本技巧去发现生活中的美，并用相机以及各种摄影媒材表达美，表达人的情感。在学习中渗透思想品德教育，五一小学做为北京市一所"花园式"的学校，让学生通过欣赏学校四季的照片，引导学生拍摄五一校园的美景，渗透爱校的教育，并产生自豪感。

欣赏·评述课例：摄影——美丽的花

黄晓军

一、教材分析

本课属于"综合·探索"学习领域。

在当今科学技术不断发展的时代，数码技术得到了迅速地普及与发展，摄影在我们生活中的应用已经非常普遍，因此，在小学阶段指导学生通过对摄影媒材、技巧和拍摄过程的初步探索及实践，记录下他们的所见所闻，有利于发展学生的艺术感知能力和造型表现能力。

纵观全套教材，摄影知识体系的课业内容共有5课。三年级下册《给同学留个影》初涉人像摄影的简单技巧，贴近学生的生活实际，培养了学生学习摄影的兴趣，是小学阶段以摄影为内容活动的第一课。四年级下册《摄影——精彩的瞬间》及本册第4课《摄影艺术欣赏》是从欣赏评述领域，引导学生掌握欣赏摄影艺术作品的方法和要点，感受摄影作品的艺术魅力，丰富学生的摄影知识，在教材中发挥了承上启下的作用。本课以学习花卉摄影的基本技巧为主题，符合学生的认知特点，使学生易于掌握及开展艺术实践，并在综合探索活动中熟悉运用所学摄影技巧和规律，为六年级下册《我在母校留影》作好铺垫和知识的积累。

本课在学习摄影的用光、构图、背景处理等拍摄方法的基础上，使学生认识到摄影并不是简单的、随意的拍摄活动，它也是一种艺术创作形式，需要多角度的观察及巧妙的构思。在教学中，通过对摄影作品的欣赏，引导学生感受侧光和散射光在花卉摄影时产生的不同的视觉效果，从而培养学生在拍摄时注意用光的意识。侧光是摄影最常见的一种光线，侧光在被摄体上形成明显的受光面、阴影面和投影，画面鲜明清晰，层次丰富，有利于表现被摄体的空间深度感和立体感。散射光最典型的是天空光，这种光线柔和，被摄物体受光均匀，没有明显的投影，在花卉摄影时散射光能真实再现花瓣的色彩和绸缎般的质感，在拍摄时尽可能采取较近距离的中景或局部场面，利用景深的虚实和近大远小透视来增强立体感。

对光线的认知和应用是摄影技巧的要素之一，但对于小学生来说还是比较陌生的知识，因此在教学中需要调动学生的多感官来观察体验并加深了解，在实际操作中进行有效地判断和应用。另外，摄影的构图方法和规律，也是本课的学习重点，可以采取对比观察的探究活动，引导学生发现不同的拍摄角度在突出主体形象的同时具有不同的效果，体现出花卉不同的姿态和画面意境。还可以利用分割画面等手段，直观地引导学生发现均衡构图的规律，掌握摄影构图的基本方法。由于花卉摄影属于静态拍摄，对于光线的变化、构图的安排、背景的处理可以反复探究调整，这样使学生能够在实际操作中充分领会摄影的方法和技巧，有效开展综合探索活动。

在学习花卉摄影的过程中，调动学生的多感官体验，不仅能够了解摄影的方法，同时能够带领学生发现花卉绚丽的色彩、婀娜的造型，鼓励学生用艺术的眼睛发现自然界中蕴含的美，用照相机捕捉美好的瞬间，既陶冶情操又提升审美品位，同时也培养了学生艺术创作的技能，形成基本的美术素养。

二、学情分析

五年级学生在生活中虽然接触照相功能，也会自己简单P图，但是对摄影的基本概念以及简单基本摄影知识并不是非常了解，尤其是对花卉摄影构图、用光知识的了解。通过这节课的学习让学生学习到摄影知识并能够运用这些知识拍摄花卉，学习简单的修图方法，让自己拍摄的照片更加美丽，从而理解、欣赏不同摄影角度花卉的美丽。

三、教学目标

1.知识与技能：学习花卉摄影构图、用光的知识，以及运用这些知识拍摄花卉。初步掌握拍摄花卉的基本技巧，并应用到日常生活中。

2.过程与方法：通过欣赏分析、对比观察了解花卉摄影的基本方法，并在实践中拍摄不同构图的花卉作品。

3.情感态度价值观：在学习花卉摄影的过程中，用艺术的眼睛发现自然界中蕴含的美，陶冶情操，提升审美品位。

四、教学重难点

初步掌握花卉的基本方法，拍摄不同构图的花卉作品。初步理解摄影用光的方法规律，在实际操作中能够准确判断和应用。

五、教学过程

【活动一：尝试导入】

师：黄老师想问大家一个问题，你们喜欢摄影吗？今天我们就来学习拍摄美丽的花，在学习新课之前，先请同学们试着拍一张，以组为单位发在班级微信群里。

生：尝试拍摄几张花的照片。

（教学意图：根据学生的问题找到问题，教师再有针对性地解决学生的问题。）

师：你们想不想把花拍得漂亮一些呢？今天我们一起来学习第5课，板书课题。

【活动二：教学新授】

师：现在正是春暖花开的好时节，我们一起来欣赏一下吧！

师：【欣赏】你会用什么词语来形容花的美丽？

生：争奇斗艳、一枝独秀、怒放。

师：【连连看】请找出适合词语形容美丽的花。

生：看图连线。

师：你也可以给你拍摄的作品起一个好听的名字。

（教学意图：在拍摄之前确定你想要表现的主题，再去构思如何构图拍摄角度，画面颜色，背景颜色等等问题。）

师：考眼力：这两幅作品有什么区别？

生：用光不同。

师：摄影中的常见光——A侧光。

想一想：生活中什么情况下会出现侧光？

生：有影子……

师：总结受光面明显，有投影，清晰鲜明，立体感强。

师：教室里能否达到侧光的要求吗？

生：不能。

师：我们可以利用手机制造侧光吗？

生：可以。我们利用手机中的"手电筒"功能。

师：摄影中的常见光——B散射光。生活中什么情况我们能看见散射光？

师：均匀受光，无阴影，色彩柔和。

（教学意图：通过对比的方式学生来学习认知拍摄时候的用光知识，什么是侧光？什么是散射光？让学生通过自己观察来辨别出两种不同的用光。学会利用身边的一切工具，如我们的手机中自带很多软件都可以成为辅助我们拍摄的用具。学会就地取材。）

师：欣赏五一校园美景，判断哪些是用侧光拍摄的？哪些是用散射光拍摄的？

（教学意图：对学生进行思想品德教育，让学生通过学习这节课，感受到五一小学花园式的学校这么优越的学习条件而感到幸福，让学生们感受到以在五一小学生活为荣。）

师：观察与思考：拍摄时，有什么方法可以拍摄出花卉不同的姿态？首先，考虑你认为这盆花哪个角度最好看？你要有一双发现美的眼睛。

师：不同的角度可以拍摄出花卉的多姿多彩。

生：正面、半侧面、侧面、局部特写、成组。

（教学意图：让学生明白拍摄角度往往也确定了你画面中的美感，以及你想要表现的主题内涵。）

师：对比与思考：哪一张拍摄的角度使花卉造型更优美？你喜欢哪一张的画面构图？

师：对比与思考：把主体形象安排在画面的什么位置能够突出？

师：花的朝向与画面构图有什么关系？

（教学意图：让学生通过学习拍摄能够迁移国画知识，能够举一反三，在拍摄中的构图，也像国画中的留白是非常有讲究的。）

师：小组探究：看书第11页，在拍摄时背景的处理还有哪些方法？和组里的同学交流一下。

（教学意图：背景的色彩也就相当于环境色彩，在我们的画面中起到了很重要的作用。）

师：拍摄小技巧：我们可以选择手机中照片这个软件，点编辑，然后找到光效，选择曝光、对比度、颜色进行适当的调整。也有直接滤镜效果可以尝试使用。例如：水珠"喷雾"喷水器效果。

（教学意图：利用信息化手段，教会学生使用各种软件，作为拍摄后期处理重要的手段。）

【活动三：课堂实践】

师：学生进行合作式的小组拍照。

要求：

1.利用组里的花卉进行拍摄活动，注意用光、构图的处理。

2.请发挥小组合作精神，例如：有拍摄的、有负责背景纸的、有负责灯光的……

3.每人最少上传一张你最满意的作品到班级美术群里，并为作品起一个名字。

（教学意图：小组合作是非常必要的，比如，有的学生需要负责灯光，有的学生需要负责背景，有的需要拍摄……要让学生明白一件好的作品也是需要大家共同努力才能完成，培养学生的团队意识。）

【活动四：师生评价】

师：通过班级微信群上传的同学照片，师生共同评议你认为今天拍摄成功的照片。

评价要点：

1.花卉形态优美；

2.画面主体突出；

3.构图富有美感。

表扬敢于创新的学生：如，有的同学使用了黑白效果的照片也非常不错。

（教学意图：鼓励学生大胆创新。）

【活动五：课后拓展】

师：用眼睛去发现，用相机去捕捉——独特的视角。今天回家给大家留一个作业，请大家拍几张我们五一小学美丽的校园景色，并上传到我们的微信群里。我们共同来欣赏学习。

生：再次欣赏感受大自然美丽的花卉照片。

（教学意图：通过课后拓展，让学生再次复习我们学习到的最基础的拍摄技巧。并且用所学的方法去拍摄五一校园。让学生更爱五一，更有归属感！增强爱校师生互爱的情感！）

六、板书设计

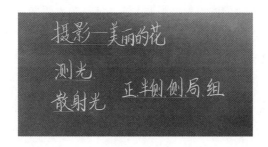

教学反思：

（一）有的放矢，解决学生问题

通过学生小尝试，让学生自己根据已有的拍摄经验先拍摄几张花卉作品。教师要根据学生的拍摄找到问题，教师也不急于公布正确拍摄方法和技巧。通过这节课的学习再潜移默化地让学生去学习这节课的拍摄知识，并有针对性地解决学生的问题。要让学生明白，我们在拍摄一件作品之前先要确定你想要表现的主题，再去构思如何构图拍摄角度，选择什么画面颜色，背景颜色等等问题。每一张照片都是有主题有灵魂的，人们通常是通过托物言志的方式表达人们的思想感情，摄影也是这样，不是为了拍摄而拍摄。

（二）对比方式，认知两种用光

通过对比的方式让学生来学习认知拍摄时的用光知识，让学生学习到什么是侧光？什么是散射光？让学生通过自己观察来辨别出两种不同的用光。侧光的照片是受光面明显，有投影，清晰鲜明，立体感强。散射光就是均匀受光，无阴影，色彩柔和。这些常识并不是通过学生死记硬背来学习的，而是学会放手让学生自己观察分析并总结出来，孩子们会自己总结出明暗关系，明暗关系强烈的就是侧光，太阳光或者强烈的灯光都是侧光，柔和的光线就是散射光。

（三）利用软件，学会就地取材

教会学生学会利用身边的一切工具，如我们的手机中自带很多软件都可以成为辅助我们拍摄的用具，要让学生学会就地取材。例如：我们需要拍摄出侧光效果的照片，而光线没有那么强烈，我们就可以请另一个同学帮忙负责用手机中的"手电筒"功能为景物打光。光线是拍摄成功的重要部分！

教会学生利用信息化手段，教会学生使用各种软件，作为拍摄后期处理重要的手段。比如手机中常用的一些美图软件，里面都会有一些常用滤镜效果，用好了能够增强艺术美感。虽然我们的照片来源于生活，但是艺术要高于生活。如：美图秀秀、天天P图、百度魔图、画中画相机、极拍等软件都适合学生进行拍摄。

（四）品德教育，热爱五一校园

对学生进行思想品德教育，让学生通过学习这节课，感受到五一小学花园式的学校这么优越的生活条件而感到幸福。让学生们感受到以在五一小学生活为荣。五一小学的校园那么美丽，教师要在课堂中反复渗透这个爱校的教育。在一开始欣赏照片的时候就以五一小学校园为主来欣赏，展示示范的时候也可以使用五一校园的美景照片，最后课后拓展再次让学生去实践感受五一的美。无论课堂内还是课外都贯穿始终。

（五）角度美感，构图留白均衡

让学生明白拍摄角度往往也决定了你画面中的美感，以及你想要表现的主题内涵。让学生通过学习拍摄能够迁移国画知识，能够举一反三，在拍摄中的构图，也可以像国画中的留白是非常有讲究的。构图方式大概两种：第一种是主体在中心位置，这样的照片主体突出。第二种是主体偏离中心，但画面会更自然、均衡。而拍摄角度不同拍出的效果也就不一样。拍摄的角度也是多种多样的：正面、半侧面、侧面、局部特写、成组。让学生可以在尝试的时候体验一下不同角度的效果，或者根据同学们拍摄的照片来说一说他们拍摄的角度有什么不同，他们拍出的效果有什么不同，让学生进一步感受拍摄的乐趣！

（六）背景色彩，衬托表现主题

背景的色彩也就相当于环境色彩，在我们的画面中也起到了很重要的作用。背景是为了衬托出画面更好看。我们要根据已有的美术尝试进行色彩搭配。例如：花色和单色搭配、冷色和暖色搭配、邻近色搭配、深浅颜色搭配！我们还可以使用白纸为不清楚的地方进行补光。所以看似简单的拍摄，也并非那么简单，需要思考很多方面的问题。

（七）分工合作，增强团队意识

小组合作是非常必要的，比如，有的学生需要负责灯光，有的学生需要负责背景，有学生负责用白纸当反光板，有的需要拍摄……要让学生明白一件好的作品也是需要大家共同努力才能完成，培养学生的团队意识，还要鼓励学生大胆创新。

（八）课后拓展，巩固复习升华

通过课后拓展，让学生再次复习我们学习到的最基础的拍摄技巧，并且用所学的方法去拍摄五一校园，让学生更爱五一，更有归属感！增强爱校师生互爱的情感！

·专家点评

摄影内容的课在小学阶段并不多，但对于当下拍摄工具的多样化、普及化来讲，开展摄影教学并不是难事。本课教学的设计目标明确条理清晰，带领学生由浅入深地进行摄影方法的探究，教师注重创设问题情境，引导学生的观察思考分析，通过视觉资源直观地引导学生理解摄影的构图、用光，特别是在审美判断方面调动学生的多种感官进行体验实践。教学中，注重师生间、生生间的互动交流，发挥学生的主体作用，教师还很好地利用了新媒体技术辅助教学，发挥其简便快捷直观的作用，提高教学实效。

建议由于课堂空间的限制，对于花卉的拍摄从构图方面多进行引导，除了花卉姿态的拍摄，还可有局部、特写的拍摄，以及构图中主体与背景的虚实处理等技巧的方法介绍，这样能够弥补摄影素材不多的问题，学生在进行花卉拍摄的环节中，能够自主选择多种方法形式进行实践。教学评价借助微信平台是非常好的方式，能否把上课之初学生试拍的作品与课堂实践的作品进行对比评价，以突显学生的实际获得。另外，课上的学习实践如何引导学生课后继续学习的兴趣，也需要教师进行思考，如：布置一个主题展，任务驱动学生在课余的空间里继续实践探究，形成学生持续学习美术的兴趣。

（点评：耿鑫　北京市美术教研员）

第六节

体育篇

TIYUPIAN

智慧教学范式——体育学科课堂样态

庞 盛

体育是以身体练习为主要手段，以提升学生身体素质为主要目的的课程，可是当前体育课存在练习密度太小的问题。体育课的练习密度是指课堂上，各种练习活动合理的运用时间与课的总时间的比，是衡量一节课是否达到增强学生体质目的重要依据之一，体育课如果没有一定的练习密度，就不能达到增强体质之目的。多年来，体育课一节课的练习密度一般在30%—40%，一节课学生的练习时间在12分钟到16分钟，达不到有效锻炼身体、提升身体素质的目的。另外，体育课堂的较低练习密度势必造成教师过于主导课堂而忽视学生的学习主体作用。体育课堂上不能只是教师一味的讲，学生被动的听，而是需要师生之间产生相互交流的活动。过去，我们在教授新课时，总认为只要把有关学习的内容用"填鸭式"的方法灌输给学生，再多讲几遍，他们就能理解，并没有考虑他们的能动性。我们只想到自己讲的是否准确、是否全面，以为这样他们就能最大程度地掌握所学的知识。其实不然，这样的教学活动没有交流、没有思考、更别提什么创新，效果自然不理想。针对目前体育课教学中出现的最主要问题，我们认为提升体育课堂练习密度是解决体育课堂教学主要问题的一把金钥匙。

体育课堂样态图

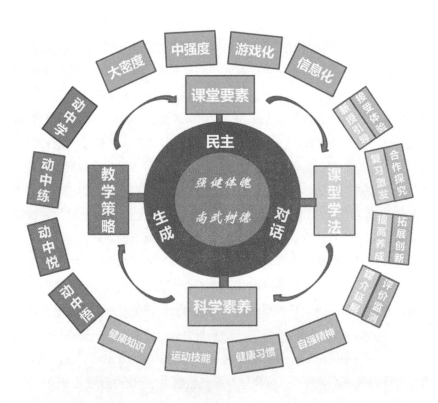

体育课堂样态解读

体育"悦动"课程新样态以动中学、动中练、动中悦、动中悟为教学策略；以加大练习密度、中等练习强度、游戏化和信息化教学方式为课堂要素；以引导学生掌握运动技能，增强学生体质，培养学生积极参与体育运动的意识和良好的沟通协作能力为目标的课堂新样态。这样的课堂新样态要求每节体育课要达成体育技能和身体素质的教学目标，课堂学生的练习密度要达到50%—80%，学生的平均心率保持在120—140次/分，学生有95%以上喜爱本堂课并能说出学习的收获和体验，教师善于利用信息化手段监控学生的运动负荷状况，及时进行调整，善于用游戏化的教学手段处理教学内容，培养学生自主合作学习的意识和能力，以及良好的学习态度和习惯，激发学生的学习兴趣和学习积极性。最终通过新样态的课堂教学，教师任课班级课堂技能达标率达到98%；学生体质测试达标率达到98%，优良率达到85%；学生养成阳光向上的品格，具有良好的协作能力以及终身体育的意识和能力。

体育课堂变革—— 小组互习课

合作学习是学生通过组织小型混合团体来掌握学习内容的学习方式，要求学生不仅自己要学好，更重要的是帮助组员同伴的学习。体育运动的重要特征之一就是合作，随着我国新课改的实施，不仅文化课程需要合作学习，体育也需要更加行之有效的教学方法，合作学习也就成为体育教学活动中极为重要的教学手段和教学方法。而我校体育组一直致力于小组合作学习的研究，在教师们的研究下我们确定出"大密度，中强度"的课堂模式，课堂中的合作学习就是提高课堂密度的最好方法之一。

如何才能在课堂中有效的进行小组合作学习，而不让合作学习变成一种形式呢？经过老师们的总结，我们得出了以下几点：

第一，要做到分组的科学性。小组合作能否行之有效，老师对学生的分组一定要有科学的认识。

第二，小组学习的目标要明确。小组合作不是摆样子，小组合作是为了更好地完成教学目标，解决学生认知和技能熟练所必须的教学手段。

第三，小组合作学习要适时适度。要让合作获得最大的效果，教师要掌握好时机。

第四，小组合作要及时评价。评价是激发学生学习的积极性，增强学生学习的主动性的必要手段。在合作学习以后，教师及时地进行评价，有利于针对每个小组的优缺点，教师给予实时的指导帮助，让学生的小组合作发挥出力量。

总之，每名教师应该在小组合作学习中把握好分寸，抓住时机，激发学生在体育课中的学习兴趣，加大课堂的练习密度，这样才能够有效地提高学生的身体素质，为孩子的幸福人生奠基。

小组互习课例：小足球——运球游戏

胡子钰

一、教材分析

本单元教学内容选自人民教育出版社2012版《体育与健康》小足球游戏，是小学一、二年级球类活动的主要教学内容之一。

小足球，采用一些最简单的足球活动方法，通过游戏化的教学让学生熟悉球性，小足球运球游戏是让学生初步体验和学习足球的基本动作方法和基本技能，为日后水平二学习脚背正面运球等动作方法打下良好基础。发展学生下肢力量以及灵敏、协调等身体素质；促进内脏器官机能的发展；让学生感受活动乐趣，培养学生对小足球的兴趣爱好；培养学生认真倾听的习惯、刻苦锻炼的精神、团结协作的意识。

本课是本单元第一次课，重点是通过游戏化的教学方式让学生体验和感受用脚背正面推拨球的中后部沿直线运球。通过练习发展运球能力，熟悉球性，增强身体协调能力，为后面能够轻快有节奏的运球打下基础。培养学生认真倾听的习惯、刻苦锻炼的精神、合作学习的能力、团队协作的意识。

二、学情分析

二年级学生正处在快速生长发育阶段，下肢骨骼增长迅速，肌肉发展尚不完全。集体观念开始逐步提高，知道维护集体与小组的荣誉，与同伴之间的友谊和团结的意识加强。而且有不少同学开始注意通过克服困难完成任务。根据以上情况设计游戏化教学提高学生的学习兴趣与小组合作练习让学生互学互帮互助。

在本单元学习以前，学生对足球运动有一些了解，例如比赛人数，基本规则等，做过一些简单的足球游戏。但是在课堂中学生可能出现触球位置不准确，通过教师讲解，同学观察，重点练习等形式来纠正。

在单元的教学中学生会因为触球的力量控制不好、低头等，不能够很好的将球控制在脚下，会对足球产生抵触情绪。所以多采用游戏的方法让学生掌握动作方法，提高学习兴趣。体验成功的快乐。

我校二年级3班32人，在一年级的学习中接触过足球游戏，但是有90%没有接触过脚背正面运球。该班课堂常规比较好，同学们乐于参加足球活动。本节课学生可能会出现不能准确找到球的中后部让球直线运行，所以采取游戏等多种练习方法，由易到难循序渐进，提高学生的运球能力。

三、教学目标

1.初步学习脚背直线运球的动作方法，使85%左右的学生能够完成动作，并做到触球位置准确直线行进力度适宜，15%左右的学生能够直线行进。

2.通过本节课的教学，发展学生下肢力量与身体的灵敏、协调能力。

3.培养学生认真倾听的习惯，刻苦锻炼的精神，合作学习的能力，团队协作的意识。

四、教学重难点

重、难点：触球位置；直线行进。

五、教学过程

【开始部分（3分钟左右）】

1.体委集合整队，报告人数，检查服装。

2.师生问好，宣布上课内容。

3.检查服装，安排见习生。

4.队列练习：原地踏步、立定。

（设计意图：培养学生良好的队列素养，增强学生集体意识。）

【准备部分（5分钟左右）】

韵律活动：1.健康动起来。2.专项准备活动。

（设计意图：将一般准备活动与专项准备活动合二为一，在一首欢快的歌曲中既完成了热身也进行了球性练习。）

【基本部分：主教材（19分钟左右）】

1.教师讲解脚触球的位置。引导学生并将课前给予学生的红色圆点贴于脚背位置。

（设计意图：讲解足球里脚的几个基本部位。然后利用标识让学生能够明确本节课所需脚背的位置。）

2.教师提问"触球的什么位置能够让球直线行进？"学生带着老师的问题尝试练习。之后师生讨论，引导学生观看视频，明确触球中后部。

（设计意图：让学生带着问题在练习中寻求答案，培养学生自主学习的意识和能力，调动学生学习的积极性与主动性。利用信息化手段让学生更直观的明确触球位置建立正确的动作表现。）

3.学生两人一组，练习原地踢固定球。告诉学生课前老师在足球上面也贴上了红点，练习中让足球红点向正后，同学们用脚背正面的红点触碰球上的红点。

（设计意图：让学生踢固定球降低练习难度循序渐进，学会学习方法。并利用球上和脚上的标识让学生明确脚触球的位置和触球中后部的位置。）

4.运球停球练习。

连续运球一次，停球。

连续运球两次，停球。

（设计意图：由踢固定球到连续运一次再到运两次，循序渐进掌握技术动作并自主学习观察技术动作培养自主学习能力，调动学生学习积极性。）

1人一组运停球10米往返。

2人一组运停球10米往返。

（设计意图：加长运球距离，加大运球难度，进一步巩固技术动作，并通过两人一组的合作练习激发学生兴趣，培养学生合作学习的能力与意识。）

5.游戏一：看红绿灯信号。在一定范围内直线运球，红灯停绿灯行，黄灯提示学生注意看老师。触球中后部，直线行进，力度适中。眼看信号，将球控制在脚下。

（设计意图：通过游戏化学习的方式引导学生在抬头注意观察的情况下运球，提高学生的练习兴趣，进一步掌握动作要领。）

6.游戏二：运球接力赛，10米往返。触球中后部，直线行进，力度适中，人球结合。

（设计意图：通过游戏化的方式，提高学生快速运球的能力，进一步提升动作质量，并培养学生竞争意识、规则意识，团队合作能力。）

7.游戏三：机智找球手。红队将黄色圆圈里的球运到红色圆圈里，黄队反之。

（设计意图：再一次通过游戏的方式，进一步提高难度，让学生在注意观察的情况下练习不同方向的快速直线运球，进一步巩固提高动作质量，培养学生集体荣誉感。）

8.教师小结。

【副教材："课课练"游戏："小动物世界杯"（10分钟左右）】

1.讲解游戏方法和规则。

游戏方法：

学生从一侧起跑，运用赶猪和兔子跳的方式，将球运到对面，折返时用脚运球到指定位置将球停在圆环里，跑回起跑线击掌后下一同学出发，哪组四名同学都完成哪组获胜。

游戏规则：

（1）按照指定方式完成比赛。（2）球必须停在圆环内。（3）始终将球控制在脚下。

2.学生练习。

（1）赶猪练习。（2）兔子跳练习。

3.组织教学比赛。

要求：2人赶猪，2人兔子跳，依次完成比赛。

4.宣布结果、小结

【结束部分（3分钟）】

1.学生和平。

2.放松舞蹈《喵晚安》。

3.课后小结。

4.师生再见。

5.下课收放器材。

教学反思：

上完这节课后，从教学目标达成情况来看，本节课基本达到了课前的预想效果。玩是孩子们的天性，学生喜欢体育课的第一个直接原因就是体育课有得玩，他们认为玩是体育课的主调。的确，体育课如果丢了这一点，尤其是对于低年级的孩子来说就会不喜爱甚至讨厌上体育课。所以，我在课的设计上力图在保证知识点的传授下，运用合作互学与游戏的形式贯穿始终完成教学。

本节课的教学内容是运球游戏。考虑在前期的调查中本班学生无论男生和女生对足球的兴趣都非常高，所以在分组时按照两两搭配，男生在小组里想充分地展现自己的足球能力，女生也不甘示弱想拼命追赶上，再搭配上各个游戏环节，整堂课的学习氛围高涨。

在课堂中实时关注学生的学习情况，及时对小组学习的情况进行评价，这样在教师主导的情况下，充分发挥学生之间的合作学习力量，更好地激发学生学习的积极性，这样有利于针对每个小组的优缺点，教师给予实时的指导帮助，加大课堂密度，提升学习质量。

整堂课，学生做到有序认真，非常遵守纪律，在规定的场地按照老师的要求进行练习。学生看似玩，实际上他们也在认真体味所教的内容；形式地变换，让他们在欢快中达到了教学目标。

·专家点评

胡老师执教的水平一《小足球：运球游戏》充分体现了合作、互动、高效、幽默的教学风格。

本课教学目标明确。众所周知教学目标引领内容，胡老师的课充分体现三维目标的和谐统一，即知识技能、身体健康、情感态度价值观的和谐统一。目标适切，并且在开始部分就向学生说明学习目标是学会脚背直线运球的动作方法。在教学过程中每一项练习目标明确，从踢固定球到运一次球、运两次球、连续运球，从直线运球到不同方向的运球，步子"小"，循序渐进，反馈"快"，课堂效果显著。

本课还注重技能的传授与游戏化教学相结合。课程改革经过十多年的探索，从刚开始的快乐教学，从不注重技能掌握已逐步过渡到一定技能的掌握。胡老师突出脚背直线运球的动作技能的基础性，又根据学生的年龄特点采用游戏化的教学方法突破重、难点。基本部分利用即时贴将触球部位进行标识，注重学生为主体的教学理念，充分发挥同伴的合作学习掌握脚触球位置的重点；利用"红绿灯"，"接力赛"，"机智找球手"等游戏手段，充分地激发学生的学习兴趣，在课堂中让学生自己体验触球部位，自主学习，让学生真正的成为课堂的主体。陶行知先生曾讲过：教是为了不教，要利用学生已有的经验去学习知识。胡老师充分相信学生，给学生自主合作学习的机会，培养学生终身体育意识和习惯。

本课提升学生练习密度促进了对运动技能的掌握和身体素质的提升。本课学生的练习密度达到了练习密度56-58%，平均心率124—128次/分钟。胡老师在课堂上给了学生更多的时间，学生的练习时间和次数远大于传统的体育课堂，接近于一倍的练习时间，对学生更好的体验、掌握动作起到了很好地促进作用。

关注个体差异，确保每一个学生受益。本课最大的亮点是对一位"特殊"学生的指导，胡老师通过语言激励，随时都关注着这位学生的掌握情况，让这位学生体验到运动的乐趣。总体印象胡老师基本功扎实，遵循由易到难的教学规律，层层递进展开教学，注重对学生规则意识的培养。在游戏的过程当中，教师与学生一同进行游戏，拉近师生间距离。利用信息化手段，通过慢动作播放和局部动作的放大特写对学生理解技术动作起到了很好地促进作用。

（点评：郭金贵　北京市特级教师）

体育课堂变革—— 导习探究课

　　传统意义的教学中，教师通过讲解、示范等方法直接引导学生按照教学步骤完成教学任务。学生为被动，教师为主动，学生为接受式学习，学习兴趣不浓，学习的积极性没有被激发。相反，如果教师在课堂教学中不直接向学生转述知识，而是组织引导学生自学求知，把教学活动的重心从"教"转移到"学生"上，把教师的职能从"授"转移到"导"上，把教师在课上的职能行为定界为主要是"导"，把学生在课上的学习行为规范为主要是"自学"；教师由知识的传递者变为引导者，学生由被动接受变为主动学习，极大地调动了学生学习的积极性和主动性。如武术课中套路组合学习，传统教学中教师带领学生复习基本手势、步伐，之后再做组合练习、套路练习，学生反复跟着老师练习，直至动作熟练、到位。而我校武术课教学采用新的教学模式，老师课前录制套路视频，课上通过多媒体播放视频，学生通过观察，分析套路中所涵盖的基本步法与手势，学生从一开始便进入"主体"，针对自己观察进行小组讨论，针对每一个步法小组练习，针对某一问题纠正完善。教师"导"，学生"学"，"导"为主体，"学"为主线，以"学"定"导"，为"学"而"导"。学生由被动、依赖性学习转向主动、独立性学习；由被动接受转向主动探究性学习。

　　孔子曾提出过"知之者不如好之者，好之者不如乐之者"。教师通过体育教学引导调动了学生学习的兴趣，学生学习诉求得以满足，这种满足如何继续维持是老师重点关注问题。教师在学生兴趣产生，主动参与"学"后，进一步抛出新的问题，或是提升问题难度，学生自主寻找答案、引发思考，与小组同学更深一步探究学习。教师在教学中要开拓思维，武术课套路学习不能只满足于学生对固定套路的学习。"你还能根据这几个基本动作创编出新的组合、套路吗？""你能用我们学过的动作、手势创编新的组合、套路吗？"老师只负责把问题抛出，让学生自己寻找答案，学生在"寻找"中发现组合和动作的联系、套路与组合的联系，小组合作中出谋划策，明确已任，加深合作。在富有开放性的问题情境中，学生的思路开阔了，思维火花闪现了，教师给学生提供了尝试的机会，学生的兴趣得以持续，学生的探究能力得以提升。

体育课程的特点决定了学生体育课上要以身体练习为主要学习内容，只有身体承担了一定的运动负荷，学生的体制才能增强，学生的技能才能掌握。体育课的练习密度是衡量教学质量的一个重要指标。针对不同教学内容合理安排练习密度是必要的。以导学方式激发学生的兴趣，在教师的"导"的引导下，学生学会探究式学习方法，学生主体的积极主动参与使课堂练习密度相对于传统教学有了显著提升，从而实现体育课堂教学的最优化。

体育教学，是通过体育教师的教，发挥教师在教学过程中的主导作用和调动教学的主体（学生）学的过程。学生在教师的指导下，通过积极主动地练习，对所学知识产生新的领悟，一方面可以培养学生的求知欲和创新精神，体现其学习上的主体性；另一方面能及时准确地反馈学生的思维活动过程和运动能力的强弱，使得体育教学更加顺利进行，做到有放有收，这样就能克服主观性和盲目性的教学。

教师的主导作用发挥的优劣，将直接影响到课堂教学的成功与否，主导工作做得好，就能激发学生的学习兴趣和求知欲望，学生有了自身的学习兴趣，就可以使他们自觉地、积极地进行练习。教师要在每一节课中自始至终地发挥其良好的主导作用，"控制"全局，有力地影响到每一个学生，但是要注意主导并不是"强管"，学生永远是教学过程中的主体，主导不是要学生盲目地、机械地接受教师的讲授，"控制"也不等于取消学生独立思考和正常的练习，只是在教学中应始终让学生感受到教师的帮助和关怀。

教师在教学活动过程中，在发挥自身的主导作用时，要有意识、有目的、有计划地引导学生，利用学生在课堂中的自我活动，自我发展，自我需求，充分发挥学生的主体作用，这是保证教学正常开展的重要原则。

这种主导，是指教师根据学生的实际情况和学校的环境条件，对学生进行适当的引导，开启学生的思维，促进学生积极练习，使学生做到手脑并用，质疑解疑，把教师所授知识转化为学生自己的知识，并使学生的各方面能力都得到发展，而不是把学生当作"知识容器"，教师居高临下，滔滔不绝，盲目地灌输；也不是代替学生的学习和锻炼。因为在教与学的双向关系中，如何教，在教师；如何学，在学生。而高明的教师就在于能够正确引导学生，能充分调动学生的学习兴趣，使学生感受到是由初时的教师"要我学"变成学生本人的"我要学"，并随时根据学生的课堂表现和信息反馈，来及时调整教学的方法。学生通过课堂教学来掌握学习方法和运动技巧的过程，虽然由于他们的身体素质以及各方面的条件不同而有所差异，但都是一个由不会到会、由模糊到清晰、由生疏到熟练、由认识到实践的过程，这就更需要教师认真去"导"。

综合以上内容，从以下几个方面阐述导学探究。

一、导向

在开学前应制定导向计划，在课中应有导向措施。导向应体现三方面的要素：即教学目标——必须学什么；教学策略——如何教、如何学；教学评价——获得反馈信息，反馈评价意见。如一节课的"导向"包括：教学任务、教学内容、教学方法、教学评价等。

二、导趣

培养学生的兴趣，就是培养学生经常性地、创造性地获得知识的意向，并且使所学的知识逐步达到更高的系统化意向。

三、导法

体育教学必须瞄准学生的未来生活，教会学生锻炼身体的方法，培养学生基本活动能力，让学生弄清锻炼的原理、价值和锻炼评估指标以及掌握体育锻炼的卫生知识等，让他们将来的自我锻炼更趋科学性和实践性。

四、导知

传授体育的基本知识、技术、技能是完成体育教学任务的主要内容之一。因此，在体育教学中，应注意体育基础知识的传授。

五、导思

我们认为体育教学不应只是让学生被动的掌握几种方法，而应让学生创造性地、积极地学习。教师在教学中积极启动学生的思维，不仅对学生掌握体育的技术有积极的促进作用，而且对开发学生的能力，发展学生的个性，有着其它学科不能替代的作用。

六、导德

体育教学作为向学生进行思想道德品质教育和建设社会主义精神文明的重要手段之一，应正确引导学生形成良好的品德。思想教育要结合体育的特点，渗透到体育教学的每个环节中去。

导习探究课例：发展前滚翻能力的练习

李焕军

一、教材分析

本单元教学内容选自《体育与健康》（人民教育出版社2013版）体操类活动技巧教学单元。小学技巧教学包括滚动、滚翻、倒立等动作内容多样，是小学生喜爱的体育项目之一。通过本单元《发展前滚翻能力的练习》教学，对发展学生的灵巧、柔韧、协调等身体素质有明显的提高作用。学生在低年级学习过前滚翻动作，主要要求是团身紧滚动圆滑。水平二学习的是发展前滚翻能力的练习，主要要求是蹬地有力蹬伸充分，对今后学习组合动作和更高级的技巧动作有很好的铺垫作用。发展前滚翻能力的练习还能培养学生自信、勇敢、坚毅、和敢于克服困难的意志品质，同时对培养学生的合作学习意识与能力有很好的帮助。

本课是发展前滚翻能力教学单元的第一次课，要求学生在掌握前滚翻的基础上学习俯撑前滚翻和远撑前滚翻。教学重点是两脚蹬伸、滚动圆滑。难点两腿蹬直，收腿团身连贯。本课教学对丁锻炼学生勇敢果断快速反应的能力和提高身体的协调性、柔韧性有很好的锻炼价值。同时也为进一步更好地完成较难的发展前滚翻能力练习奠定了一定基础，对于培养学生间的合作意识与能力都有很好的帮助作用。游戏选择课课练内容，以游戏化教学方式，利用模仿动物爬行发展上下肢力量和协调配合能力，与主教材相互呼应，学生参与兴趣高，锻炼价值强，教材搭配科学合理。

二、学情分析

四年级学生正处在生长发育关键期，身体力量比低年级有明显提高，模仿能力强。学生思想活跃，求知欲较强，他们的组织纪律性和自信心以及集体荣誉感较强。在以前的技巧教学中学习过各种滚翻动作，对体操教学有基本的认识并能够掌握前滚翻动作。所以教师设计由复习前滚翻引入，通过合理的辅助练习和本节课所学内容建立联系，帮助完成教学任务。由于学生可能会出现因为双脚蹬伸力量不足，滚动不圆滑的问题，所以我设计教学过程时重点练习学生蹬伸动作，做提高蹬腿力量的练习，较好地帮助学生完成学习任务。

本节课所教授的四年级3班学生在低年级体育教学中学习过各种滚翻练习，通过前测有97%的学生能够完成前滚翻动作，但同时也有80%的学生身体控制能力不是很强，在滚动过程中腿部的蹬伸不充分。本班学生课堂常规较好，学习能力较强，教学中教师注重加强学生体操意识的培养，充分利用小组合作学习方法相互帮助、检查共同提高。其中，本班有两名学生蹬腿力量不足滚动速度不够，可能完成动作会出现一些困难，针对这两名同学，我在巡视过程中重点辅导。

三、教学目标

1.在掌握前滚翻的基础上，练习俯撑前滚翻和远撑前滚翻，使90%以上的学生能够完成动作，做到两脚蹬伸，滚动圆滑。

2.通过发展前滚翻能力练习和游戏活动发展学生上、下肢力量、身体协调性、灵敏性等素质。

3.培养学生认真学习的态度，合作学习的意识和能力及勇敢果断的意志品质。

四、教学重难点

重、难点：两脚蹬伸、滚动圆滑；两腿蹬直，收腿团身连贯。

五、教学过程

【开始部分（3分钟左右）】

1.体委整队，报告人数，师生问好。

2.宣布本课学习内容，提出要求。

3.检查服装，安排见习生。

队列练习——跑步走——立定。

组织：四路纵队。

教法：教师指导学生集体练习。

要求：

1.精神饱满，口号宏亮。

2.动作到位，队列整齐。

（设计意图：培养学生良好的队列素养，增强学生集体意识。）

【准备部分（5分钟左右）】

1.听音乐做垫上操。

2.专项准备活动。

教法：听音乐教师带领学生集体练习。

要求：

1.动作部位正确，幅度大。

2.姿态优美，节奏清楚。

（设计意图：活动身体各部位避免运动损伤，通过专项准备活动让学生体会摆臂蹬腿动作。）

【基本部分（19分钟左右）】

1.复习前滚翻动作。

（1）学生示范一次前滚翻，其他学生说要点。

要求：认真观察积极发言。

（设计意图：复习已掌握内容让学生说出动作要点，提高练习效果。）

（2）集体练习后倒蹬直腿.绷脚尖。

（设计意图：体会滚动中两腿蹬直的感觉，绷脚尖提高体操意识。）

（3）学生练习前滚翻。

要求：控制腿在空中姿态，提高体操意识。

（4）增加难度两人一组（两块垫子）练习。

要求：增加蹬腿力量，完成滚翻动作。

（设计意图：利用两块垫子增加滚翻难度让学生体会加大蹬腿力量完成动作，为后面完成提高难度的滚翻动作做准备。）

2.俯撑前滚翻练习。

（1）教师示范完整动作。

要求：认真观察教师示范动作。

（2）集体练习俯撑蹬腿。

要求：体会腿部蹬伸，控制身体姿态。

（设计意图：体会蹬腿，为完成完整动作做准备。）

（3）学生两人一组（两块垫子）练习。

要求：由高处向低处翻降低动作难度，体会完整动作。

（设计意图：由高向低，降低动作难度体会完整动作。）

（4）教师出示小障碍继续练习。

要求：头不要碰到小障碍，手向远伸。

（5）优秀生展示。

要求：认真观看，共同提高。

（设计意图：发挥榜样作用，激励学生继续练习。）

（6）学生再次练习。

3.远撑前滚翻练习。

（1）教师示范完整动作。

（2）原地练习两臂前摆蹬地练习。

要求：体会双脚蹬地有力。

（3）两人一组（两块垫子）利用小障碍练习。

要求：头不要碰到小障碍，手向远伸。

（4）利用三个不同远度（红、蓝、白）的线再次练习。

要求：自我评价，提高练习效果。

（设计意图：利用越过不同远度完成练习，提高动作质量并对自己进行评价。）

（5）优秀生展示。

（6）集体展示再次练习。

【副教材——游戏：爬行动物运动会（10分钟左右）】

1.讲解游戏方法和规则。

游戏方法：

爬行动物运动会。将学生平均分成8组，游戏开始，每名同学先在教师的带领下尝试不同的动物移动方式。"鳄鱼爬""猴子跑"教师规定移动方式比赛一次，学生自己安排四名同学用不同的方式比赛一次。

游戏规则：

（1）出发时，不得抢跑或越线。

（2）移动过程中严格按照所模仿动物的移动方式进行比赛。

2.组织学生练习。

3.开展教学比赛。

4.教师宣布比赛结果、小结。

【结束部分（3分钟）】

1.听音乐垫上放松练习。

2.课后小结。

3.师生再见。

4.下课收放器材。

教学反思：

1.教学过程中教师首先利用讲解、示范、集体练习，让学生对所学动作有初步认识，接着教师让学生在越过标志物的情况下完成前滚翻，提高动作难度，最后让学生选择不同的标志线完成动作，提高动作质量，教学过程以小组合作学习的方式完成并引导学生自主学习充分发挥学生的主体地位，为学生搭建交流学习的平台。通过练习，学生的技术动作水平显著提高，同时培养了学生间的合作能力。

2.本课学习过程中注重学生新老知识的衔接，在学习新知识前复习已掌握技能如先练习前滚翻内容为所学内容作有效铺垫。教法设计由易到难循序渐进，辅助练习有效实用。

3.教学过程中教师利用信息化手段让学生观看俯撑前滚翻的慢动作视频，学生能够直观的感受腿部蹬直和收腿团身动作时机，对完成本课教学难点起到积极作用。

4.课堂教学中利用模仿不同动物移动的方式完成上下肢力量和身体协调性的练习，并采取分组尝试和小组比赛相结合的形式完成，充分调动学生练习兴趣收到良好效果。同时体现一器多用的理念，为课堂实效性提供保障。

·专家点评

李老师的《发展前滚翻能力的练习》一课，在继承传统教学优势的基础上又敢于突破，将教师在课堂上的主导性与学生的学习主体地位很好地结合，很令人敬佩。教学设计有以下几点亮点：

本课运用建构主义理论，教学过程中在学习新知识前复习已掌握技能如先练习前滚翻，让学生进一步明确前滚翻技术中蹬地、提臀、团身的动作要领，为学生接下来俯撑滚翻和远撑前滚翻作有效铺垫。教法设计由易到难循序渐进，辅助练习有效实用，突出了教学重点，使每个学生在原有技术动作的基础上都得到了很大的提高。

在做练习中，利用信息化手段辅助，先以讲授法、演示教学法，给予学生理论直观的学习方式，让学生自主学习，分组合作学习，帮助对方完成动作，教师在学生练习中巡视、指导学生的动作，和学生之间保持和谐融洽的师生关系，良好的生生互动和师生互动使一项单一的教学内容变的丰富多样化。

整堂课学生练习密度达到52—54%，平均心率125次/分钟，远大于传统体操类教材教学的练习密度。教师对教材重、难点进行分解，精心设计由易到难的不同练习，每一个的练习重点突出、环环递进，用不同练习引导学生的学习，精讲多练。通过给予学生更多的练习次数和练习时间，在引导学生很好地掌握教材重难点的同时，提升了学生前滚翻的能力，增强了学生身体力量和协调性等多项身体素质，收到了很好的教学效果。

本课设计中教师还很好地利用了"小栏板"这一辅助教具，通过这种教具让学生对不同远度的前撑前滚翻动作有了直观的空间概念。同时教师又利用这一辅助教具进行分层教学，让学生自选不同远度的前撑前滚翻，既鼓励学生勇于克服困难、挑战自己，又让不同能力的学生在自己原有水平的基础上取得不同的进步，获得成功的喜悦，很好地调动和保护了学生参与体操类教材学习的兴趣和积极性。

（点评：郭金贵　北京市特级教师）

第七节

科学篇

KEXUEPIAN

智慧教学范式——科学学科课堂样态

陈 颖

　　小学科学课程是一门活动性和实践性课程。在活动与实践中学习科学，既符合儿童认知发展的阶段性特点，也是课程内容本身的要求。活动性表现在小学科学课程把探究活动作为学生学习科学的重要方式，强调通过学生亲身经历动手动脑活动，学习科学知识，了解科学探究中的具体方法和技能，提高科学能力，发展科学态度。实践性强调从学生熟悉的日常生活出发，与生活中的实际应用相联系，尝试解决简单的生活实际问题。为了使课程落到实处，拟采用科学课堂新样态支撑科学课堂教学，引发"真问题"，促进学生的"真研究"，以此进一步提升学生的科学素养。

　　核心理念

　　科学素养是指了解必要的科学技术知识及其对社会与个人的影响，知道基本的方法，认识科学本质，树立科学思想，崇尚科学精神，并具备一定的运用它们处理实际问题、参与公共事务的能力。

　　为了使课程落到实处，我们以民主、对话、生成为基点，通过教师教学形成民主的课堂氛围，从而形成师生畅通对话的局面，并以此促进学生的生成，学生的生成又可以进一步促进课堂教学，形成良性循环。

　　以科学观念与应用、科学思维与创新、科学探究与交流、科学态度与责任四个维度为科学教学的核心理念。

科学课堂样态图

科学课堂样态解读

一、培养目标

1. 科学观念与应用

是从科学角度形成对自然现象的基本认识，是科学概念和规律等在头脑中的提炼和升华，是运用科学知识和方法解释自然现象和解决实际问题的能力。它是其他素养的重要基础，特别强调学生对核心科学知识的深度解释以及灵活应用。

2. 科学思维与创新

是从科学视角对客观事物本质属性、内在规律及相互关系的认识方式，是对科学中的基础理论、理想模型和经验事实之间关系的理解，是分析综合、抽象概括、推理论证等科学思维方法的内化，是基于事实证据和科学推理对不同观点和结论提出质疑、批判，进而提出创造性见解的能力与品质。它主要包括模型建构、科学推理、科学论证、质疑创新等要素，是科学学科核心素养的核心，在科学一般思维基础上，强调创造性思维。

3. 科学探究与交流

是一个过程，是一种科学学习的方式和科学研究的方式，是形成科学观念、发展科学思维、形成科学态度的主要手段和途径，同时也是一种综合的能力。科学观念与应用、科学思维与创新、科学态度与责任是通过科学学习培养的核心素养。

4. 科学态度与责任

是指在认识科学本质、理解科学、技术、社会、环境（简称STSE）关系的基础上形成的，具有学习科学和技术应有的正确态度以及责任心，具有学习科学和探究自然的内在动力，严谨认真，实事求是和持之以恒的探索精神，独立思考，敢于质疑和善于反思的创新精神，以及保护环境、推动可持续发展的责任感。它主要包括科学本质、科学态度、社会责任的要素。

二、实际获得

1. 理性思维

崇尚真知，能理解和掌握基本的科学原理和方法；尊重事实和证据，有实证意识和严谨的求知态度；逻辑清晰，能运用科学的思维方式认识事物、解决问题、指导行为等。

2. 批判质疑

具有问题意识；能独立思考、独立判断；思维缜密，能多角度、辩证地分析问题，做出选择和决定等。

3. 勇于探究

具有好奇心和想象力；能不畏困难，有坚持不懈的探索精神；能大胆尝试，积极寻求有效的问题解决方法等。

4. 技术应用

理解技术与人类文明的有机联系，具有学习掌握技术的兴趣和意愿；具有工程思维，能将创意和方案转化为有形物品或对已有物品进行改进与优化等。

5. 社会责任

自尊自律，文明礼貌，诚信友善，宽和待人，具有团队意识和互助精神；能主动作为，履职尽责，对自我和他人负责；热爱并尊重自然，具有绿色生活方式和可持续发展理念及行动等。

6. 珍爱生命

理解生命意义和人生价值；具有安全意识与自我保护能力；掌握适合自身的运动方法和技能，养成健康文明的行为习惯和生活方式等。

我们都知道，科学研究一般分为理论研究和应用研究。前者主要是亲历科学探究的基本流程来认识事物、理解事物的变化与构成，即借助观察、实验等方法获取证据，并通过一系列数据求证，得出结论等，这就是我们所说的"科学研究"。后者则主要经历工程设计的基本流程，通过获取生活需求、可行性分析、技能学习等一系列步骤，使学生尝试解决生活中的问题，并通过工程思维和统筹规划制造出一定规模的产品，就是我们所说的"科学实践"。两者之间的关系，相辅相成。科学探究为科学实践提供理论和方法基础，科学实践反过来又能发现一些新的可供我们进一步开展科学探究的课题。

科学探究将主要通过"观察探究课"与"实验探究课"加以落实；科学实践将主要通过"信息共享课"与"工程技术课"加以落实。

科学课堂变革——观察探究课

（1）界定

以观察为主要内容组织教学过程的课属于观察探究课。它是一种指导学生有目的、有计划地利用感官及工具对自然现象、物体特征及属性、动植物生长及其他习性等进行系统地观察，以获得知识、经验，并培养观察、分析、比较和概括能力的教学活动。

（2）基本模式

活动准备 ➡ 自主观察 ➡ 交流研讨 ➡ 形成共识

（3）典型课例

关于动物、植物的内容绝大部分是观察探究课：

三年级上册的《植物》《动物》单元；

三年级下册的《植物的生长变化》《动物的生命周期》单元。

（4）实施建议

①按顺序有重点地观察。可以按空间顺序、时间顺序观察，作好必要的记录。

②运用比较的方法，在全面仔细观察的基础上，联系同类事物或相关事物，进行分析比较以便捕捉到事物的特点。

③边观察边思考，引导学生运用联想、想象的方法。在观察中，引导学生边看边相互议论："看到了什么?是什么样子?想到了什么?为什么这样想?"使学生运用已有的知识和经验，由此及彼，由表及里地进行思索，分析比较。

④观察要实事求是，以保证观察结果的可靠性。观察时要注意各种细节，边观察边记录，详细、客观、真实、全面地记录下观察的情况，不可以把现象与解释混为一谈；观察目的一定要明确，切忌盲目观察，不放过似乎是偶然发生的现象；运用多种方法、多种感官观察。

观察探究课例：动物的卵

桑 尼

一、教材分析

我们常说的科学素养的达成，理解起来其实就和一名科学家真的在做研究一样，需要通过提出一个问题、获取证据、经历完整的探究活动、塑造科学的思维方式，学生思维的深度参与，会使他们在课堂上更有收获。由于很难完全掌握学生的课堂生成，在授课过程中一旦遇到学生生成，老师们要么是按照既定顺序强制学生按照老师的思路走，要么就是跳出课件再做操作。但我们可以借助"新样态"中观察探究课的授课模式与思路，准备丰富的教学资源，利用希沃软件页码的卷展栏自如的控制显示内容，应对学生生成，照应学生思路。当学生获得"卵生动物"概念的时候，教师就可以趁此机会利用演绎思维，让学生举出生活中卵生动物的例子，教师通过播放页清单给学生投射不同种类的生物，打破线性顺序，完全依据学生所说的顺序予以出示，从而使课堂呈现更为灵活，保护了学生课堂的即时生成。同时，这些课堂生成也可以保存下来，作为教师进一步教研的素材。

从单元内容的框架结构中，我们不难看出："新的生命"单元，从"花"到"果实"，从"种子"到"种子的散播""种子的萌发"，无不指向核心概念——"繁殖"。而本课《动物的卵》也是紧紧围绕"繁殖"这个核心概念开展教学。

本课承前启后，从植物的繁殖过渡到动物的繁殖，也就是从前面学过的植物种子的结构、作用、萌发条件等知识联系到对动物卵的研究，在探究植物新生命孕育之后，探究动物是如何孕育新生命的。

将"种子的萌发"一课中使用的观察、研究方法迁移到对卵的研究中。当然，卵的孵化对空气、温度、水分等方面的需求也是需要关注的重要方面。正是因为我们对概念有了准确的分析，这节课才能够有明确的指导思想和教学模式。

二、学生分析

学生已经学习了植物繁殖的一些知识。本课是由植物的繁殖联系到动物的繁殖，由植物的种子联系到动物的卵，在探究植物新生命孕育之后，探究动物是如何孕育新生命的。奥苏泊尔在他论述的有意义学习理论中强调：在新知识的学习中，认知结构中的原有的适当观念起决定作用。这种原有的适当观念是否稳定、清晰，对新知识起固定作用，故称这种观念为起固定作用的观念或译"固着观念"。

本课教学前学生已经对植物的繁殖方式有了一定的研究基础，学生们知道植物是通过种子发育成长为一棵新的植物的。种子的萌发需要充足的水分、适宜的温度和足够的氧气；在种子发育的过程中，"胚"会发生变化。胚根发育成植物的根；胚芽发育成植物的茎和叶；子叶为胚根、胚芽的发育提供营养。另外，因为鸡蛋是生活中常见的动物的卵，学生有一定的感性认识，将它作为研究对象，有助于调动孩子的已有经验，学习起来会比较容易。

当然，学习中也存在着困难。比如：学生对动物的卵了解并不多，在"请你画出鸡卵（蛋）的内部结构"的问题中，有95%的学生能明确标出卵壳、卵白、卵黄的结构，但对于其他更加细微的结构（如：胚、卵壳膜、气室）则认识不足。全班学生呈现的共性问题是在描述卵结构的名词术语时都呈现出不同程度的不严谨和不规范的情况。这说明学生对于生活中的卵虽有接触，但缺乏仔细观察的过程，需要观察方法上的指导。

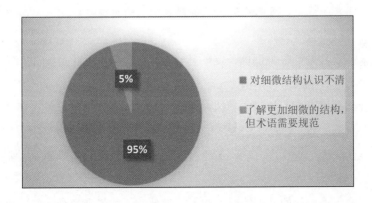

【策略】

通过使用信息技术手段将学生对动物的卵的结构可视化、可操作化，便于学生的理解。

三、教学目标

科学概念：举例说出多种动物都需要产卵，说出卵相似的构造；说明像青蛙、鸡这样繁殖后代的方式叫做卵生，靠卵繁殖后代的动物叫做卵生动物。

科学实验：观察鸡的孵化过程，从寻找生命特征入手观察鸡卵的外形和内部结构，推测它的作用。

科学态度：感受生命的多样性和延续性。

四、教学重难点

教学重点：观察鸡的孵化过程，从寻找生命特征入手，观察鸡蛋的外形和内部结构，推测它的作用。

教学难点：说出卵相似的构造。

五、教学过程

【环节一：聚焦话题】

师：这是我们上节课观察过的种子。种子的各个结构在今后种子的萌发过程中起到了什么作用？ 像小鸡这样的动物是怎么繁殖的呢？

师：根据我们所学的植物种子结构，你猜想动物的卵可能由哪些部分组成？有没有一些可能我们遗漏的部分？我们就来按照由外到内的顺序实际观察动物的卵。

（教学意图：引导学生回顾前面有关植物繁殖的相关知识。这样的回顾方式让更多的孩子参与了进来，可以广泛地了解到孩子们的想法。）

【环节二：实验探究】

师：大家看到的卵最外面的一层叫什么？ 它的作用可能是什么？你的依据是什么？（预设：和内部的液体相比比较坚硬、外面有小气孔。）

师：我们要想更深入的研究卵的内部结构，就离不开解剖这种观察方法。我们先观察一下煮熟的卵。在观察之前，请先仔细阅读PPT上的注意事项。

师：下面我们一起交流一下，卵的内部是由哪几个部分组成的？（卵壳膜、卵白、卵黄）

师：其实小鸡孵化的是生的卵，并不是煮熟的。如果老师给你们一枚生的卵，你还能找到这些结构么？

师：请一名学生演示磕鸡蛋。

师：我们一会儿就可以像他这样，通过这种方法把卵打开。借助放大镜仔细观察，看看你又有什么新的发现！

师：你们有什么新的发现？（卵黄系带、小白点）

师：刚才咱们通过解剖鸡卵，认识了它的结构，到底是哪个部分发育成了小鸡？它们在孵化中起到什么作用呢？如果卵黄孕育成小鸡的话，会发生什么变化？

师：到底是不是像大家猜想的那样，我给大家准备了小鸡孵化各时期的照片。

你们仔细看一看是哪个部分发育成了小鸡？其他部分又有什么作用？

（教学意图：通过对鸡卵的观察，能够描述出"卵"的基本结构，了解，卵各部分的功能，并形成正确的认识：卵壳能保护卵里面的新生命不会受到伤害；气孔可以与外界进行气体交换；"胚"是鸡卵里面非常重要的部分，能发育成小鸡。）

【环节三：总结概括】

师：卵的各部分，在它孵化、发育成小鸡的过程中，都起到了不同的作用。还有哪些动物是以卵的形式孕育新生命的呢？

小结：大家列举的这些动物叫做卵生动物，以卵繁殖后代的方式叫做卵生。

（教学意图：学生借助有内在联系的板书对前面的学习进行梳理，并且认识到像小鸡这样繁殖后代的方式叫做卵生，靠卵繁殖后代的动物叫卵生动物。）

六、板书设计

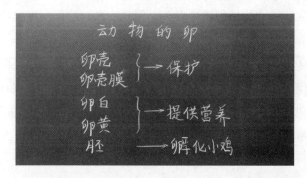

教学反思：

本课是四年级下册《新的生命》单元的第6课，是关于动物繁殖方式的第一课。在备课、上课的过程中发现了很多值得进一步思考的地方：

教材中有关"动物的卵"这一内容，重在观察动物卵的特征。为了更好地聚焦话题，并与之前所学建立联系，我提出了这样的问题：种子在什么条件下开始了发育过程？在种子发育的过程中，有哪些部位发生了改变？这个问题使学生的回顾一下子集中在了植物的"繁殖"这个核心概念上。学生的表现非常积极，踊跃地回答问题，并且通过他们的回答使我清晰地了解到学生对于植物繁殖这个内容的认识相当准确，发言中不仅表达出了种子萌发的条件，而且种子的结构及其作用回答得也很完整。由此我可以确认学生对植物繁殖的认识是可以用来迁移的。以此与本节课研究的"动物的卵"建立联系，还可以更好地激发学生学习的兴趣和探究的欲望。

回顾本单元前面有关植物学习的相关知识，对于本节课的学习至关重要。可以说，课前的回顾是对学生进入迁移过程的一次基本的考量，学生对植物繁殖的认识了解了多少、知识记得是否清晰等等这些都为后面的迁移提供了条件。看似几分钟的简单环节，实际很关键。通过比较让学生认识到，即使是同一类动物，它们的卵也存在很大的差异，有助于形成动物多样性的认识。如果这一内容花了大时间，后面肯定来不及，取舍上有困惑。最后，我把这个作为一种资料让学生了解，不进行异同点的比较。

鸡蛋是鸡的卵，本节课作为动物卵的代表，进行深入研究。让学生从中以点及面，了解到许多其他动物卵的共性。对鸡蛋的结构特点进行探究活动，把"外部、内部和熟鸡蛋"三个实验进行整体探究，对四年级学生来说是个考验。10多分钟的时间，学生的探究热情能维持多久，探究中参与的面，探究的效率，都需要进行关注。

科学课堂本身具备学生动手、亲身实践的属性。科学教学中帮助学生记录科学知识的形成过程，恰如其分的板书是沟通师生思维的桥梁，是课程教学中必不可少的环节。在利用信息技术之前，我需要清楚我的需求在哪里，而不是为了使用而使用。也就是说有哪些效果是必须由这项技术来实现的，这才是技术的"不可替代性"。

本课并非是单一对卵生动物、动物的卵结构的概念讲授，而是立足于"结构与功能"的核心概念开展教学。学生联系生活经验叙述对于动物卵的了解，从中我们不难发现，在众多动物的卵中，他们最熟悉的是鸡的卵。基于此种考虑，在后面的教学中教师选取学生熟悉的鸡卵作为研究的对象开展研究活动。从身边熟悉的事物展开研究能更好地激发学生探究的热情，而且鸡蛋学生们也经常吃，对于鸡蛋的内部结构也有一定的感性认识，用它作为研究对象有助于调动学生以往的经验和认知进行迁移。在前面推测鸡卵的结构中，学生的了解并不完整，有些结构没有涉及到，特别是"胚"这个重要的部分。因此，有必要引导学生进行深入细致地观察。设计实验环节中学生们能主动运用前面学习植物的观察顺序和观察方法设计后续的实验，这样做非常好。实验方法的迁移保证了学生们更好地开展实验研究。

老师进而通过假设、解剖、论证等步骤建立动物的卵各层结构与今后孵化后代功能间的关联。借助信息化手段，将学生的生成及时的记录并展示在互动白板上，并利用互动白板的交互性开展后续的汇报活动。这打破了传统课件使用上的单向性和线性思维，更有助于学生课堂生成的产生与记录，从而更好地推进了教学。通过将动物的卵和植物的种子相类比，在强化结构与功能这一核心概念的同时，形成"生命体之所以演化至今是有其必然原因"的意识。为今后对繁殖这一概念的进一步学习奠定了基础。

（点评：贾欣 北京市教育科学研究院基教研中心研究员）

科学课堂变革—— 实验探究课

（1）界定

实验探究课是学生根据对问题的猜想，确定实验方案，利用一定材料组装实验模型，控制实验条件，从而产生某种实验现象，并通过分析实验现象得出实验结论的认知过程。

（2）基本模式

提出问题 → 猜想假设 → 设计方案 → 观察实验 → 汇报交流 → 形成认识 → 实践应用

（3）典型课例

四年级上册《溶解》《声音》单元；

四年级下册《电》单元；

五年级上册《光》《运动和力》单元；

六年级上册《力与机械》单元等，都是典型的实验探究课。

（4）实施建议

①积极创设问题情境，精心设计发现过程，要周密考虑提出问题的每一个步骤和提出的方法，要注意激发学生的探究兴趣，提高他们探究真理的勇气。

②把培养学生的探究思维能力作为实验探究的基本目标。其培养过程应包括：引起兴趣，形成探究动机；洞察、分析、比较、提出假说；进行实验，验证假说等。

③提出规范撰写实验方案的要求。

④实验前必须要明确目的、方法、步骤、注意事项等。考虑不周到往往会造成实验数据的不准确，或出现安全问题等，甚至导致探究活动失败。

实验探究课例：昼夜交替现象

王 洁

一、教材分析

1. 在课标中的位置

《昼夜交替现象》是教科版五年级下册第四单元"地球的运动"第一课时的教学内容。隶属于《课标》中地球与宇宙科学领域。地球有周期性的自转和公转运动，会形成许多周期性的自然现象。

在太阳系中，地球、月球和其他星球有规律地运动着，地球自西向东围绕地轴自转，形成了昼夜交替与天体东升西落的现象。

主要概念	小学	初中
在太阳系中，地球、月球和其他星球有规律地运动着。	知道地球有自转和公转的运动，会形成昼夜交替、四季的自然现象。	用简单方法演示地球自转和公转、用地理现象说明地球的自转和公转。

2. 全册分析

教学内容进阶

教材	单元	学习内容
三上	水和空气	水圈、大气圈
四下	岩石和矿物	岩石圈
五上	地球表面及其变化	土壤圈，地球形态及成因
五下	地球的运动	地球的运动（太阳系中）
六下	宇宙	宇宙天体系统
初中	地球与地图	地球的大小、形状、自转与公转

空间由小到大：地球——地月系、太阳系——宇宙系统（银河系、宇宙）；

具体知识：微观——宏观——宇观。

3. 单元教学内容分析

课	内容	目标
1-5课	1. 产生昼夜交替现象的可能性解释； 2. 证明地球在自转； 3. 自转的周期、方向及特点； 4. 自转形成的自然现象——天体东升西落、时差、北极星不动等。	帮助学生认识地球的自转运动及其形成的自然现象。
6-7课	1. 证明地球在公转的证据（恒星周年视差、杆影的长短变化）； 2. 公转形成的自然现象——四季。	帮助学生认识地球的公转运动及其形成的自然现象。
8课	极昼、极夜现象。	帮助学生认识地球自转、公转共同作用形成的自然现象。

4. 本课教学内容安排

实验探究课是学生根据对问题的猜想，确定实验方案，利用一定材料组装实验模型，控制实验条件，从而产生某种实验现象，并通过分析实验现象得出实验结论的认知过程。《昼夜交替现象》一课，是教材中认识地球自转运动及其产生的自然现象的第一课。

人们对于"宇宙中心"的认识，经历了漫长的研究过程。哥白尼用了近20年时间的观测和计算，构建出了日心说的模型。基于科学史实，可以提炼出这样一个探究过程：基于现象提出假说——构建模型——搜集证据进行模型验证——与现象或实际观测数据进行比较——思考模型改变后，对实物采取同样的做法它将会怎样——发现新的问题——修改完善或重新提出假说——构建模型——搜集更多的证据进行模型验证——与现象或观测进行比较……但是对于五年级的学生来说，在针对于地球与宇宙领域的学习中应将"利用收集到的证据与实际观测数据进行比较"降低为"将收集到的证据与自然现象进行比较"。

因此，本课活动安排为：

探究过程	学生活动
提出问题	明确探究问题；意识到昼夜交替是有规律的，可能与地球和太阳的运动有关。
作出假说	提出关于昼夜交替现象成因的观点，提出有针对性的假说。
制定计划	选择想要证实或证伪的观点，形成探究问题；关注被模拟物的特征并据此选择模拟实验所用的材料。
搜集证据	基于假说构建模型，进行模拟实验；并尝试用模拟实验收集到的证据解释昼夜交替现象，从而判断模型对自然现象解释的适切性（即模型验证）。
表达交流	交流分享，确立能解释昼夜交替现象的假说模型。

二、学情分析

为了了解学生对构建模型中选择材料的认识和掌握程度，我对学生开展了前测。

1. 前测目标：

了解学生对构建模型中选择材料的认识和掌握程度。

2. 前测形式：

纸笔测试

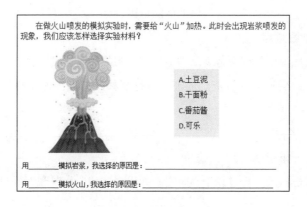

3.前测分析：

通过分析可以发现：较少学生意识到要根据被模拟物的主要特征选择实验材料；在之前的学习中学生很少接触到建构模型的相关问题，特别是本课中所涉及到的是相距很远。我们无法直接把它们放在一起去观察的太阳和地球的模型，并且它还是动态的，因此对于学生来说是有一定难度的；有些学生具有拿实验材料与被模拟物特征做比较的意识，但是他们在考虑被模拟物特征的时候，考虑的不够全面，或是抓不住它的主要特征。

因此本课将以实验探究课的形式、以科学建模理论为依据，进行教学活动的设计，提高学生在课堂学习中通过实验、探究获取相关科学概念以及建构模型的能力。

三、教学目标

科学概念：

说出昼夜交替现象与地球和太阳的相对运动有关。

科学探究：

1.提出能产生昼夜交替现象的各种假说。

2.能够根据被模拟物的特征选择实验材料。

3.构建模型进行模拟实验，并尝试利用收集到的证据进行解释。

科学态度：

认识到同一种现象可能有多种不同的解释，需要用更多的证据来加以判断。

科学、技术、社会与环境：

了解到与人类生活息息相关的一些自然现象的产生与地球的运动有关，意识到地球对人类生活的影响，具有保护地球的意识。

四、教学重难点

教学重点：说出昼夜交替现象与地球和太阳的相对运动有关。

教学难点：尝试利用收集到的证据进行解释，构建出能够解释昼夜交替现象的模型。

五、教学过程

【环节一：集中话题】

师：现在是白天，再过12个小时呢？如果再过12个小时呢？昼夜的出现有什么规律？

生1：白天完是黑天，黑天完又是白天，一直重复。

生2：白天晚上交替出现。

（设计意图：通过谈话引发学生关注：昼夜总是交替出现，即昼夜交替是一种有规律的现象，而有规律的事物是可以被我们认识到的。）

【环节二：实验探究】

师：昼夜为什么会交替出现？

生：因为地球既自己转，又绕着太阳转。

师：借助提前准备的图片，将学生的观点记录在黑板上。

师：你能借助这里的材料来表示一下吗？

师：出示材料：乒乓球、立式台灯、蜡烛、火柴、iPad、地球仪等。

生1：选择地球仪模拟地球、选择立式台灯模拟太阳。

生2：不同意他模拟的情景，在转的时候，地球不应该是某一个面一直朝着太阳，这样就是地球没有自己转了，应当在围绕太阳转的时候，地球也一直转动才对。

师：其他同学同意哪位同学的观点？

生：第2个。

师：除了这种情况之外，还有哪些运动方式，可能会产生昼夜交替现象？

生1：地球自己不转，只围绕太阳转。

生2：太阳围绕地球转。

生3：太阳一边自己转，一边围绕地球转。

生4：地球不围绕太阳转，自己原地转。

师：这些假说是否真能产生昼夜交替现象？我们需要通过实验来进行证实。

（设计意图：鼓励学生发散思维，针对昼夜交替现象的成因提出假说，经历作出假说的科学探究过程；通过让学生借助材料来表述观点，渗透要根据被模拟物的特征选择适合的实验材料，为模型的建构做准备。）

（1）分析太阳、地球的特征，选择模拟实验材料——思维建模

师：你们刚才为什么要用灯来模拟太阳？

生：因为灯会发光，就像太阳。

师：所以在模拟实验中我们要根据被模拟物的特征来进行材料的选择。

师：手电筒也会发光，能不能用它来模拟太阳？

生：不行，因为自然界中的太阳，它所发出的光是向着四面八方的，但是手电筒的光是朝着一个方向，这个和太阳不相符，所以不行。

师：这里还有一些蜡烛，可以用它来模拟太阳吗？理由是什么？

生：可以，因为它会发光，而且光是向着四面八方的，和太阳发光相符。

师：刚才同学用小地球仪来模拟地球，这个选择是否合适，为什么？

生1：可以，因为它的形状和地球相符。

生2：不行，因为它比用来模拟太阳的灯还大，但实际上不是这样的。

师：在进行模拟实验的时候，可以先抓住主要特征，但是能考虑到比例的问题，非常好，而且在以后的模拟实验中如果我们改进实验，让比例也合适，就更加好了。

师：除此之外，我还准备了iPad，如果用它来模拟一个我们的人体器官，你认为是什么？

生：我们的眼睛。

师：在这个模拟实验中，人在什么位置？

生1：在地球上。

生2：在北京。

师：如果地球运动了，人的视线会怎么变化？

生：应该跟着一起动。同步的动。

师：通过观察什么来判断是否产生了昼夜交替变化？

生1：看地球仪上是不是一会儿亮、一会儿暗。亮就说明是白天，暗就是晚上。

生2：眼睛是不是一会儿看到太阳、一会儿看不到太阳，如果一会儿看到一会儿看不到，就说明是昼夜交替了。

（设计意图：先在思维上经历建模的过程，将实验材料的特点与所建构模型中的被模拟物的特征建立关联，为构建真正的模型、进行模拟实验做好第一步的准备——分析被模拟物特征并选择恰当的材料。）

（2）建立模型进行实验，收集科学证据

师：出示学习单：先选择一个你们组最想证实的观点，并确定需要的材料。

学生先选择假说，再根据需要选择材料，开展模拟实验。

师：实验的同时填写记录单，做的快的小组再选择一种假说进行实验。

（教学意图：借助实验材料，在模拟实验中构建出基于假说的模型；经历搜集证据的科学探究过程，即在模拟实验的过程中为分析假说是否成立收集证据。）

【环节三：形成解释】

师：你们选择的观点是什么？在实验中观察到了什么现象？说明什么？

生1：我们选择的假说是——地球自己不转，只围绕太阳转。我们发现就像之前想的那样，太阳一会儿出现，一会儿不出现，所以我们觉得这种假说是成立的。

生2：我们选择的是——太阳围绕地球转，自己不转。我们发现在地球上看，太阳也是一会儿出现一会儿不出现，这个观点也是成立的。而且我们还发现，因为太阳是向着四面八方发光的，所以它自己转不转效果其实都是一样的，所以这种假说（太阳一边自己转，一边围绕地球转）肯定也是成立的。我们也试了一下，确实成立。

生3：地球一边自己转，一边围绕太阳转，也是成立的。因为你们看（随着视频播放一边解说）太阳出现了，太阳又没了，是交替出现的，可以产生昼夜交替现象。

生4：地球自己转，不围绕着太阳转。我们是选择蜡烛模拟太阳，结果跟他们都是一样的，太阳一会儿出现一会儿消失，这个假说是成立的。

师：暂时能被咱们认可的，可以解释昼夜交替现象的假说有几种？

生：五种都行。

师：这几种假说有什么共同点？

生：我发现不是太阳绕着地球转，就是地球绕着太阳转。

师：也就是太阳和地球之间在做相对运动。

（设计意图：尝试用模拟实验中收集到的证据进行解释，即将模拟实验中观察到的现象与自然界中昼夜交替现象进行比较，判断假说是否成立。发现几种假说都成立，从而构建出几种基于假说的模型，意识到同一种现象有多种可能的解释。学生经历比较、分析、归纳的思维过程，建立起昼夜交替现象与太阳和地球之间的相对运动有关的科学概念。并且感受到自然界的规律是可以通过一些手段被发现和认识的。）

【环节四：拓展延伸】

师：可是真实的情况只有一种，到底哪种假说才是形成昼夜交替现象的真正原因呢？要想进行进一步的求证，咱们还需要做什么？

生：再做更多的实验。

师：大家可以先在课下继续思考，下节课咱们再一起寻找新的证据吧！

（设计意图：学生意识到要想进一步证实假说应当继续寻找新的证据，与下一课的学习建立关联。）

六、板书设计

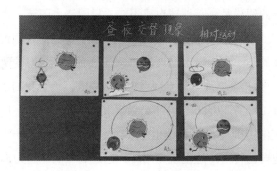

教学反思：

1.经历思维层面的建模

学生在针对昼夜交替现象提出一些假说之后，先经历思维层面上建模的过程。在探讨材料的选择时，将材料的特性与被模拟物的特征建立关联，头脑中建构出静态太阳-地球和人的模型；在思考应该在实验中观察记录什么现象时，实际上就在思考这个模型的运转，让静态的模型动起来。在此基础之上，学生再去真正的建模、进行模拟实验，先思再做，有利于学生对知识的获取。

2.改变观察视角，增强学生参与感

以往我们在建构太阳和地球相对运动的模型时，都是给学生提供模拟太阳和地球的实验材料，在进行观察时通常都是以站在太阳和地球外的第三视角来观察地球仪上的亮暗，从而判断是否产生了昼夜交替的现象。而在本次实验中，我给学生提供iPad，来模拟我们人类的眼睛，让学生在重演过程中首先感受到自己也是这个实验的一部分，增强他们的参与感和活动的积极性，同时也让他们以站在地球上观察外部的视角进行观察，因为古人就是这样进行研究的，我们在沿着古人的道路进行。

在建立模型进行模拟实验之前，对于"我们应当通过观察什么来判断是否出现昼夜交替现象"这一问题若给学生更加充分的时间进行讨论和强调，会更有利于学生在活动中收集科学证据，进行科学解释。

本课是在学校科学课堂新样态——实验探究课型指导下的教学，注重学生在课堂上的实验活动，更注重实验前、实验中以及实验后的探究。

实验前的探究，是为建构模型进行模拟实验打下基础。因为建模对于学生来说具有难度，通过分析实验材料与被模拟物的特征，先让学生在头脑中完成实物到模型的转换，再利用实验材料真正的构建模型进行模拟实验，使学生学会建模，同时培养模型思维。

实验中的探究，培养学生的实证精神。学生想要通过一节课的学习活动去证实或证伪他们所提出的假说，而证实或证伪的途径就是实证。因此老师要求学生在进行模拟实验的过程中搜集充足的证据，后边基于证据再去进行分析，这一点特别符合我们对于小学生核心素养中科学思维的培养。

而实验后的探究，则是培养学生基于实证的分析能力。可以看到，在课堂上老师引导学生按照一定的思维引导句式进行交流，学生在交流时谈到"我发现……因此我们认为……"从学生的回答中能够感受到对证据的分析，学生基于自己在实验中获得的证据去进行科学论证，实际上，这也是在实验探究中培养学生的科学思维。

总而言之，我们在听这节课的过程中，看到学生一直在围绕建模开展活动，在整堂课中学生开展具有逻辑思维的探究，在达成教学目标的基础上，也充分体现出了实验探究课的意味。

（点评：王思锦 北京市海淀区教师进修学校）

科学课堂变革—— 信息共享课

（1）界定

信息共享课主要是围绕着科学问题，让学生展开相互讨论与交流获取信息，形成科学事实，并以此形成基本的科学概念，从中培养和发展学生的科学探究能力和鉴别信息、获取信息、处理信息的能力。

（2）基本模式

提出问题 ➡ 收集信息 ➡ 讨论交流 ➡ 形成认识

（3）典型课例

很多单元的第一课和最后一课。第一课一般有"头脑风暴"的性质，引发学生对单元内容的认识，产生大量的前概念并暴露学生的认知冲突，甚至认知错误，如《我看到了什么》《寻访小动物》；

最后一课一般具有一定的拓展性和总结性，如《植物有哪些相同特点》《给身边的材料分类》《人类认识地球及其运动的历史》《探索宇宙》。

（4）实施建议

①学生在教师的指导下确定探究专题。在确定专题时要充分考虑学生的知识基础和信息能力，设计的题目要具体，不要过大过空，以免学生无所适从。讨论的问题如果不能与学生的知识经验相联系，那它就是不适宜讨论的问题。

②确定专题后，教师要指导学生如何进行有效的信息搜集和整理。

③要重视学生信息搜集整理情况的展示汇报，让学生充分发表自己的看法和意见。要重视学生科学思维的过程。

④教师引导学生根据汇报材料进行补充、归纳和总结，最终得出探究结论。

信息共享课例：一天的食物

桑 尼

一、教材分析

《一天的食物》作为"食物"单元的起始课，有"头脑风暴"的性质，引发学生对单元内容的认识，产生大量的前概念，并暴露学生的认知冲突，甚至认知错误。学生在以前的生活与学习中有着较多的体验，因此本课旨在引导学生用一种与以往不同的眼光来看待"食物"，发现食物与人体生命活动之间密不可分的关系。通过统计和给食物分类的活动，使学生发现原来我们一天中吃到的食物是那样的丰富，而且还可以划分出不同的类别。

二、学情分析

关于食物，学生在以前的生活与学习中有着较多的体验，这些体验都会构成本单元学习的基础。学生们对食物的关注常常是零散的，想到和遇到的问题多是喜欢吃什么、吃的是什么等问题，即使涉及饮食健康问题，得到的解释也不尽全面，有的甚至是错误的。

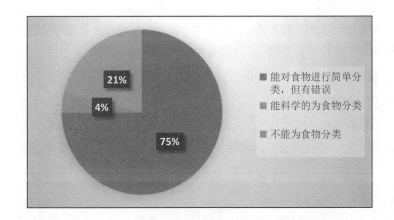

通过前测，学生对生活中常见食物的分类，有21%的学生由于不明确分类的标准，故不能对食物进行分类；75%的学生能对食物进行简单的分类，如生长地方、荤素等，但有的学生的分类标准并不科学；仅有4%的同学的分类比较准确、科学。由此说明了学生对食物分类标准的明确性和科学性是本课教学的重点和难点。

【设计思路】

对于学生来说，由于不可能把各种食物都搬到课堂上来，除了记录、讨论、分类和汇报外没有什么能引起学生的直接兴趣，因此，我采用信息共享课型，让学生展开相互讨论与交流获取信息，形成科学事实，并以此形成基本的科学概念，从中培养和发展学生的科学探究能力和鉴别信息、获取信息、处理信息的能力。通过小组合作，分组竞赛和经验介绍等，让学生专注于记录、讨论活动，在实践中提高学生的科学素养。记录、整理、分类是一种探究学习的方法，也是一种科学技能，学生会不会记录，怎么记录起来更方便，怎样整理才更清晰，按什么方法分类，这几方面可以鉴定学生科学技能的高低。

三、教学目标

科学概念：举例说出食物可以分成不同的类别；通过分析发现一天中所吃的食物是非常丰富的。

科学探究：记录一天的食物，并用多种方法对食物进行分类。

科学态度：在独立思考的基础上，积极参与集体讨论并表达自己的想法。

四、教学重难点

教学重点：记录一天的食物，并用多种方法对食物进行分类。

教学难点：通过分析发现一天中所吃的食物是非常丰富的。

五、教学过程

【环节一：聚焦问题】

师：俗话说"民以食为天"，我们每天都要吃食物，今天我们就来一起研究它。

（设计意图：通过快速话题聚焦，使学生把接下来研究的重点聚焦到各种各样的食物中。）

【环节二：实验探究】

师：这是我拍的咱们同学前两天的午饭，请你们一边看图片、一边回忆，讨论一下这顿饭你都吃到了哪些食物？

要求：在汇报的时候，你说到哪种食物，就用画笔把它圈出来。

师：一顿饭吃了这么多种食物，你能给它们分分类吗？

要求：请大家看记录单，提醒大家，在分类之前必须要先确定一个分类标准，把它填写在这里；

根据这个标准，将你们所分类别的名称填写下来；

哪些食物属于这个类别，把序号填写在这里；

如果你们组想到了多种分类方法，就分别记录在这几个表格中。

分类标准	类别	食物名称

师：交流的时候，请说一说：你们是按照什么标准给这些食物分类的？分成了哪几类？

（教学意图：通过讨论、记录、统计，学生会发现一天所吃食物的丰富性，并且在食物分类的过程中，获取信息，在与同伴的不断交流中对信息进行加工、处理，从而得到不同的分类方法。通过对不同分类方法的进一步分析，让学生认识分类标准有科学和不科学之分。）

【环节三：总结归纳】

师：我们有这么多种标准来给食物进行分类，比如这种（生活习惯）分类方法，生活中你在哪儿看到过？如果你跟爸爸妈妈去超市买一颗白菜，你能快速找到它吗？

师：我们生活中更多的是根据生活习惯来给食物分类。而我们在对食物的研究中通常也会根据需要对它进行不同的分类。

（教学意图：通过引导学生总结生活中各种各样的分类方法，使学生认识到不同分类方法在生活中的应用。）

【环节四：拓展延伸】

师：刚才我们只研究了一顿午饭，然而我们一天要吃三餐，有些同学还要加餐。你们回忆一下，这一天中所吃到的食物其实更丰富。

师：为什么我们一天要吃这么多种食物呢？我们在长身体时需要很多的营养。蔬菜类的食物、肉类的食物分别能给我们带来哪些营养呢？

（教学意图：通过反观一天中的食物，使学生将所学回归生活的同时，进一步强化对一天中所吃食物非常丰富这个观点的认识，进而激发学生进一步探究食物科学分类的愿望。）

六、板书设计

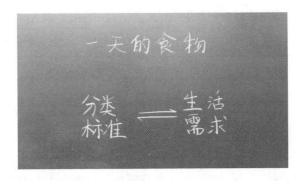

教学反思：

《科学课程标准》将课程资源分为学校课程资源、家庭课程资源与社区课程资源三大类。学生作为课程资源开发一般模式中最后一个主体，其主体性同教师一样既是课程资源的开发者，又是待开发的课程资源。一方面，学生是课程活动不可缺少的要素。学生经验水平、知识状况、思想意识、身体发展、情感状态等都是课程活动最基本的资源。学生在课堂上表达自己的思想，提出自己的需要，完成学习任务，这些都是教师从事教学、研究活动必须面对的生本课程资源，同时也是对教师开发课程资源的一种反馈。另一方面，在目前的信息化社会，学生除了从教师课堂上、书本上获取自身发展所需的各种知识资源外，还可以通过各种书籍、报刊、互联网等其他途径开发有利于自己学习的各种课程资源。信息共享课的意义就在于把学生生成作为课堂资源的重要组成部分，鼓励学生在学习过程中积极提出自己的观点，通过同伴学习不断开拓思维，从而促进教师进一步教学的推进。

教学中我对学生的记录主张求真、务实、高效。记录前，小组讨论分析：怎么记？采用什么方法来记？记录时我们可能会遇到哪些困难？小组讨论怎样解决。在这个环节的教学中，学生提出了一些困难，他们自己也都进行了讨论，解决难题，但作为老师对学生的回答没有给予明确的表态。如：学生提出鸡蛋汤和牛奶是荤的还是素的？牛奶是生的还是熟的？对于这些问题学生还不太清楚荤素和生熟的区分，而我也没有提醒学生，导致学生在按荤素方法分类时，不知将鸡蛋和牛奶放在哪里。有的学生在记录自己一天的食物时还有遗漏现象，整理时食物出现重复的现象，还有的小组分类标准不明确等。面对学生出现的种种情况，在以后的教学中我会着重指导学生掌握记录、分类的方法，一组一组的帮助引导，让学生发现问题，并能及时地帮助他们处理问题，解决问题。

·专家点评

科学家的特质之一即具有批判性和理性质疑精神。学生缺少发展科学辩论能力的机会，是现代教育的重大弱点。所以，《中国学生发展核心素养》科学精神中明确提出要培养学生的理性思维、批判质疑、勇于探究的精神。实现这些教学理念，即要求在科学课堂里渗透关注彼此想法本质、崇尚证据和推理、不以权威马首是瞻的生生共享。这样的共享若能成为课堂常规，转化为学生自觉自发的课堂行为乃至日常行为，其意义必然超出认知发展范畴，直指科学本质观的形成。

而这种精神在以传授为主、崇尚教师权威的传统课堂中，生生共享不受重视，甚至被视为干扰因素。所以，通过剖析《一天的食物》一课课堂中信息共享的历程，本研究着力探索一个问题：科学教师如何建构适宜的课堂学习环境，以支持探究式生生共享的发生与发展？对这个问题的关注，源于自己在教学中所遇到的困惑与反思。对这一共享方式的理解、掌握和自主应用，也应被视为学生科学素养提升的重要标志。教师应营造合适的课堂学习环境，让这样的共享形成课堂惯例。学生在实践中体验科学的社会性特质，体验理性质疑和辩论对科学发展的意义，并将发起参与探究式共享的能力迁移到日常学习与应用中。

（点评： 陈颖 北京市海淀区五一小学）

科学课堂变革——

（1）界定

工程技术课是一个需要由一定的科学概念引领的技术设计、技术制作，并在教学活动中进一步发展科学概念为目标的教学活动。

（2）基本模式

明确任务 ➡ 技术设计（方法指导） ➡ 形成技能 ➡ 展示评价

（3）典型课例

六年级上册《建高塔》《用纸造一座桥》；

五年级上册《做一个生态瓶》《做个太阳能热水器》《设计制作小赛车》；

五年级下册《造一艘小船》《设计制作一个保温杯》《做一个钟摆》《制作一个一分钟计时器》；

四年级下册《做个小开关》；

三年级下册《做个指南针》。

（4）实施建议

①制作活动前首先要准备足够的制作材料；选择的材料具有可操作性（易加工、安全便捷）；应尽可能为学生提供多种可选择的材料。

②通过多种形式激发学生的学习兴趣。如欣赏优美的作品或对有趣的作品进行探究等。

③要根据学生准备材料的差异性，提出不同材料的不同制作方法及注意事项，让学生自主选择做法，切忌一刀切。个别辅导时，要尊重学生的设计；评价时，要充分重视学生的探究成果，充分肯定被评价学生的所得和独特之处，还要客观正确地分析问题所在，找出问题原因，以及解决问题的方法。

④制作活动结束时，不仅要认真回顾制作步骤，更要注意激励学生把制作活动延伸到课外。

⑤ 教师要有熟练的技能技巧，演示示范要操作规范、科学准确。教师可以亲自演示，也可以采取播放录像的方法。示范可以是全过程的，也可以是重点、难点的片段。

工程技术课例：轮轴

鲁 屹

一、教材分析

《轮轴》一课教学内容选自教科版小学科学六年级上册《机械与工具》单元第四课《轮轴的秘密》。在课标中的位置：1—2年级认识工具，了解其功能；3—4年级在制作简易的测量仪器模型的基础上，知道使用工具的好处是精确和快捷；5—6年级学生开始关注简单机械的结构，使用简单机械，可以解决生活中的实际问题。《轮轴》一课就深刻体现出新课标对5—6年级学生的要求，不仅知道使用工具的好处，会用其解决生活中的问题，甚至学生们还要尝试改造创新，而不只是简单的模仿制作。

《机械与工具》单元的课程设置呈现总分总的关系。在总体认识使用工具的基础上，分别用六节课介绍五大类简单机械，本节课学习第二种机械：轮轴。通过前三课的学习，初步认识生活中常见的简单机械，可以方便省力地解决生活中的问题，在认识杠杆的基础上，学习的第二类简单机械。后续会研究斜面、滑轮等不同类型的简单机械。通过本单元的学习，让学生们知道各种简单机械的不同特点与作用。本课的研究内容是轮轴，让学生们设计改进、体验，尝试使用轮轴，在探究活动中逐步体会应用轮轴方便省力。

《小学科学课程标准》指出："小学科学课程是一门活动性和实践性课程探究活动，是学生学习科学的重要方式。强调从学生熟悉的日常生活出发，通过学生亲身经历动手动脑等实践活动，了解科学探究的具体方法和技能，理解基本的科学知识，发现和提出实际生活中的简单科学问题，并尝试用科学方法和科学知识解决，在实践中体验和积累认知世界的经验，提高科学能力，培养科学态度，学习与同伴的交流交往与合作。"

将2017版《小学科学课程标准》技术与工程领域对轮轴内容的要求作为指导思想，把轮轴作为一种解决问题的工具。通过技术与工程领域的学习可以使学生有机会综合运用所学知识，解决生活中的实际问题，并意识到人们的生活离不开各种工具，工具是人的力量的一种延伸。在学习探究过程中引导学生设计改进、体验、尝试使用新装置完成任务，在实践中获得新知，培养科学思维能力。

传统教学中《轮轴》一课，通常使用轮轴模型进行模拟实验，收集数据，证明在轮上用力省力，轮越大越省力的规律。学生是被动接受科学知识和概念，学生观察的轮轴模型并实验总结出的规律和生活中应用的轮轴总是勉强融合。这种死记硬背的灌输式学习并没有引起孩子们太大的学习兴趣，无法在理解后留下不可磨灭的记忆。

因此本课采取任务驱动的方式，学生在课上分别探究影响轮轴省力的因素，从而不断改进轮轴装置。对学习材料进行渐进式细致的分析、比较、加工，理解轮的长度即为动力臂，轴的长度为阻力臂；轮越大越省力；轮可以以不完整的形式存在，只要在轮轴工作时有轮运动的轨迹存在，即可完成轮轴省力的简单机械原理的内在的深层意义；通过使用iPad技术现场直播，帮助学生克服操作难点：用测力计测量运动中轮上受力的大小；使用安全新型学具和材料，更易于量化取得实验数据，使得实验结论更为严谨可信。

二、学情分析

1. 通过三年的科学学科的系统培养，学生有一定的设计对比实验、控制变量的能力。大部分学生可以从提出问题、作出假设开始合作，完成探究活动。

2. 学生有一定的观察分析、比较和概括能力，可以对活动结果进行有效分析。

3. 学生可以熟练使用测力计测量力的大小。在本单元《斜面》一课中首次测量匀速直线运动中力的大小，为本节课在运动中测量力的大小提供了学习基础。

4. 能联系生活实际找出应用轮轴省力的机械装置或工具。

5. 本课采取任务驱动学生不断改进轮轴这一装置，探究影响轮轴省力的因素。

【设计思路】

为了使课程落到实处，采用科学课堂新样态支撑科学课堂教学。

1. 理性思维

崇尚真知，能理解和掌握基本的科学原理和方法；尊重事实和证据，有实证意识和严谨的求知态度；逻辑清晰，能运用科学的思维方式认识事物、解决问题、指导行为等。

2.技术应用

理解技术与人类文明的有机联系，具有学习掌握技术的兴趣和意愿；具有工程思维，能将创意和方案转化为有形物品或对已有物品进行改进与优化等。

三、教学目标

科学概念：

1.通过探究学生认识到轮子和轴在一起转动的机械叫轮轴。能够证明在轴相同的情况下，轮越大越省力。

2.能够辨认出应用轮轴这一简单机械工作原理的工具或装置。

科学探究：

1.在问题情境下：不断设计、改进完善、制作出应用新型轮轴的装置，解决方便省力的提升一桶水的技术问题。

2.通过设计控制变量法，实验探究轮轴省力的规律。

科学态度：

保持研究简单机械的兴趣，积极主动和他人合作完成探究活动。

四、教学重难点

教学重点：通过体验活动，自主设计改进即省力又方便的轮轴装置；探究影响轮轴省力的因素：轮越大越省力。

教学难点：探究影响轮轴省力的规律。

五、教学过程

【环节一：聚焦问题】

出示图片：水井和水桶

师：用什么方法能把水井中的水打上来？工具可以帮助我们完成提水。假设大钩码是重物是一桶水，你能用老师给你提供的装置把水提起来吗？

学生尝试解决问题

板书：转动PVC管

（设计意图：提供问题情境和材料，想办法解决实际生活中的问题。）

【环节二：探究发现】

师：生活中的一桶水起码要二三十斤，还能用这样转的方法吗？需要进一步改进我们的装置！

师：利用材料，改进你的装置把重物水提起来。用新装置提水与直接提水有什么不同感受？

生：尝试改进提水装置。新装置是用竹棍带动PVC管完成提水。

师：两种方法提水，有什么不同感受？

师：感觉是否正确，还需测一测。

师：直接提起重物需用的力，怎样测量？转动中的小竹棍上的力应当怎样测量？

师：演示并讲解重点注意事项。

生：使用测力计测量力的大小。师用iPad现场拍摄直播学生的操作。

（设计意图：多媒体辅助教学，克服操作测量运动中物体受力的大小这一难点，使教学演示更加直观。）

生：实验、汇报实验数据。

师：各组用新装置提升重物时的数据并不一致，可能是什么原因造成的？

生1：缠绕PVC管线绳圈数不同。

生2：插竹棍在PVC管的位置不同。

生3：勾在棍上用力的位置不同（用力点不同）。

师：实验验证我们的猜测时，需要认定只有一个变量。以插棍的位置不同为例，你怎样实验？保持相同的条件是什么？

师：想证明勾在棍上用力的位置不同影响用力多少这一实验该注意什么？怎么设计这一实验？

生：分享实验设计、实验并填写记录单。

师：基于这一组数据的发现，要想进一步改进这个装置，你有什么好办法？

生1：加长竹棍。

生2：提高铁架台的高度。

师：用长竹棍是否比短竹棍省力？你们是怎样做的？

师：用长竹棍带动PVC管提升重物会更省力。加长竹棍在水井中提水会出现什么问题？

生1：手会够不着竹棍。

生2：竹棍绕不过水井沿。

师：怎样解决？

师：怎样使装置变得更方便操作？

生1：缩短竹棍到手能方便够到。

生2：加高新装置。

师：把4根竹棍均匀的插在PVC管上。这样操作有什么好处？便于操作吗？

师：倒手的距离变得更短一些，应该怎么做呢？大家想一想。

师：演示6根竹棍的装置。如果想要随时倒手，该怎么改进？

生：用线把竹棍连接起来。

师：装置运行起来后运动的轨迹是怎样的？

师：像这种由一个圆轮带动中间的PVC管转动提起重物的装置叫轮轴。最外边转动的圆叫做轮。被带动转动的PVC管叫做轴。那么轮带动轴转动，具有省力又方便的作用，而且轮越大越省力。

板书：轮 带动 轴

师：老师为什么把竹棍儿都归为轮里面了？

演示：竹棍转动起来，它的运动轨迹和路径是什么？

生：新装置运动起来形成一个圆轮。带动轴转动提升重物。

（教学意图：尝试使用新材料不断改进提水装置，明确轮轴概念，了解其结构和功能，知道应用轮轴这一简单机械原理的工具或装置，可以解决生活中的实际问题。）

【环节三：拓展认识】

师演示可以在PVC管的另外一边加一个手柄提升重物。

师：这个装置哪一部分是轮，哪一部分是轴？

师：生活中有没有带摇柄的轮轴呢？

下列哪些物品体现了轮轴的工作原理，请在省力又方便的装置后面画√。

方向盘

扳手

一字改锥

水阀门

师：图片中的工具哪里是轮哪里是轴？

师：今天我们设计改进了一种新装置——轮轴。它是一种新的简单机械，用它提升重物既方便又省力。而且轮越大越省力。

（教学意图：巩固学生对轮轴这一概念的理解，不是所有应用轮轴这一简单机械原理的工具都有明显的轮和轴的外形体征。）

六、板书设计

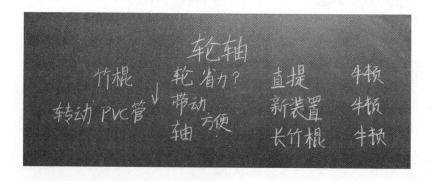

教学反思：

1. 教学方式为体验式的自主探究学习

在现实生活中提炼出实际问题的任务驱动下，学生不断改进现有轮轴装置，达到使该装置既方便又省力的目的。生活中许多发明像自行车就是这样，根据需要一边尝试改进，一边实际使用。

2. 用iPad和多媒体信息技术手段辅助教学

现场直播学生使用测力计测量转动中竹棍上的力的操作过程，能帮助大家加深印象，远处座位上的同学能更清楚地看见操作中的细节之处，从而避免不正确的操作。最大限度地发挥了多媒体大屏幕的优势和iPad的即时转播传送的作用，为学生服务。

3. 研制使用新型安全学具供学生们探究

以前的轮轴学具，新教师使用的时候都要向老教师请教使用方法。开发一种易于师生操作研究的新型轮轴学具的需求促使我思考。膨胀螺栓、指尖陀螺，最后找到了脚蹬子、PVC管和竹棍，就形成了现在这个轮轴装置组合。在周备课的研讨中大家还给了我许多启发：例如可以用有厘米刻度的胶带贴在短竹棍上，这样得出的科学实验数据更严谨；把现有的橡皮筋儿换成橡皮软头让竹棍的使用更安全。许多好想法因为时间仓促未能实施，还会陆续改进。总之研发新学具的目的是让课堂焕发吸引力，辅助学生探究。

有一点遗憾：课堂生成的问题，有一名学生认为轮轴上存在用力点和阻力点。而教师没有给学生进一步发言和深入思考的机会与时间，教师应当当机立断继续追问，省力的原因（变形的杠杆，轴是阻力臂，轮是动力臂）。其实此时抓住学生发言的闪光点，有利于提升学生对于简单机械工作原理的认识。我的授课相对保守，追赶教学流程和进度，有时需要给学生提供顿悟的机会。

·专家点评

  课堂环节完整，课堂组织有序，有一定的师生互动。通过学生参与度，交流而暴露的学生思维，教师对学生即时生成的反馈，是教师教学结构的把控能力和教学行为有效性的体现。在生成方面，需要鼓励学生试错，进而暴露学生的思维深度。这堂课学生以小组为单位，以分工合作的形式进行探究活动，体现了新课程提倡的合作学习的方法。在交流讨论的过程中，教师能引导学生对相互之间实验情况、记录进行交流、相互补充，完善科学概念的落实，并且让学生及时参与评价，及时进行自我反思，以便学会更加细致、准确的进行观察。

  最后一个问题建议作为回家后的体验活动，让学生带着问题离开课堂，把课堂中的问题带进他们的生活中，鼓励他们在生活中继续探讨科学概念，并能用自己学到的科学概念去解释自己遇到的一些生活现象，让科学与生活相互融合，我想那样的科学才是真正的科学。这样既能培养学生探索科学的兴趣，又能使他们形成一种成就感。

（点评：彭香　北京市教育科学研究院基教研中心）

第二章

校本课程

XIAOBENKECHENG

校本课程介绍

为使课程与学生能紧密联系，我们不断对学校幸福素养课程进行适应性、开放性调整。一方面根据学生需要，完善每一领域内的基础与拓展课程；另一方面还打破学科间、课内外、校内外壁垒，自主开发融合性课程。如果说国家课程体现的是国家意志，体现学生培养方面的基础性特点，我们主要关注的是教与学方式变革的话，那么拓展和融合这两类由我校教师自主开发的校本课程，关注的则是学生的丰富性及个性化发展需求。其中拓展性课程分为必修和选修两大类。必修内容主要指有感于中华传统文化缺失和著名的"钱学森之问"，围绕传统文化和实践创新两条主线开发的"国学养正"、"灵动数学"等八大精品课程，突出的是"一点两线、守正出新"的课程特色；选修内容主要指社团课程，用以满足不同层次学生需求，从兴趣入手有效促进其个性发展；融合性课程亦属校本课程，但其更注重还原与知识紧密联系的生活情境，使学生在真实情境与真实经历中面对并解决复杂问题，提升实践创新能力与综合素养，促进知行合一。在整体构架、审慎研讨、实践探索过程中，我们逐渐形成八大精品拓展性课程和"幸福起航"、"主题研究"、"戏剧表演"、"幸福明天"等五大融合性课程。

第一节

拓展课程篇

TUOZHANKECHENGPIAN

拓展性学习——国学养正

徐 洁

一、前期思考

"只有民族的，才是世界的"。世界上不少国家都提倡让中小学生从小阅读本民族的文化经典，而我国文化的骄傲之一就是国学经典。中华优秀传统文化应该如同中华民族的基因一般，植根在中国人内心。

1.社会发展的需要

中华民族悠久灿烂的传统文化中蕴含着深厚的文化内涵,是中华民族智慧的结晶。习近平同志多次强调弘扬中华优秀传统文化对涵养社会主义核心价值观的重要作用。

近年来，弘扬传统文化，传承国学经典也越来越多地被社会各界人士所关注。这是因为国学经典蕴含强大的正能量，诵读经典就是引导孩子从小与真正的圣贤为师为友，涵养自天地而生的道德能量。作为人类文化载体的国学经典，蕴涵着深厚的人文思想，凝聚着中华民族的人文情感，饱含着丰富的人文精神和道德因素，闪耀着理性思索的光芒，诵读国学经典是提高学生人文素养的最佳途径。

2.学校发展的需要

在校本课程开发的过程中，我们紧紧围绕"为学生的幸福人生奠基"这一办学理念，开发了传统文化和实践创新两类校本必修课程。《国学养正》就是传统文化类课程的核心课程之一。

3.学生发展的需要

当代学生物质生活极大丰富，但是对他们精神世界的建设却相对比较忽视。我们需要在传播文化科学知识的同时，建设一门课程，将科学思想、科学方法和科学精神渗透给学生，提高少年儿童的思想道德修养，让学生在活动中获得长期、稳定的基本道德标准，提高他们在思想、知识、身体、心理品质等方面的综合素质。

二、课程设计

（一）课程定位

教育的真谛是培育有德行的人。我们构建"国学养正"课程时，有意识地将中华民族传统的五常，即"仁、义、礼、智、信"作为上位目标，并以国学为载体，重在"养正"，目的是让学生在品味经典的同时传承民族传统美德。教学内容以国学经典为主，辅以与经典内容接近的小故事。引导学生在诵经典、知文意、听故事、明道理、见行动等丰富的课程活动中品味经典，获得不同的情感体验，感悟中华优秀传统文化的魅力。

（二）课程研究目标

1.继承和弘扬中华民族优秀传统文化，传承伟大的民族精神，使学生铭记先哲教诲，完善人格修为。

2.通过诵读国学经典，使学生涵养性情，润泽心灵，培养其乐观向上、积极健康的品质。

三、课程实施

（一）学习内容及安排

1.课程内容

《国学养正》校本课程每节课均安排如下内容：诵经典、知文意、听故事、明道理、见行动。为了符合低年级学生特点，我们编排时力求文字简洁，难认字生僻字加注拼音，标题轻快，插图活泼还要与国学风格接近，利于学生理解。在教学方式上突出"情境化、生活化、故事化"，注重每个孩子的学习实际获得。

（1）诵经典：主要是国学所涉及到的内容，如《弟子规》《三字经》《增广贤文》等众多经典中的佳句。考虑学生年龄小，识字量不够，所以学习内容的字数不多，内容易懂，所选句子都加注拼音，方便学生阅读和理解。

（2）知文意：主要介绍了所选经典内容的大致意思。释义力求贴近儿童，言简意赅，使学生对内容有清晰、充分的了解，便于学生记诵。

（3）听故事：故事是学生最喜欢的，小故事蕴含着大道理，使学生在润物无声的学习中受到启发。由于学生年龄小，我们提倡老师读故事，也可以让识字量比较大的学生来读。另外，教材中所选择的故事都是与古文经典内容意思接近的，尽量安排古代故事，希望孩子们通过听故事理解经典内容的含义。

（4）明道理：主要安排的是"说一说""做一做""唱一唱""议一议""演一演"等不同活动，其目的是明理导行，并付诸实际行动。教师在课前布置好任务，并为孩子们提一些小建议，课堂上通过创设情境，再现经典，使表演的内容更富感染力。学生在"身临其境"中，尝试换位思考，帮助别人解决问题，充分发挥学生在课堂上的主观能动性，最终使国学中传播的精神，成为孩子们共同的价值追求。

（5）见行动：主要是利用课后时间进行的实践活动。知行合一，学用结合。学生把课堂上学习的小故事讲给家长听，邀请家长对学生的日常实际表现进行评价。家校携手，共同关注孩子的持续成长。学生在观察、感受、体验中内化所学内容，使国学教育真正走进学生心里，规范他们的日常言行。

2.课程内容安排

一年级					
第一学期	第一课	父母教　须敬听	第二学期	第一课	用人物　须明求
	第二课	事虽小　勿擅为		第二课	见未真　勿轻言
	第三课	称尊长　勿呼名		第三课	无心非　名为错
	第四课	老易至　惜此时		第四课	己有能　勿自私
	第五课	置冠服　有定位		第五课	道人善　即是善
	第六课	衣贵洁　不贵华		第六课	凡取与　贵分晓
	第七课	步从容　立端正		第七课	读书法　有三到
	第八课	将入门　问孰存		第八课	墨磨偏　心不端

二年级					
第一学期	第一课	教之道　贵以专	第二学期	第一课	曰仁义　礼智信
	第二课	昔孟母　择邻处		第二课	稻粱菽　麦黍稷
	第三课	幼不学　老何为		第三课	马牛羊　鸡犬豕
	第四课	亲师友　习礼仪		第四课	爱恶欲　七情具
	第五课	孝于亲　所当执		第五课	长幼序　友与朋
	第六课	悌于长　宜先知		第六课	朝于斯　夕于斯
	第七课	知某数　识某文		第七课	尔小生　宜立志
	第八课	百而千　千而万		第八课	勤有功　戏无益

3.具体授课安排

与《道德与法治》整合课时，开发《国学养正》，保证每周1课时，专时专用。在校本课程的实施中，我们每学期组织《道德与法治》和《国学养正》教师以及德育课程团队成员进行认真地备课，对教学目标、教学方式进行研讨，在统一设计授课教案的基础上，老师们结合本班学生实际进行创新，确保教学实效性。

（二）典型案例

2014年11月《国学养正》校本教材由团结出版社正式出版。我们欣喜地感受到《国学养正》校本课程的实施，使学生精神世界得到了净化，教师也在引导学生进行传统文化经典品读的过程中，增长了教育智慧。

精品课例：孝于亲，所当执

陈 静

教学目标：

1.通过诵经典，讲述文意，了解"香九龄，能温席。孝于亲，所当执。"句子的含义。

2.通过观看《扇枕温衾》、新时代的王安娜、由雨欣的视频，了解古今孝敬长辈的具体做法，引发学生的思考，使学生有榜样可学。

3.在情景剧中辨析学生对待父母的错误做法，引发学生讨论，懂得回报长辈应落到实际行动上。

教学重难点：

1.通过诵读经典，讲述文意，了解"香九龄，能温席。孝于亲，所当执。"句子的含义。

2.通过情景剧中个别学生对待父母的错误做法的表现，引发学生讨论，懂得孝敬父母要落实到实际行动上。

教学过程：

【活动一：巧导入激兴趣】

师：同学们，咱们来玩一个猜字游戏好吗？（出示甲骨文中的"孝"字）

师：你能猜出这是什么字吗？这是"孝"字。上面部分念"老"，表示老人、下面的部分念"子"，表示子女。从这个象形字中你读懂了什么深刻的含义？

生：甲骨文中的"孝"字：像小孩搀扶着老人走路。意思是在长辈上了年纪的时候，子女们要成为他们的依靠，要承担起照顾他们的责任和义务。

师：甲骨文起源于商朝，距今有3600多年的历史了，由此可见，"孝"是我们中华民族的传统美德，说起孝亲敬长，我们不由得会想起一个爱老敬老的传统节日——重阳节。大家那天是怎样过的呢？

生：陪爷爷奶奶逛公园，和爷爷奶奶一起吃饭，为爷爷奶奶送上礼物……

师：大家知道吗？万圣先师还有一本专门写孝的著作《孝经》，请同学们一起来读读《孝经》的精髓。（《孝经》曰："夫孝，天之经、地之义、民之行也。"）意思是说"孝"是理所当然的事，是人的最根本的品行。全班吟诵："夫孝，天之经、地之义、民之行也。"

（设计意图：通过甲骨文中的"孝"字以及中国传统节日重阳节的讲述和《孝经》中经典语句的诵读，使学生感受到孝敬长辈是我们中华民族的传统美德，我们应传承美德，做有孝心的人。）

【活动二：诵经典知文意】

师：孝敬长辈的故事自古以来层出不穷，东汉时期的黄香就是其中的一位。《三字经》中的"香九龄，能温席，孝于亲，所当执。"讲的就是孝亲敬长的黄香的故事。齐读课题《孝于亲，所当执》，师贴上课题："香九龄，能温席。孝于亲，所当执。"

师：谁来读一读。两人一组说说这几句话的意思？谁来给大家讲讲。播放黄香孝敬父亲做法的视频。

【活动三：讲故事重感悟】

师：黄香的哪些行为打动了你？科技在发展，时代在进步，现在我们生活条件好了，不用再为父亲冬天暖被窝，夏天扇席子了，那么在冬天或是夏天，我们能为家长做些什么呢？

生：夏天递冰水，冬天泡热茶。冬天用暖宝给家长暖手暖脚……

师：我们为什么要孝敬长辈呢？

生：长辈们为了养育我们付出了许多辛劳。

师：课前，老师给大家布置了寻找亲情的任务，请大家在日常和长辈相处的点点滴滴中感受长辈对我们的爱。许多同学用画笔将爱的瞬间画了下来，谁愿意给大家讲一讲？

（学生讲述自己的绘本故事）

生1：《我的妈妈》妈妈的一天，做早饭，送上学，紧张工作，接孩子，做晚饭，陪上课外班，晚上辅导功课，洗衣服，做家务。

生：《我的姥爷》姥爷送我上学和接我下学的时候，用大衣将我紧紧包住，就像包个大粽子一样。上坡的时候，姥爷用力蹬车，冬天经常会出满头的汗。有时候姥爷在回家的路上还会给我买一串甜甜的糖葫芦吃，我特别开心。

生：《我的爸爸》。爸爸下班后，吃晚饭时，把最大的肉丸子喂给我吃。吃完饭，和我去操场练习骑车，爸爸在后边扶着，我在前边蹬。有爸爸的保护，我就能放心地骑车了。

师：这些同学用画一画的方式使我们感受到了长辈对我们的爱，还有些同学用了找一找的方式，来感受长辈对我们的爱。他们带来了长辈们为我们手工制作的物品，拿出来和大家分享一下好吗？请这些小物件的主人为我们介绍一下它们的来历。

师：从这些精致美观的手工制品中你感受到了什么？我们要懂得，每一件物品，都是长辈指尖流淌的爱。

生：吟诵《游子吟》。

师：孩子们，长辈们的爱有时候看不见摸不着。课前大家想到了用算一算、问一问的方式去了解，你了解到了什么？

生：一架钢琴15万，相当于妈妈两年的工资。每年课外班和请乐器老师的学费达到四万元。

生：刚刚出生时，妈妈每天晚上为我换五次尿布，喂三次奶；长大后，妈妈早上六点起床为我做早饭，我睡觉了，妈妈还要洗衣服，做家务，每天晚上十二点才睡觉。

师：同学们，虽然我们的调查方式不同，但结论是相同的，那就是什么？

生：长辈们把所有的爱都给了我们。

师：孩子们，每年过生日的时候，我们都会许个心愿，你想不想知道自己妈妈最大的心愿是什么？快快打开信封看一看。请两个孩子来读。还有谁的妈妈最大的心愿是对你的美好祝愿，请举手。

师：妈妈的眼中没有自己，只有你。

生："不得亲乎，不可以为人；不顺亲乎，不可以为子"，意思就是告诉我们孝顺乃是做人之本。

（设计意图：让学生通过写一写、画一画、找一找、问一问、算一算的方式，去感受亲人带给自己的关爱，从而激发学生对亲人长辈的感恩之情，引发学生回报亲人的爱的愿望。）

【活动四：寻榜样见行动】

师：怎样做才是真正的孝敬长辈？咱们一起来看看最美孝心少年王安娜的做法。

（播放王安娜的视频）

师：在刚才的短片中，你看到了仅仅六岁的王安娜帮奶奶和太奶奶做了哪些事？刚刚六岁的她做这些事情时可能会遇到哪些困难？

生：切菜切到手，衣服拧不动，被热锅里的油烫到……

师：这么难，这么苦，这么累！王安娜为什么要一直坚持呢？

生：王安娜在用自己的行动回报奶奶和太奶奶的养育之恩。只要能够帮助奶奶和太奶奶，使她们开心快乐，自己再苦再累都是值得的。

（设计意图：通过观看和学生年龄相仿的王安娜的孝敬长辈的视频，引发学生向榜样学习的愿望。同时，引发学生的反思，使学生找到自己在孝敬长辈方面存在的不足。）

【活动五：创情境谈做法】

师：孩子们，尽孝不怕年龄小，我们也应该像王安娜那样把孝敬长辈落实到日常的行动中。下面我们就选择不同的情境，四人小组分工合作，将孝敬长辈的做法表演出来。

出示情境，小组进行合作表演

生：奶奶生病了。（出示"关心"）

生：妈妈要为我整理房间。（出示"自理"）

生：我边写作业边看课外书，妈妈提醒我

生：齐读"父母教，须敬听，父母责，须顺承"。（出示"尊重"）

生：我在帮奶奶回短信，可爸爸却误认为我在玩手机。

生：齐读"亲有过，谏使更，怡吾色，柔无声"。（出示"体谅"）

（设计意图：通过情境表演，使学生能够从他人的正确做法中受到启发，懂得尊重长辈，学会自理，适时关心长辈都是尽孝的表现。）

师：孩子们，我们长大了，理应成为家长的小帮手，使家长多一点轻松，多一点快乐。大家快来想一想，我们能帮助家长做什么呢？

生：照看弟弟妹妹，扫地，拖地，摘菜，洗菜，刷碗，端菜，取快递……（出示"协助"）。

【活动六：做总结明方向】

同学们，回报长辈的方式还有很多很多，比如保护好自己的安全，不让父母担心等等。孝心的接力棒传递了上千年，今天我们接过来，用自己的实际行动让孝敬长辈的美德在我们身上发扬光大。让我们共同做到：（共同吟诵）

父母呼	应勿缓	父母命	行勿懒
父母教	须敬听	父母责	须顺承
冬则温	夏则清	晨则省	昏则定
出必告	返必面	居有常	业无变
亲所好	力为具	亲所恶	谨为去
身有伤	贻亲忧	德有伤	贻亲羞
亲爱我	孝何难	亲憎我	孝方贤
亲有过	谏使更	怡吾色	柔无声

百善孝为先

（设计意图：通过吟诵《三字经》中的句子，使学生将孝敬长辈的具体做法固化于心，外化于行，使《三字经》中的句子成为鼓舞学生实施孝心行动的不竭动力。）

教学反思：

《孝于亲，所当执》一课，是二年级《国学养正》校本课程中的一篇课文。在本课的教学中，为了让孩子们了解孝敬长辈是我们中华民族的传统美德，我从三千多年前的甲骨文中的"孝"字引入，并让学生通过猜象形字"孝"所表示的意思来激发学生的学习兴趣。通过对《三字经》中《黄香温席》故事的学习，使学生懂得孝敬长辈应从自己做起，从身边小事做起。在引领学生感受长辈对自己的爱这一环节中，我以小组调查汇报交流的方式进行，通过写一写、画一画、找一找、问一问、算一算的方式来感受长辈对自己的无私的爱，引发学生回报亲恩的愿望。通过读"写有妈妈愿望的一封信"的环节，使学生在字里行间感到浓浓的母爱亲情，在学生心中燃起对长辈深深的感恩之情。

随后我播放了王安娜的视频。当同学们看到和自己年龄相仿的王安娜以柔弱的身躯支撑起一个贫困的家，主动承担起照顾瘫痪在床的奶奶的事迹后，不禁潸然泪下。同学们小小的心灵被触动了，他们自发地寻找自己与王安娜的差距，自发地将她作为自己学习的榜样。在王安娜这位最美孝心少年的感召下，大家更主动地将孝心付诸到自己的实际行动中。怎样做才是真正地尽孝？怎样从身边的小事做起？为了解决同学们心中的困惑，我通过创设不同的情境，使学生懂得了尊重关心长辈，学会自己的事情自己做，在长辈提醒自己错误的时候虚心接受并尽快改正，协助长辈做力所能及的事情等等都是孝敬长辈的表现。为了使学生将孝敬长辈固化于心，外化于行，无论是课中对于《孝经》中经典诗句的吟诵，还是课进入尾声之时对《三字经》中有关体现孝道的诗句的吟诵，都使学生对经典语句有了更为深入地理解。

《孝于亲，所当执》一课，带给我很多思考，如在《国学养正》课中，怎样使学生在教师的引领下，较为轻松地理解《三字经》中的句子的意思；如何在教师的指导下，将前人倡导的礼仪规范与学生现在的生活紧密相连；如何在生活中自发地运用经典诗句内容来指导自己的言行等。在校本教材的教学中，我们将不断探寻新的教法，使校本教材更好地发挥其辅助国家课程的作用，让我们的学生有更多的收获。

四、课程成效

2014年10月11日，李源潮副主席在与少先队工作者和少先队员代表座谈会上的讲话中谈到："北京市海淀区五一小学编写的《国学养正》，用历史典故阐释核心价值观的要求，孩子们好懂好学。中华文化优良传统博大精深，活跃在千家万户和社会各个层面，是开展少年儿童价值观教育的宝库，要充分挖掘好运用好。开展这方面教育，既要让孩子们知道历史根源，又要有传承的现实样子。"这次讲话给予我们极大的鼓舞。

（一）来自学生的评价

学生作为课程评价的一个重要信息来源，其对于学习《国学养正》课程的兴趣在很大程度上是评价课程的一个重要参考指标，因此我们专门设计了调查问卷，来了解学生对课程实施效果的评价。

调研题目1：你喜欢学校开设的《国学养正》课程吗？

（1）非常喜欢（2）喜欢（3）一般（4）不喜欢

图1：一年级调查结果统计

2%
21.30%
74.50%
1.20%

■ 非常喜欢
■ 喜欢
■ 一般
■ 不喜欢

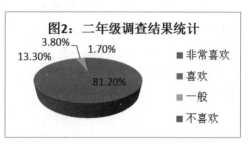

图2：二年级调查结果统计

3.80%
13.30%
81.20%
1.70%

■ 非常喜欢
■ 喜欢
■ 一般
■ 不喜欢

调研题目2：《国学养正》课程你最感兴趣的版块是哪个？（单选）

（1）诵经典（2）知文意（3）听故事（4）明道理（5）见行动

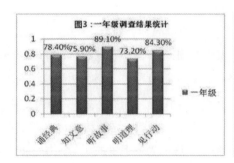

图3：一年级调查结果统计

78.40% 75.90% 89.10% 73.20% 84.30%

■ 一年级

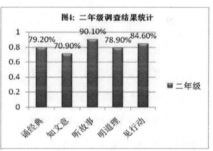

图4：二年级调查结果统计

79.20% 70.90% 90.10% 78.90% 84.60%

■ 二年级

（二）来自家长的评价

为了全面了解课程实施效果，我校采用问卷方式了解了家长的意见。

调研题目1：您对孩子学习《国学养正》课程的看法是：（1）满意（2）比较满意（3）一般（4）不满意（5）非常不满意

《国学养正》满意度调查

80.90% 13.40% 5.40% 3.00% 0.00%

■ 家长

从调查的情况来看，家长的满意度极高。《国学养正》校本课程的实施，丰富了学生的生活。通过这些经典文化的熏陶感染，学生形成了良好健全的人格。同时，国学经典诵读的积累和欣赏，丰富了学生的语文积累，增强了学生的国学底蕴，使学生产生了对中国传统文化的亲近感和自豪感。

"班级微茶座"也谈国学养正

陈国红

"秋意浓浓，天气转凉，感谢大家百忙之中相约二（13）班的班级微茶座。这些天我发现第二小组的同学在学习生活各方面进步都特别大，连续两周被评为班级优胜小组。孩子们在家表现怎么样呢？"我微笑着说。

"陈老师，我发现小瑞懂事了很多！上周日，姥爷睡醒午觉，从房间里走出来，小瑞正在玩乐高，抬头发现姥爷站在旁边，连忙放下手里的玩具，扶住姥爷，说：'姥爷，您坐这儿！'见姥爷不肯坐，小瑞自己也不肯坐下，还一本正经地说：'长者立，幼勿坐。长者坐，命乃坐。'姥爷一听连忙坐下，一把搂住小瑞，脸上笑开了花。"

"嗯，是啊。陈老师，前两天我们一家人聚餐，开席前，小雨小舅拿着酒瓶一一给大人倒酒，最后走到我儿子座位前，拿起小雨的酒杯逗小雨说：'今天，我们的小男子汉也来点二锅头。'边说边煞有介事地倒了起来。小雨一看大叫：'不行！不行！我是小孩，不能喝酒。'小舅看小雨着急的样子更想逗他了，说：'只喝一点儿，没关系。'这下小雨真急了，大声说：'年方少，勿饮酒。饮酒醉，最为丑。'小雨话音刚落，屋子里一下子安静了下来，紧接着大家都纷纷竖起大拇指说：'别看小雨年纪小，却能引经据典，真了不起！'"小雨妈妈也娓娓道来。

小青妈说："听了几位家长聊孩子的故事，我也特别有感触。想起我的孩子上学前的样子，再看看她现在的表现，非常感谢五一小学陈老师引导孩子背诵《弟子规》，并鼓励孩子照着《弟子规》说的去做，孩子才有了这么大的变化。有一次我得了重感冒，根本没体力照顾孩子，倒是孩子，又给我拿药又给我倒水，还给我按摩。我心疼他，让他歇会儿，他却说：'亲有疾，药先尝。昼夜侍，不离床。'我听了，心里暖暖的。"

"谢谢各位家长的认可，我也格外欣慰。孩子们的表现得益于我们学校的《国学养正》校本课程，目的就是通过这个课程的学习，激发孩子学习中华传统文化的兴趣，养成良好的学习、生活习惯，启发他们明确做人做事的道理，更主要的是孩子在明礼的同时能够去修正自己的言行。"

"陈老师，我发现您还是此书的编写人员。"轩轩爸爸笑着说。

"的确，这本书的诞生倾注了很多人的心血！2014年一个暑假，德育团队的老师们几乎没休息，潜心研究。通过几年的教学实践，看到可喜的效果。有一次《国学养正》课上，我把平时在教室拍的照片通过投影展示给大家：笤帚簸箕躺在教室四处，书架上的书横七竖八、东倒西歪，不少张课桌歪七扭八，不少同学的铅笔、橡皮、尺子都从铅笔盒里跑了出来，散落在桌子上，甚至地面上。孩子们一看都纷纷叫着太乱了。我建议他们再看看，他们才发现原来照片里还有自己呢，都不好意思了。我严肃地问他们，早晨进教室看到的是这样的景象吗？孩子们都摇头。为什么到了下午，甚至是中午教室就变乱了呢？大多数孩子疑惑地望着我。我们的古人非常聪明，早就给我们找到了解决问题的办法，同时出示'置冠服，有定位。房室清，墙壁净，几案洁，笔砚正。列典籍，有定处。读看毕，还原处。'等句子，先带领学生诵读，又结合不同图片对比，帮助学生理解句子的意思。孩子们一下子明白该怎么做了。以后教室再出现物品摆放不整齐的现象，我就再带领学生诵读上面的语句，慢慢地，学生自己就能主动诵读并背诵了，教室的物品摆放也越来越整齐有序了。"

"轩轩爸爸，我可要好好表扬他。上星期四，午餐有芦柑，轩轩主动提出要给大家发水果，我一听有点犹豫，因为我记得家访时他妈妈说过轩轩最喜欢吃芦柑，初到集体时也处处'拔尖'，今天他要发水果会不会……正在我犹豫的时候，轩轩已经拎起一大袋水果吃力地走了，我也不好再阻拦，只好静静地观望。起初，轩轩每次拿起一只芦柑都会看一看，后来大家催得急了，他也就顾不得看了，最后，袋子里还剩下两个偏小一点的芦柑。轩轩胳膊肘上挎着袋子来到我面前，我发现他的脑门上渗出汗。他放下袋子，一手拿起一个芦柑看了看，把稍微大一点的一个递给了我。我问他为什么这样分配，他一脸稚气地说：'昨天我给爸爸妈妈讲《孔融让梨》，他们让我向孔融学习。'也要谢谢您的配合。"

短暂的微茶座在欢声笑语中结束。

我们的校本课程《国学养正》，为保证课程质量，每节课时的安排进行了规范引领，包括诵经典、知文意、听故事、明道理、见行动共五个环节，并设定了知识与能力目标：学生能背诵《弟子规》《三字经》全文，学习并理解重点篇目，会讲5—8个中华传统美德小故事，通过"说一说""做一做""议一议""演一演"等不同形式，引导学生思考讨论明理导行。融合知、情、意、行的国学养正课，把好习惯养成和优秀品质体现在生活的点滴中，赢得了家长极大认可。

学习《国学养正》二三事

二（8）班 姜欢益妈妈

还记得一年级刚发书那天，回家后姜欢益就问我："妈妈，你看我们还有这样一本书，叫什么《国学养正》。什么意思啊？"我也没特别留意，就随口一答："就是学国学呗！学咱们中国的学问，中华民族优秀的文化经典。"她似懂非懂。

过了一段时间，老师布置了作业，要求回家背诵《弟子规》，前面几章还好，背到"谨"的部分就有点吃力。"缓揭帘，勿有声，宽转弯，勿触棱。执虚器，如执盈，入虚室，如有人。事勿忙，忙多错，勿畏难，勿轻略……""这都什么意思啊？！根本不懂，我不想背了！"草草应付了事。又过了几天，姜欢益跟妹妹在屋子里面玩耍，跑得太快转弯时不小心撞到了门框，撇撇嘴要掉泪，我就趁机把这一段的意思又给她说了说。什么是"谨"，她好像明白了一点。后来班主任李老师在班里也着重讲到了"房室清，墙壁净，几案洁，笔砚正"这几句，姜欢益就慢慢懂得了，不管是班里还是家里，都是大家一起生活学习的地方，保持整洁才会让每个人都愉快地在这里生活。

上了二年级，开始背诵《三字经》了，姜欢益很开心，还在家里当起了小老师，教妹妹背起来。只听见房间里回荡着姐妹俩稚嫩而又清脆的声音："人之初，性本善……"我想，她渐渐明白了一些"首孝悌，次见闻。"的道理。

这些文化经典言简意赅，蕴含着丰富深刻的内涵，恰如一位慈祥的长者语重心长地教授给孩子们为人处事、生活学习等方方面面的道理。五一小学开设的《国学养正》课程使孩子们逐渐把优秀的传统文化吸收、内化，进而外显在日常生活的方方面面，引领着孩子们的成长，培育一身正气！正如学校的校训所言"弘道养正，日新其德"！

五、思考与展望

新时代课程改革还需要我们不断深入地研究。我们的"国学养正"校本课程和"道德与法治"课程如何有机融合？使之既符合时代特点传承中华优秀传统文化，又能丰富学校养正文化的内涵？还需要我们不断探索：如何打造一支高品质的德育课程教师研究团队，树立大德育观，探索适合学生特点的校本课程教学模式，努力让学生"去体验""去感受"国学经典的魅力？这需要我们精心设计、加强富有实效和针对性的教师培训。所有这些问题都引发了我们不断的思考。新一轮课堂革命已经开启，我们的校本课程将脚踏实地，在探索中前行，在前行中求索……

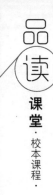

拓展性学习—— 翰墨飘香

申春娟

一、前期思考

《小学语文课程标准》在识字写字方面明确指出：第一学段要帮助学生养成正确的写字姿势和良好的写字习惯，了解汉字的基本知识，能把硬笔字书写规范、端正、整洁，初步感受汉字的优美；第二学段能使用硬笔熟练地书写正楷字，做到规范、端正、整洁；第三学段，硬笔书写楷书，行款整齐、有一定速度，在书写中体会汉字的优美。因此，我校明确把培养学生"写一手好汉字"作为目标，开发了五一小学《翰墨飘香》校本课程，力求通过写字课程的实施，提高学生写字的基本能力，提高学生欣赏、审美、实践、创新能力，并在这个过程中丰厚学生的文化底蕴，提升他们的人格修养。

二、课程设计

《翰墨飘香》课程内容包括汉字文化和汉字书写两部分，引导学生在练习写字的同时了解汉字的演变过程以及历代书法文化。每课教学分成两个主要环节：第一个环节是对汉字文化的了解和学习。1—3年级主要了解字源知识，激发学生对书写汉字的兴趣；4—6年级以欣赏历代书法家的书法作品为主，以此了解书法历史，提高审美情趣。第二个环节是对学生进行汉字书写的指导和练习。教师根据讲义内容进行有针对性地指导，然后让学生进行实践练习，并组织学生对练习内容进行展评。

为了提升学生的写字兴趣，结合学校及学科要求，我们定期开展与汉字书写相关的讲座、竞赛、展示等活动，评选"书写擂主""翰墨才子"等，以此激励学生写好字、练好字的自信心。在展示活动中，我们积极开展家校联动活动，倡导家长、教师、学生一起写字、一同展示，营造良好的书写氛围，弘扬中华民族传统文化。

三、课程实施

（一）学习内容及安排

我们以硬笔书法教育为抓手和切入口，使学生能够在整个小学阶段有步骤地掌握书法知识技能，发展写字的感知、欣赏、表现、创造等能力，接受书法艺术熏陶，提升文化艺术修养。在课堂教学中，贯彻新课程理念，合理运用自主、合作、探究的教学模式，合理利用好书法校本教材，科学、循序渐进地培养学生的书法技能。我们高度重视感受书法文化与培养民族情感的相互结合，关注审美鉴赏能力与提高书写能力的相互促进，培养学生良好的书写习惯与提高书写水平并重。

《翰墨飘香》课程主要关注的是学生硬笔书法技能，内容编排以汉字基本笔画、偏旁、结构和书写为主，以小学语文教材生字教学为辅，由浅入深，从易到难地进行科学训练。

为保证写字教学工作的正常开展，做到课内与课外结合，讲解与示范相结合，练习与运用相结合，普惠与提高相结合，我校分阶段进行写字的跟进评价：

【第一阶段：班级日常活动——小荷才露尖尖角】

1.班级评比：《翰墨飘香》任课教师收集学生日常上课的写字作品，将作品展示在班级展板上，每月更换学生的作品。

2.微信晒图：班主任将展示的作品及时拍照，发布到家长微信群，提高家长对学生写字的重视程度。

3.亲子感言：家长、学生分别在《翰墨飘香》书的封底写下自己的收获或者感受，老师收集家长感言进行定期发布，相互交流分享。

【第二阶段：年级进步展示——更上一层楼】

1.写字作品展示：选取进步明显学生的开学初和期中的写字作品，进行年级展示。

2.感言分享：选取亲子感言中真实、真挚、真情的感言，进行年级展示。

【第三阶段：校级优秀展评——梅花香自苦寒来】

1.亲子书法展：结合学校语文节活动，开展校级亲子书法展。此项活动由全体学生和家长参与，挑选优秀作品在全校展览。

2.师生书法展：选取日常作业、年级展览和校级亲子书法展中均表现优秀的学生，给予与书法老师同写一幅作品的机会，并在全校展出。

在持之以恒地训练中，学生汉字书写的整体水平得到了一定的提高，作业书写整体更加端正，作业正确率更高。很多学生通过学习，不仅提高了自己的硬笔书法能力，而且能够做到学习"静心"与"专心"，做事"细心"，培养良好的习惯和不怕困难、持之以恒的良好品质。

精品课例1：打好基础　练就好字

付映晖

教学目标：

1.规范学生书写时坐姿及握笔姿势。

2.学习汉字基本笔画——"点"的写法，了解点有左"点"、右"点"、长"点"之分。

3.通过游戏，比较三种"点"的形态特点及写法的不同，提高学生学习书法的兴趣。

4.学习书写这三种"点"及带有"点"笔的几个字，逐步提高书法审美能力。

教学重点：

通过游戏，比较三种"点"的形态特点及写法的不同，提高学生学习书法的兴趣。

教学难点：

学习书写这三种"点"及带有"点"笔的字。

教学过程：

【活动一：出示笔画，引入新课】

师：（出示：笔画——点）汉字是由基本笔画构成的，今天，我们就来认识一个笔画，你们知道它是什么笔画吗？（板书：右点）

师："点"好比汉字中的"眼睛"，形态小巧，入笔尖，轻下笔，由轻到重向右下行笔，稍按后即收笔，不要描，一次成画，收笔要圆。这就是"右点"。

（学生书空）

【活动二：教读儿歌，纠正执笔】

师：在写"点"之前，我们先来检查一下自己的坐姿和执笔姿势，请大家看。（大屏幕出示：正确的写字姿势、执笔姿势，对应出示儿歌）

生：按照提示，检查自己的姿势。

师：同桌两个同学互相检查一下，如果同桌做对了，请你夸夸他，如果需要改进，请你帮帮他。（小组同学按照图示互相纠正）

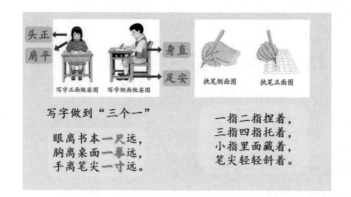

师：我们把写字姿势编成了儿歌，一起来读一读。（带领同学读儿歌）

师：为了每节写字课，我们都能保持良好的姿势，咱们找个写字姿势正确的同学提醒大家。（大家纷纷举手，教师指定一名同学）

生：写字做到"三个一"。

齐：一尺、一拳、一寸。

生：头正、肩平、身直、足安。

齐：一指二指捏着，三指四指托着，小指里面藏着，笔尖轻轻斜着。

师：下面我们用正确的写字姿势练习写"点"。

（设计意图：通过图解、示范、讲解规范孩子的写字姿势，通过诵读孩子喜闻乐见的小儿歌，帮助孩子检查写字姿势，从而培养孩子的写字习惯。）

【活动三：写字游戏，激发兴趣】

师：我们一起做个游戏，我这里有三个"点"（出示：左点、右点和长点），

它们分别叫左点、右点和长点。

师：老师这里还有缺了"点"的字，猜猜是什么字？

指名猜：卜、小、主。

师：你能给这些汉字找到正确的"点"吗？

请同学到讲台前贴，其他同学评价。

（设计意图：激发孩子的学习兴趣，激起孩子的写字热情，同时培养孩子的"读字"习惯，让孩子更好地把握好汉字的间架结构、笔画位置，才能做到收放自如。）

【活动四：小组评价，互学提高】

师：小朋友们真了不起，为汉字朋友找到合适的"点"，下面就请你们写写这几个字。（同学们描一个，写一个）

师：把你写的字给同桌看看，互相评价一下，写得好的画上星。谁来夸夸你的同桌。（同学展示，画"星"的字，看看这个字哪儿写得好）

师：请你接着往后写，写完后，看看自己有没有进步。

（小组互评，大屏幕展示优秀作品）

（设计意图：同桌互评、全班展评的方式，提高学生对汉字的鉴赏能力，让孩子在快乐中改正自己的不足，并且巩固了汉字的写法，培养学生的审美能力。）

教学反思：

本课教学设计基于一年级孩子年龄特点，重在打好基础，培养良好写字习惯，与此同时，我努力激发孩子的写字兴趣，不断提高课堂实效。

上课伊始，我先让孩子们认识了基本笔画——点，向孩子们介绍汉字的基本笔画，让他们了解到基本笔画写得规范，字就显得美观，进而开启对"点"的书写探究与实践。在鼓励孩子大胆尝试写"点"的同时，我特别关注孩子的正确书写姿势，介绍朗朗上口的有关坐姿、拿笔的小儿歌，引导孩子们按照儿歌中的提示端正自己的写字姿势。

在写完点后，我设计有趣的"补点"游戏，孩子们积极性高涨，个个跃跃欲试。本课中我还向孩子们介绍优秀的书法作品，引导他们领略"点"的不同写法。孩子们在游戏中巩固认知，在交流欣赏中提升审美能力，在实践中主动应用，整节课中孩子们参与热情非常高，学习效率也不断提高。

活动后，孩子们练习写"主、小、卜"三个字，写完后，我让同桌两个孩子互相评价，如果同桌写得好，就画上星；如果同桌有待改进，就请告诉他。这个环节孩子们都特别认真，有的孩子欣赏着自己同桌的字并为同桌竖起大拇指；有的孩子对自己的同桌说改进的方法……当一幅幅漂亮的字展现在大家面前时，相信每个孩子心中都有了一个写好字的标准，督促自己把字写得更好。

一节写字课结束了，孩子才刚刚开始学习写字，作为低年级的语文老师，要给孩子打好写字基础，让他们有"提笔就是练字时"的观念，养成良好的写字习惯，练就一手好字，会对他们终身受益。

精品课例2：寓情于字，写字抒情

刘 嘉

教学目标：

1.了解"足字旁"的字体演变，感受中国汉字的文化信息。

2.通过观察比较，了解足字写成"足字旁"时有哪些变化，掌握足字旁的写法。

3.通过添加辅助线和拼摆笔画的方法，帮助学生找准"足字旁"字形结构，以小组探究方式推敲归纳"足字旁"的结字规律，通过临摹后再进行复合感悟汉字之美，激发学生学习乐趣。

4.能够运用正确的执笔姿势和写字姿势书写汉字，培养良好的书写习惯。

教学重点：

掌握足字旁的写法以及足字旁的结构规律。

教学难点：

1.掌握"足字旁"撇的位置变化以及"足字旁"在字中的宽窄变化。

2.掌握"践"字中斜钩书写的角度与弧度。

教学过程：

【活动一：述汉字之源，激发爱国之情】

师：（出示课件：观看"足"字从甲骨文至行草书的演变过程）孩子们，你们看得很认真，你有什么感受和大家分享？

生：汉字的变化很有趣！

生：古人很聪明，通过简单的几笔就能画出这个字的意思。

师：大家说得很好，我们的祖先在不断的劳动过程中，从结绳记事以至发展到现在的文字，每一个字都是智慧的结晶。

（设计意图：通过讲述书法渊源和字体演变，让学生了解我国的书法艺术是在长期的历史过程中发展起来的，从中感受到书法艺术的魅力，产生民族自豪感。）

【活动二：悟书法之美，陶冶高雅情操】

师：请大家进行小组探究请仔细观察"路"字，你能找出这个字的问题吗？

生：我们组认为"路"字的横撇有问题，它的横画过宽，显得右边不美，所以我们组换成短横。

师：我们换成短横这个字就没有问题了吗？

生：我们组补充，不光是横，撇也要换成直撇，要不那就大了。

师：你们组观察得更深入了！合体字讲究一个合字，目的是两部分要紧凑，为了结合更紧凑，左边的足字旁避让"捺变成提"，为的就是右边的撇捺能够更加舒展，我们称之为穿插。一个字的美不在于某一笔写的有多舒畅，而是在整体布局与搭配要和谐。

（设计意图：利用多种教具，引导学生自主选择，亲自实践，并在交流中主动反思调整，不断加深对字结构的认识。）

【活动二：在欣赏中感悟】

师："孩子们，老师今天给大家带来两样东西，它们能帮助你们解决现在的问题，想试试吗？"教师出示两段树枝，一段直径1.5厘米，一段直径2毫米。

生：这有什么用呀？

师：你们觉得这两段树枝哪个更为粗壮，更不易折？

生：粗的，粗的不容易折。

师：好，看来大家有答案了，但是光猜不行我们要实践一下，看看我们想的对不对。

（两位同学上台实践）

师：孩子们，老子云：过刚者易折，善柔者不败。写字如同这两段树枝，笔画过于强直，则显得字生硬呆板，留有弧度则显得有更大的伸展空间。

（教师在黑板上范写"践"字）

师：请你再来写一写，写完后让你的小伙伴看看你有没有进步。

（设计意图：通过学生动手实践以及评价反思，不断提高他们对字结构的理解以及掌握水平。）

教学反思：

"知白守黑"是清代书法家邓石如《论书法艺术美》的创造法则之一，语出《艺舟双揖·述书上》，指将字里行间的虚空（白）处，当作实画（黑）一样布置安排，虽无着墨，亦为整体布局谋篇中的一个重要组成部分。在我看来，这不仅适用于书法的谋局布篇，在新课改环境下，它也适用于我在课堂中的思考与实施。课堂不是越满越好，从上课开始到下课，节奏紧凑，都是依据老师的预设来进行，再看学生，要么不知所云，要么云游天外，老师与学生之间的互动成为了老师一人的独角戏。在学校新样态教学理念的指导下，我一直在思考如何更好地以学生为主体，以学定教，以学定练，努力给孩子们更多的思考和实践的空间。整堂课除了最后示范这个环节我给予孩子们必要的指导，其它时间都是孩子们在活动，在思考，在书写，在汇报。这就要求老师不但具有驾驭课堂的能力，还要具备把握空间切割的辩证眼力，老师与学生好比空白与不同的黑色线条的辩证统一，感悟"虚实相生""知白守黑"的妙用。学生"肆力在实处""索趣乃在虚处"，获得学习无穷之趣。课堂留白，不仅是一种艺术，而且是一种智慧，能够激发学生探索知识的主动性和积极性，能够让学生在课堂中呼吸更多的氧气，自然学生的学习效率和效果都能够得到很大程度地提高。

书法是中国特有的一种文字艺术形式。如何能够让孩子们在学习中体验到书法的魅力呢？我认为对于孩子来说，学习好比"如人饮水，冷暖自知"。一节课是否自己真的有所获，孩子们是有判断的。如何充分调动他们的学习积极性，让他们参与到学习活动中？我认为，兴趣是最好的老师，激发学习兴趣能有效地诱发学习动机，强化学习动力。丰富学生的体验，要结合学生实际，由少到多，由浅入深。课堂中我通过为学生设计书写、尝试、赏析、感受、体验、内化的学习过程，环环相扣，每个教学环节的目的在于通过实施德育隐性渗透，使学生能提高书写质量，提高书写技能，提升学生人文素养。给学生足够的空间与时间去交流、练习、评价，充分体现学生在课堂的主体地位，使学生能够在乐学中发展个性，学会自主学习。

四、课程成效

我校的"翰墨飘香"校本课程实施以来，不断地引领着学生逐渐从书法中寻找认同感和乐趣，同时培养学生良好的书写习惯，引导学生把汉字写得规范、端正、整洁，从整体上提高了学生的书写质量。同时，为了学生之间能够更好地相互促进、相互成长，我们还精心为学生组织一年一度的"翰墨飘香"书法大赛，为孩子们搭建展示、交流"翰墨飘香"学习成果的平台。

大赛首先经过领导、老师们的前期研讨，制定具体比赛方案，并组建了评委小组。大赛要求全员参与，在规定时间内进行现场比赛。各班以班级为单位经过班内评比后上交硬笔书法和软笔书法共8件作品，由学校评委小组按年级评选出优秀作品若干件进行表彰和展览。比赛之后，我们组织师生共同欣赏优秀书法作品，同伴之间互相品鉴、互学所长、共同勉励，在书写水平进步的同时，学生的审美水平也在不断提升。

在写字中幸福成长

王旸

令仪是五一小学一名三年级的学生，她的学习成绩在班里处于中等水平。她从不违反学校纪律，用现在时髦的话来讲就是一个"小草根"。但我发现她在上"翰墨飘香"课时格外认真，总能全神贯注地听讲，一丝不苟地进行书写练习。

我不禁起了爱才之心。基于多年辅导学生的经验和令仪的个人情况，我开始了专门针对她的"精英计划"。考虑到她对硬笔书法虽然感兴趣，但没有深厚的基础，我为她安排了最简单的练笔，先从横、竖、撇、点、捺等开始。

令仪是个乖巧的孩子，面对相对枯燥的笔画练习不厌其烦，每天都会认真完成作业，还时不时地提出一些问题。我发现这孩子不仅用功而且有些灵气，孺子可教也！通过这些练习，她驾驭笔的能力逐渐增强，再加上我对她的夸奖及鼓励，使她内心充满了喜悦和自信。每次课上指导后，她总是满脸的喜悦，因为她让老师和同学们看到了自己一点一点在进步！

很快，令仪就进入到临帖阶段。我为她选择了隶书，因为隶书是比较容易上手的，这样就不会让她在进入临帖阶段有挫败感。而在隶书众多不同风格的汉碑中，我又根据她粗犷、果敢的性格特点，为她选择了汉碑当中的《张迁碑》。因为《张迁碑》的用笔特色是方折凝重、斩钉截铁，线条干净利落、浑劲沉厚、方方正正，横竖回、起、止多用方折笔法，入笔有劲、沉着饱满、粗犷有力、苍峻朴实，间以圆笔宽厚,雄浑内敛,这与她"女汉子"的性格比较吻合。她看了《张迁碑》果然十分喜欢,对练好楷书信心满满。

有了笔画的基础,令仪临帖的进展比我想象得要快,她的观察能力也越来越强。一次,我在指导"君"字的间架结构时问她:"'君'字的结构特点是什么?"她不假思索地轻松答道:"上宽下窄。""怎样做才能上宽下窄?"我加大难度追问道。这次,她的表情有些凝重,略有所思后答道:"把上面的横画写长点儿,下面的口写小一点儿。"我赞美道:"非常正确!你真棒!"听到我的表扬,她开心地笑了。看她兴趣正浓,我继续讲道:"在写'君'的长横时,逆锋起笔成方势,转锋向右行笔,过竖画向右上高挑出锋成雁尾,不可太长,同时还要注意横画之间布白均匀。"她专心地听着,不住地点头,然后便迫不及待地要求马上练习。当令仪把习作给我看时,我毫不吝啬地夸奖:"这是你写得吗?不错嘛!《张迁碑》味道很浓呀!"这时,她的脸上也表现出成功的喜悦。我又接着说:"如果你把字头再放开一点儿,'口'再收一点儿,这个字就更像范字了。""行!我再写一个。"她高兴地接过习作继续练习去了。正巧,这时我的同组老师来到教室,我拿出她的作品在他们面前展示了一番,大家看了之后都大加赞赏说:"真不错!孩子的悟性很高,对《张迁碑》的特点把握得很到位!"

令仪不好意思地笑了,小脸都红了,估计这是她第一次得到这么多老师的赞美吧!孩子在墨香中感受到书法的乐趣,也让我在授课的同时享受成功的喜悦。

慢慢来,我等你

刘颖楠

一年级开学的第一天,小刘同学便引起了我的注意。小刘是一个没有任何学前基础的孩子。字迹潦草,不认真,写的字常常不是"飞起来"就是"分家",作业本也是脏脏的。

一年级的语文课重点之一是培养学生养成良好的书写习惯,能够规范地书写生字。每节语文课上10分钟的写字时间对于改善小刘写字"惨状"来说实在是太微不足道了。我时常在他生字本上批注"慢点写""字写小点儿""再认真些会更好"，希望以这种方法激励他，可这种温柔的暗示并没有让小刘有什么改变。

令我欣喜的是，学校在那一年开设了"翰墨飘香"课程，每周都有40分钟专门用来静心写字。和语文课不同的是，写得好的字会被老师画上红圈圈，孩子们都沉迷于这与众不同的评价方式。每次拿到判完的作业，孩子们都会认真数红圈圈的数量，相互"攀比"炫耀，而小刘也不例外。小刘每次写了规范的字，哪怕只是某一笔写得好，我都会给他画上一个大大的红圈。就这样，从一个笔画被圈红，到两个、三个……红圈圈一天天变多了。渐渐的，小刘能够认真写字了，虽然和别的小朋友相比，还是有比较大的距离，但跟他自己比却有点点滴滴地进步，更重要的是他对写字的兴趣浓厚了许多。于是，我就时常在他的字旁边批上一句"不错，请继续努力！"，这样一来，孩子的自信心更强了。

"翰墨飘香"滋润着孩子的心灵，练得一手好字对于低年级的"小豆豆"不再是那么困难的事了。孩子的写字兴趣和信心也在课上悄悄地生根发芽。而"翰墨飘香"课，也让我静下心来，有了更充裕的时间，能够放慢些脚步，等待孩子，静待花开。

翰墨飘香　助我成长

二（6）班　宁艺嘉

当手捧五一小学第二届国学节"翰墨飘香"活动一等奖证书时，我甭提有多高兴了；当在"希望中国"全国总决赛现场，我亲笔写下大大的"福"字时赢来阵阵掌声时，我激动得不得了；当老师把我的书法作品展示给全班同学看时，我心里也美美的……这一切成绩的取得，都离不开学校开设"翰墨飘香"课程。

我经常会想起第一堂翰墨飘香课的情景。班主任刘老师给我们介绍汉字的发展历史，讲解写一手好字的好处，耐心地带着我们从点、横、竖开始练习。印象最深的是刘老师把"点"画比作"眼睛"，要求入笔要快、尖，收笔要慢、圆，并且一遍遍在黑板上给我们演示。

上完第一堂翰墨飘香课，我就喜欢上了这门课。当天放学回到家，我主动在田字格本上练习，并且在我的带动下，妈妈也开始和我一起一笔一划认真地在田字格本上写。我还学着老师的样子，把妈妈写得好的字用红笔给圈出来。

感谢学校开设了"翰墨飘香"课程，让我们一迈进校门就行驶在"写漂亮字"的大道上。经过两年"翰墨飘香"课程的学习，我的字有了不小的进步，也得到了老师与同学们的很多赞扬。但是我清楚，自己现在的水平还远远不够，我一定会坚持不懈地继续练习！

习爷爷说："书法是中华文化的瑰宝，包含着很多精气神的东西，一定要传承与发扬好。"什么叫精气神？虽然我不能完美地解释出来，但是我依稀能感受它的含义。妈妈说，它就在我练字时全身心的投入里，就在我每日书法练习的坚持里，就在我气定神闲的神采中……

我一定牢记习爷爷的嘱咐，认认真真地跟着老师学，把世界上最美的汉字写好！

五、思考与展望

几年的研究历程，我们不断优化课程资源，整合课程内容，目的就是让每个孩子都能写得一手好字，受到美的熏陶，提高审美、鉴赏能力，激发孩子们习字的兴趣，培养孩子们良好的书写习惯，弘扬我国优秀传统文化。如今，我们的《翰墨飘香》校本课程正在走向成熟，孩子们上课的积极性高，兴趣浓，写字水平不断提高，逐步养成了良好的书写习惯。更重要的是，我们的课程让学生浸润在丰富的汉字文化氛围中，修身、养性、立德……我们希望，在浓浓书香的"五一"校园，凭借对"写字"的坚持，让汉字文化和书写技艺滋养每个学生，传承并弘扬书法这一中华传统文化艺术，我们一直在路上！

拓展性学习—— 中华武术

庞 盛

一、前期思考

中国优秀传统文化一直是我国民族的精粹，推动着中华民族自立自强不断奋进。把中国优秀传统文化作为小学素质教育的重要内容，具有极其重要的现实和长远意义。

中华武术是中国传统文化中不可缺少的组成部分，就其内涵而言，武术文化几乎涵盖了中国传统文化的各种成分和要素，渗透着中国传统文化的精髓。它在长期的发展过程中，融汇和汲取了诸多领域中的营养。它以武术为载体，内容具有哲理性和艺术性，方法具有科学性，是一个独立完整的文化体系。

二、课程设计

武术进入小学是必然趋势。小学生经常习练武术，不仅能够健体强身，还能够培养合作精神和竞争意识，形成良好的道德观念和社会责任感。

五一小学高度重视民族传统文化的传承，并将武术作为学校传承传统文化的精品课程，设计了从入学到毕业各个阶段学习的内容，为孩子的健康成长奠定坚实的基础。本着普惠的原则，我们在1—6年级全面开设了中华武术课程，并有计划的将功夫扇、拳法、刀术、棍术等技能的学习安排在不同年级分层开设，使每一个五一学子真正受益。

三、课程实施

（一）学习内容及安排

年级		基本手型	基本步型	基本腿法	柔韧性	套路练习
一年级	第一学期	拳、掌、勾、推掌、冲拳	弓步、马步、仆步	蹬腿、弹腿	正压腿、纵叉	武术操"旭日东升"
	第二学期	架拳、架掌	虚步、歇步	正踢腿	纵叉、横叉	武术操"雄鹰展翅"

一年级 学习目标：

1.明确武术学习的注意事项，能够积极、愉快地参与到武术学习中来，主动积极地完成学习任务。

2.了解武术基本步伐名称，初步掌握两套武术操。

3.初步发展身体的柔韧性、灵敏性、平衡能力。

4.能够努力完成武术的学习任务，体验武术对情绪的积极影响，在学习过程中培养学生合作交流能力。

年级		基本手型	基本步型	基本腿法	柔韧性	套路练习
二年级	第一学期	拳、掌、勾	弓步马步转换、弓步仆步转换	弹腿冲拳	纵叉、横叉	海淀区武术基本功动作
	第二学期	拳、掌、勾	马步虚步转换、虚步歇步转换	蹬腿推掌	纵叉、横叉	校编武术基本功动作，初级一路长拳

二年级 学习目标：

1.能够按照武术课的注意事项要求自己，并能够积极、愉快地上武术课，主动积极完成学习任务。

2.了解武术基本步伐名称及老师的指导手势，初步掌握"武术基本功动作与初级一路长拳"整套动作方法。

3.进一步发展身体的柔韧性、灵敏性、平衡能力。

4.能够努力完成武术的学习任务，体验武术对情绪的积极影响，在学习过程中培养学生合作交流能力。

年级		基本手型	基本步型	基本腿法	柔韧性	套路练习
三年级	第一学期	架掌、架拳	步型与步型之间转换	外摆腿	提膝平衡、侧身平衡	校编《少年中国说》
	第二学期	架掌、架拳	步型与步型之间转换	里合腿	提膝平衡、侧身平衡	校编《功夫扇》
	学习目标： 1.能够积极参加武术活动。 2.学习武术相关知识，学习并掌握校编《中国少年说》整套动作方法与校编武术《功夫扇》整套动作方法。 3.发展身体的柔韧性、灵敏性、速度与力量。 4.能够坚持完成有一定困难武术学习任务，保持积极稳定的情绪，乐于与同伴交流与合作，能遵守武术运动规则。					

年级		基本手型	基本步型	基本腿法	柔韧性	套路练习
四年级		刀术学习				
	第一学期	持刀礼节与持刀方法		基本刀法		单式刀法练习
	第二学期	刀术组合套路练习				
	学习目标： 1.能够积极参加武术活动。 2.学习武术相关知识，学习并掌握刀术基本功动作方法与校编套路组合。 3.改善体形，发展身体的柔韧性、灵敏性、速度与力量。 4.能够坚持完成有一定困难武术学习任务，保持积极稳定的情绪，乐于与同伴交流与合作，并能遵守武术运动规则，初步自我规范体育行为。					

年级		基本手型	基本步型	基本腿法	柔韧性	套路练习
五年级		棍术学习				
	第一学期	持棍礼节与持棍方法	基本棍法	单式棍法练习		
	第二学期	棍术组合套路练习				

学习目标：

1.学会通过武术活动进行积极休息，感受武术活动比赛的乐趣。

2.丰富武术的知识，学习并掌握棍术基本功动作方法与校编套路组合。

3.保持良好的身体姿态，提高灵敏性、力量、速度、小肌肉群的控制能力与心肺耐力。

年级		基本手型	基本步型	基本腿法	柔韧性	套路练习
六年级	全年			24式太极拳		

学习目标：

1.学会通过武术活动进行积极休息，感受武术活动比赛的乐趣。

2.丰富武术的知识，学习并掌握太极拳基本功动作方法与套路组合，初步掌握武术运动损伤及常见意外伤害的预防与简易处理方法。

3.保持良好的身体姿态，提高灵敏性、力量、速度、小肌肉群的控制能力与心肺耐力。

4.在武术活动中表现出克服困难的意志品质，学会调控自己的情绪，进一步培养合作意识与能力。

组织形式：

1.以课堂为中心，通过平时的教学普及武术教学内容，使每位学生必学、必练、必会。

2.在日常教学的基础上开设兴趣课，使对武术有兴趣的学生能够更深入地学习武术内容。

3.在参加兴趣课的学生中再挑选柔韧性、力量等身体素质较好的学生，组建校武术队进行第三阶梯的训练。

　　（二）典型案例

　　2012年我校开始设计研发《中华武术》校本课程，现在已经正式在全校一至六年级全面推广。在这个过程中，无论是老师还是学生，都在练习武术中提升了身体素质，一招一式中都带着武术的"精、气、神"。大家越来越喜爱练习武术，在课堂中相互交流分享，享受到了学习武术与钻研武学的乐趣。《中华武术》校本课程的构建及实施都取得了喜人的成效。

武术基本功

胡子钰

教学目标：

1.初步学习武术动作组合："上步搂手马步击掌，弓步双摆掌，弓步勾手撩掌，弹踢推掌，马步击掌"，使90%左右的学生能够独立完成动作，能说出动作名称并做到动作正确、标准。

2.通过练习及游戏锻炼学生的身体控制力与协调性。发展学生下肢爆发力与快速跑的能力。

3.使学生能以积极认真的态度学习，培养学生团结协作、小组合作、自主学习能力与刻苦锻炼的精神。

教学重难点：

步法正确、标准；动作协调、连贯

教学过程：

【开始部分（3分钟左右）】

队长整队，报告人数；师生问好，教师宣布教学内容。

队列练习：四列横队与二路纵队互换。

（设计意图：整齐划一的队列练习能够充分地调动学生的注意力，培养学生集体主义观念。）

【准备部分（5分钟左右）】

一般性准备活动：海淀区武术基本动作组合。

专项准备活动：课课练—屈膝弓箭步、小游戏—推出去。

（设计意图：进一步规范学生的基本动作，锻炼学生下肢力量。）

【基本部分（29分钟）】

1.教师示范动作并提出问题："动作中都出现了哪些步型？

2.学生利用大屏幕自学步法。

①出示所学动作图片，先了解动作名称。

②播放视频，自主学习。

（设计意图：通过信息化手段能够让学生反复观看动作，建立正确的动作表象。）

3.教师集体纠正动作，小组合作练习。

①教师集体纠正。

②小组练习。

（设计意图：在教师的纠正和学生分组练习下，不断提高学生步法的动作质量。）

4.学生利用大屏幕自学上下肢组合动作；学生示范。

5.小组合作练习所学动作，每人喊一次口令动作名称，教师巡视指导。动作正确的同学奖励体育星。

（设计意图：每一个同学都能当一次发令者喊出动作名称，能够增强学生的自信心。奖励体育星调动学生练习的积极性。）

6.教师集体纠正，再次分组练习。

7.集体展示。

8.攻防含义拓展练习。

（a）教师进行武德教育。

（b）学生探讨怎样能够阻挡对方来拳，尝试运动今天所学动作。

（c）两人一组，听教师口令，一人进行冲拳，另一人进行搂手

（设计意图：在完成本课教学目标的情况下进行拓展，教授学生动作的用法，让学生知道武术运动的特点，提高学生的学习兴趣。）

【游戏：动物王国运动会】

1.游戏方法：分成10组，每组四人，学生模仿小鸟、小兔、袋鼠、小熊的运动方式进行接力。当教师口令发出后，迅速向前方移动，绕过标志桶后返回。先返回的队伍获胜。

2.游戏规则　①不能抢口令　②按照每种动物的特点进行比赛

3.学生练习

①教师讲解游戏要求。

②学生尝试练习。

③接力比赛，四名学生分别模仿四种不同的动物进行接力。

要求：四名学生不能重复模仿一种动物

【结束部分（3分钟）】

1. 放松：配乐放松练习太极拉伸操。

2. 课后小结。

3. 下课。

4. 收放器材。

教学反思：

上完这节课后，从教学目标达成情况来看，本节课基本达到了课前的预想效果。

这节课我大量地利用信息化技术，让学生能够反复观看动作，跟着视频学习动作，改变了传统模式下老师教学生学的教学方法，大大地提高了学生的学习兴趣和积极性。同时也提高了课堂的密度与实效性，体现精讲精练的教学原则。在基本内容的学习部分，减少了教师的指令和约束，增加了学生自主体验自主学习的环节，让学生真正的"动"起来，并且将武术技击的特点和武德教育融入其中，在最后环节加入了武术动作的攻防含义，使学生了解武术运动的特点。

在分组学习与练习之前，让学生确定好练习的目标，让学生清楚本次练习目的是什么，这样学生才能在练习的过程当中重点练习、重点观察，在相互指导纠正的时候也能更加准确。教师在课堂中实时关注学生的学习情况，及时对小组学习的情况进行评价，这样在教师主导的情况下，充分发挥学生之间的合作学习力量，更好地激发学生学习的积极性，这样有利于针对每个小组的优缺点，教师给予实时的指导帮助，加大课堂密度，提升学习质量。

整堂课，学生能够做到有序认真非常遵守纪律，在规定的场地按照老师的要求进行练习。通过小组合作的自主学习，我发现学生们都主动参与到学习过程中，认真体会动作，在合作中达成了教学目标。

四、课程成效

在中华武术课程的教学中，我们特别注重对学生"武德"的培养。武术的学艺和练功，不仅要有吃苦耐劳的精神，还需要常年不懈、坚持以恒，才能培养坚忍不拔、勇敢无畏的意志品质。武术在长期的延绵中，一向重礼仪、讲道德。"未曾学艺先学礼，未曾习武先习德"，培养武德是武术的传统。通过练武习德可以培养尊师重道、讲礼守信、见义勇为、不凌弱不逞强等良好的心理素质和高尚的道德情操。五一小学的师生就是在这样的"武德"熏陶下坚持练习武术，可以看到无论是老师还是学生，他们的一言一行，一举一动都带着武术的"精、气、神"。

在精品课程中学校还制定了"三级九段式评价体系"，改变以往的过于单一的评价方式，以此调动学生学习积极性，设计了更能提高孩子兴趣的评价方法，在国家规定的评价基础上再加上武术独有的适合学生身心发展的评价等级制度，让不同水平的学生通过努力就可以获得鼓励，同时还有进一步努力的目标，这样更能够激发孩子的学习兴趣。

五一小学还把大课间活动，群体比赛等都与武术相结合，利用大课间时间，组织学生练习武术，课上学课外练，冬练三九夏练三伏，每天刻苦地练习武术动作，每次大汗淋漓却没有一个同学退下阵来，他们这种不怕吃苦的精神和坚强的意志品质正是日常练习中渗透给学生的武德教育。五一小学全体学生通过武术必修课的学习，大课间活动的习练展示，已经形成了班班能展示，年级有亮点的学校武术特色！

五、思考与展望

五一小学的校训为"弘道养正，日新其德"，从学校文化的特色上就带着深厚的中华民族优秀传统文化精髓。武术作为中华民族优秀文化遗产的典型代表之一，它在激发学生对民族民间体育活动的兴趣以及弘扬民族精神上所起的作用是任何一个教材无法比拟的。我们会将武术校本课程继续深化完善不断更新，让学生学习的内容更加丰富，不断提高学生学习武术的兴趣，了解武术运动知识以及武术文化。

在课程推进的研究实践中，我们还要继续探索更适宜的评价机制，将学校段位制与国家武术段位制相结合，做出一套属于五一小学武术段位制评价标准，将学校段位制普及到各个年级，让学生都能够热爱武术，练习武术，将我们民族的体育项目发扬光大。

拓展性学习——畅游水墨

李 娟

一、前期思考

国画艺术是我国文化宝库中的一颗璀璨明珠,它意境深远独到,体现着中华民族独特的传统文化素养,让学生接受中国画学习不仅是对美术教育的有益的补充,更对他们了解我国的民族文化,坚定文化自信,提升综合素养都具有重要的作用。

五一小学始终高度重视对中华传统文化的传承与发展,将国画作为美术的特色校本课程,旨在通过国画课程的学习,使学生了解、欣赏中国的传统绘画技艺,从而建立强烈民族精神和民族自豪感。开发国画课程,基于我校有优越的教学硬件和专业功底过硬的美术教师。她们对国画技法以及文化内涵有着比较深的理解,在实际教学中也积累了丰富的经验。通过学生调研我们还欣喜地发现,学生对"国画"怀有极大的兴趣,参与积极性也很高,家长也非常支持孩子的国画学习。

综合以上思考以及学习基础调研,我们决定由我校全体美术教师共同原创研发满足学生学习需求、具有五一特色的"畅游水墨"校本国画课程,助力传统文化的传播与传承,提升学生的艺术素养及综合素养。

二、课程设计

"畅游水墨"校本课程的实施遵循全员普惠原则,在全校一至六年级全面开设,并根据不同年龄学生的学习兴趣和生理、心理发展的特点,按照低、中、高学段划分为"墨趣、墨情、墨意"三个教学主题，分别突出"趣""情""意"教学特点，教学内容呈阶梯状逐层深入，并且知识间具有紧密的连续性，使学生在循序渐进的学习过程中感悟国画蕴含的美感和博大精深的内涵，激发学生对中国传统艺术的兴趣，夯实全体学生的国画功底。

（一）墨趣入门

这是国画的探究与感悟阶段，主要在一二年级中开设，这个阶段的国画学习主要突出一个"趣"字。在教学中，教师结合低年级学生的学习特点，灵活运用教学方法，采用听、看、摸、试、议等方法，调动学生各种感官，引导学生自主发现国画工具与普通绘画工具的不同之处。在探究和尝试的过程中提高学生的学习能力，使学生在轻松、愉快的课堂氛围中体会国画工具神奇特点和笔墨的丰富变化。学生在无意间挥洒的墨点、一条不经意的墨线经过老师的引导与学生们的联想都可能成为一个有趣的事物。我们鼓励学生们在实践中有不一样的发现，不一样的惊喜，产生不一样的体会，充分地调动低年级孩子的好奇心和求知欲，激发他们对国画的学习兴趣。

（二）墨情达意

这是国画的尝试与体验阶段，主要在三四年级中开设，这个阶段的国画学习主要突出一个"情"字。经过低年级"墨趣"阶段的探究与实践，学生不仅在造型能力有一定提高，而且在国画技法上也将有初步的认识。在"墨情"阶段中会选择学生生活中触手可及的事物作为教学内容，培养学生良好的观察、概括能力，并将国画技法贯穿其中，使教学做到润物无声。这个阶段的学生绘画笔触可能会显得十分稚嫩，造型不够严谨，但是画中反映的是他们身边真实发生的故事，蕴含着生活的情趣，使得此时的国画作品意趣横生。本阶段学生的创作内容定位于生活素材，就是让学生在绘画中养成观察生活、记录生活、热爱生活的情怀，并通过欣赏画家的作品初步理解艺术来源于生活并高于生活的道理，进一步感受国画艺术的博大精深，从而在不知不觉间爱上国画，感受我国传统艺术的独特魅力。

（三）墨意融情

这是国画的运用与创新阶段，主要在五六年级中开设，这个阶段的国画学习主要突出一个"意"字。随着年龄的增长，学生对国画技法的掌握逐渐熟练，他们将会欣赏到更多的精彩作品，对国画内涵的理解也将不断走向深入。学生通过欣赏名家名作，赏析国画作品中笔墨丰富变化、画面布局的巧妙、景物的虚实变化，与画家进行"隔空交流"，使学生的图像识读、审美能力、语言表达等多种素养实现飞越。学生们不仅要会欣赏，还要能够学以致用，在进行主题创作中巧妙借用画家的技法，并将自己对绘画主题的理解和感情融入画中，表达自己的思想和内心世界。

通过"墨趣""墨情""墨意"三个阶段的学习，学生对国画"意在笔先"和"以形写神"的国画精髓会有所感悟，从而产生对中华传统文化的热爱之情。我们希望通过国家课程的美术学习，以及"畅游水墨"校本课程的补充，涵养他们的艺术素养，使他们都能拥有一份对生活、对文化的情怀。

"墨趣""墨情""墨意"这三个阶段的创设，体现我校对中国传统文化的高度重视，体现了美术团队教师孜孜不倦地探究精神，融入了师生对中国传统艺术传承、发展、创新的热情。

三、课程实施

（一）学习内容及安排

	上册	下册
1	《认识工具和水墨游戏》 《小蜗牛》 《仙人掌》	《小蝌蚪找妈妈》 《可爱的狮子》 《春天的色彩》
2	《画水果》 《小刺猬》 《水墨游戏2》	《茂密的花》 《小毛驴》 《画小猫》
3	《用彩墨画鱼》 《猫头鹰》 《高个子的乐趣》	《猴子的故事》 《熊猫》 《采摘——玉米》
4	《娇艳的花》 《画螃蟹》	《泼墨荷花》 《民间玩具》 《幽默的小丑》
5	《有趣的汉字》 《小水乡》	《赶海拾蟹》 《画山水》 《鸵鸟》

6	《有特点的人脸》 《岁寒三友——梅花》	《京剧人物》 《我的同学和老师》 《米罗的游戏》

（二）各学段具体学习目标

【低年级】

1.对学生进行国画启蒙教育，培养学习国画的兴趣，体会学习活动的乐趣。

2.了解国画工具、材料和使用方法，感受国画绘画工具的特性。

3.在水墨游戏中大胆尝试用笔（中锋、侧锋）、用墨、用色（浓、淡），自由地表达自己的观察、感受和想象，完成一幅中国画作品。

【中年级】

1.在低段趣味国画教学基础上，进一步利用学生喜爱的动植物为绘画内容，进一步激发学生探索国画艺术的兴趣。

2.能够比较正确地掌握国画的工具使用和方法。学习国画用色，了解国画的颜料特点（包括水色、石色等）。学习用笔的基本技法和用墨的基本技法。

3.运用国画工具，灵活绘画构图，大胆表现时代感的童趣作品。

【高年级】

1.在保持学生对国画原有兴趣的基础上，学会欣赏绘画作品，品味作品意境。

2.感知国画的意境美，体验传统文化的魅力，产生强烈的民族自豪感。

3.灵活运用国画基本技法、大胆构图，进行主题性创作。

精品课例：赶海拾蟹

巩咏晖

教学目标：

1.知识与技能：学习没骨法画人物，表现不同的人物动态。

2.过程与方法：巩固旧知识（水墨螃蟹），利用新旧知识的巧妙结合完成赶海拾蟹的童趣作品。

3.情感、态度和价值观：通过创设情境，唤起孩子的生活经历，体验创作的乐趣。

教学重点：

没骨人物的技法，人物动态的表现

教学过程：

【活动一：创设情境 唤起回忆】

师：瞧，天刚蒙蒙亮，这对母女来海边做什么？退潮后的大海边多热闹呀！有老人也有小孩子！晨曦中映出他们忙碌的身影！

师：我们以前学习过画螃蟹，今天我们就来画一画赶海拾蟹，把这些有趣的场景画下来好不好！

（设计意图：通过观察人们赶海时的情景，唤起学生对生活的回忆，引出课题。）

【活动二：创设情境，启发联想】

师：想象一下画中的你穿着什么样的衣服？捉螃蟹时的表情和动作是怎样的？（小组讨论）

师：你愿意给大家表演一下吗？

（设计意图：艺术来源于生活但却高于生活，在唤起学生对生活经验的回忆的基础上创设情境，启发孩子大胆展开联想，为下面的创作做铺垫。）

师：我们怎样把这有趣的画面表现出来呢？

【活动三：分析比较 技法指导】

师：认真观察：下面这两幅作品，人物的画法有什么不同？

勾染法　　　　　　　　没骨法

师：第一幅图是我们以前常用到的勾染法，就是先勾墨线再着色，今天我们就学习一种新的画人方法，没骨法。

（学生尝试）

师：画头发的笔要干一些，这种飞白的效果给人感觉很自然。

（教师示范：根据学生画出的不同角度和位置的头添画出身体的动作；添画螃蟹，注意疏密对比，让人物与螃蟹产生有趣的联系。）

（设计意图：让学生根据刚才联想的人物动作先试着画了一个头，此时教师再根据学生表现的不同角度的头来添画人物动作，让孩子学会灵活地表现人物动态。）

【活动四：学生实践、交流】

（艺术实践：抓住人物动态和表情，展开联想画一画赶海拾蟹的有趣场景。）

教学反思

本课学习内容源自我校"畅游水墨"校本课程教材。学生在中年级学习过水墨螃蟹和勾染法表现的人物，在此基础上我把旧知识与新知识巧妙结合，设计了本课教学。本课的内容贴近学生生活，学生非常感兴趣，学习积极性很高，在课上敢于大胆联想，乐于表现，学生作品充满童趣，达到了较好的效果。基于本课的教学效果我进行了反思，我认为有两点做得比较到位。

本课的题材取自于学生的生活，会让学生产生一种亲切感，学生的联想是建立在生活经验之上的。在引入部分，我通过播放"赶海"的录像，唤起学生的回忆，激发了他们的学习兴趣。但是艺术来源于生活却高于生活，所以我又创设情境启发学生大胆去联想："想象一下画中的你穿着什么样的衣服？捉螃蟹时的表情和动作是怎样的？捉螃蟹时会发生什么有趣的事情呀？假如你抓到了一个大螃蟹会是什么样的心情？如果你的手指或者小脚丫被螃蟹夹住了又会是什么样的动作和表情呢？"学生的兴趣一下子被调动了起来。他们有的说："自己捉了满满一筐螃蟹，正高兴地往家走，可是狡猾的小螃蟹却偷偷地从我的竹篓里逃出去了。"有的学生说："我的手指被螃蟹夹住了，疼得我哇哇大哭！"还有的学生说："螃蟹横着爬，我也横着爬，看谁爬的快！"这些有趣的想法为学生的创作提供了素材。

学生虽然有了好的想法，但是没有教师技法上的指导，帮助其克服造型上的难点，作品的效果也是不会太理想的。教师的示范起了很关键的作用，示范单一会导致学生过于模仿老师的范画，出现雷同的情况。示范不到位学生还是画不出来。所以我并没有急于给学生示范一个完整人物，而是先让学生根据联想的人物姿态先画了一个头，学生们有画仰着头的，有画低着头的，有画侧面的，有画正面的，在画纸上的位置也不同，教师根据学生画的不同的角度和位置，巧妙地进行添画，示范要讲究举一反三，教给学生的是方法而不是一个单纯的人物动作。这样学生的作品就不会出现单纯的模仿老师范画了。

四、课程成效

我校学生的国画学习具有原创、趣味、分层、灵活等特点，经过七年的教学实践与研究，不管是学生还是教师都得到了长足的进步。在学习中，孩子们不仅掌握了国画的基本技法，学会了欣赏国画的方法，对中国传统文化也有了更加深入地了解，同时也极大地提升了全体学生的民族自豪感。

与此同时，我校美术老师在研究"畅游水墨"校本课程的研究过程中，对国画有了更为深入地了解和认识，在国画的技法上结合自己的实践与理解有了不同程度的突破。老师们结合五一小学学生的特点进行中国画内容的开发，对学生的绘画能力、审美理解进行深入、持续地分析，并撰写一些相关的教学案例和教学论文，成为研究型美术教师。

为了能固化学生学习国画的成果，每年的六一儿童节前后，美术老师们都会为孩子们精心组织、举办画展。孩子们看到自己的作品在校园中正式展出，感到分外自豪。学校还会挑选其中的优秀作品印制成画册，制作成小礼物赠送给来到我校的国内外宾朋作为纪念，使我国的传统文化瑰宝伴随着孩子们的纯真童心走出校门，走向远方。

为使我校"畅游水墨"校本课程更加系统、科学，老师们结合国家课程中的水墨教材与自己的国画教学内容，进行了认真细致的梳理与调整，并于2014年第一次印制了自己的国画校本教材《畅游水墨》，受到了师生的喜爱以及专家的充分肯定。

附：部分学生作品

五、思考和展望

"畅游水墨"校本课程研究的几年来，取得了可喜的成果。一幅幅精美的国画作品、一张张获奖证书不仅记录着学校、老师与学生共同的辉煌，也蕴含着每一位五一人的汗水与努力。这些作品不仅在国内进行艺术作品的展示与交流，还不断走出国门，进行国际化的艺术对话，受到了国内外友人与同行的好评。

在今后的校本课程实施过程中，我们会不断学习，努力寻求新的突破，更加关注学生传承传统的同时大胆创新，使孩子们能够有更加开阔的美术学习与传统艺术熏陶，不断提升他们的艺术素养与综合素养。

拓展性学习——灵动数学

张 薇 董新华

一、前期思考

"儿童天生就是研究者。"孩子们强烈的好奇心和求知欲使得他们对生活和身边的事物充满研究兴趣，思维活跃，乐意接受挑战。他们不满足于一味地、被动接受性地学习，更愿意在动手动脑的过程中进行探究，愿意发现并且利用自己的本领解决自己感兴趣的生活实际问题，因为这不仅会给他们带来极大的愉悦感和成就感，更重要的是通过亲历问题的发现与探究过程，带给他们宝贵的独立探索与合作交流的机会，培养了实践能力与创新精神，获得更为广泛的学习体验，提高了他们的综合素养，为今后持续、健康发展奠定良好的基础。

有这样一段格言："我听见了就忘了，我看见了就记住了，我做了就理解了。"由于小学数学学习内容相对比较抽象，与这个年龄段孩子的认知特点存在一定矛盾，很多内容的学习单凭教师的讲解很难达成认识要求，必须引导学生在活动中体验和感悟，在"亲自做"的过程中实现更为真切、深入的理解。因此，结合我校的育人追求以及学生的发展需要，我们举全校数学团队之力，原创开发了五一小学数学校本课程——《灵动数学》。

二、课程设计

目前我国大部分学校相继自主开发了数学学科校本课程，但是总体看来都非常强调数学学科的知识性特点。在校本课程的定位与设计中则更侧重数学思维能力的训练，对学习的现实意义与广泛性以及数学学习的综合性和实践性有所忽略，课程结构比较零散，缺乏整体性构架，即没有达到课程化设计。因此我们努力整体构建学生的校本数学学习，为学生提供更加生活化、综合化、突出实践性的数学课程，帮助他们获得更为完整的学习体验，不断提高他们的综合素养。

（一）契合学校育人理念及课程建设构架

我校在陈姗校长的带领下，遵循时代发展以及综合育人的需求，在2012年就整体构架了"幸福素养课程体系"（如下图）。

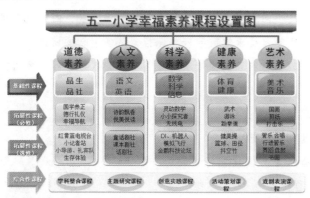

在整个课程框架中，《灵动数学》校本课程处于学校拓展性必修课程群之中。这个课程不仅要通过课程的开发与实施，培养、落实五大幸福素养，还要在"科学素养"的培养方面有特别的侧重。落实学生的科学素养，就必须关注学生的"四能"，即发现、提出问题能力，分析、解决问题能力。《灵动数学》校本课程不能单一地定位于思维水平的提高，而是要关注综合素养的培养，必须引导学生开阔学习视野，培养主动研究的意识，形成发现问题和解决问题的智慧，因此，综合利用所学本领，主动发现、研究问题就显得格外重要。

（二）实现综合育人的培养目标

围绕"通过数学学习，我们要培养什么样的人？""为学生打造什么样的数学学习生活？"这两个问题，我校数学团队教师进行了多次头脑风暴式地研讨交流，最终确定了我们的学科育人目标，即"通过数学课程的设计与实施，培养具

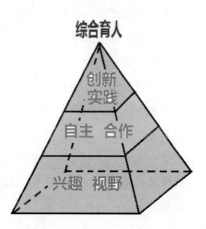

有浓厚的数学学习兴趣、视野开阔、思维缜密灵活、善于发现并主动探究问题、乐于合作、勇于实践、敢于创新的五一幸福少年。"同时，我们将这一目标聚焦为："兴趣视野"、"自主合作"、"实践创新"，并以此作为我们设计校本教材的目标，设计学习内容的具体行动方向。

（三）实现国家教材学习的补充

数学学习内容大多相对严谨抽象，这与小学生活泼好动的年龄特点以及学习方式的独特需求形成明显反差；同时，统一编排的、兼顾各地区学生共同基础水平的国家教材不能满足不同发展水平学生的个性化学习需求，因此我们希望开发一门符合我校学生个性化学习要求的数学校本课程，从多个维度设计内涵丰富、形式多样的、关注个性化的学习内容，促进学生更为多元的数学学习，努力提升他们的综合素养水平。

三、课程实施

（一）学习内容及安排

遵循综合育人方向，我们将《灵动数学》校本课程划分为灵动思维、灵动游戏、灵动探究、灵动阅读四大版块，全方位打造学生的学习空间（如右图）。

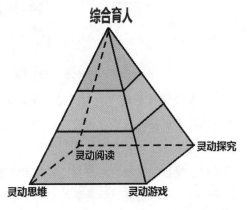

"灵动思维"版块突出对数学思想方法的关注与渗透；"灵动游戏"版块借助具有趣味性和挑战性的益智游戏，鼓励学生动手动脑、大胆尝试、合作交流；"灵动探究"版块突出对学生问题意识以及"四能"的培养，关注研究能力，积累研究方法以及经验，倡导学生用数学的眼光发现生活中的问题，大胆实践，勇于创新；"灵动阅读"版块关注了对学生阅读兴趣以及阅读能力的培养，引导他们尝试从大量的文字信息中主动提取有用信息，建立联系并解决问题。同时还加入了数学发展史、伟大的数学家、有趣的数学绘本等内容的介绍，使学生感受到数学文化的厚重，激发数学学习的兴趣。以上四个版块相互支撑，从不同的维度努力提高学生的学习兴趣，开阔研究视野，培养自主学习与合作交流能力、培养实践创新能力，达成综合育人的最终目标。

1."灵动思维"版块——关注数学思想方法

思维有多远,未来就有多远。数学教育,对学生的关注不应是表面知识的学习,而应深入到学生的认知世界和思维世界,了解他们的知识起点,了解他们的学习需要,引领学生产生积极的思维碰撞,真正理解和掌握基本的数学知识与技能、数学思想和方法,引发他们主动实践与创新的愿望。通过丰富有趣的教学活动,激发学生的求知欲,理清思维脉络,培养正确的思考问题的方法,从而发展和提升孩子的思维能力水平。通过适当的思维练习,使学生学会学习,学会思考,养成主动思考的习惯。与此同时,我们力求关注不同孩子的不同需求,为孩子们搭设个性化平台,给优秀孩子更大的发展空间,给普通孩子探索的机会,让所有孩子能享受到成功的快乐。

在"灵动思维"版块中,我们没有将注意力放在简单的解题策略上,而是特别关注数学思想方法的体验与渗透,如:对应思想、数形结合思想、方程思想等,并发挥教材覆盖一至六年级的优势,进行六年的持续关注与系统培养。

2."灵动游戏"版块——关注兴趣与实践创新

儿童的天性是喜爱游戏,而兴趣又是最好的老师。如何让学生爱上思考、爱上实践,在玩数学的过程中增长智慧、提高综合能力呢?我们精心挑选了古今中外多种益智游戏,打造了数学游戏类课程,激发学生学习数学的兴趣,培养他们的好奇心、求知欲。在游戏的探究过程中,引导学生主动尝试从不同角度思考问题,培养他们观察、判断、推理等数学能力,进一步发展学生的数学思维。与此同时,我们营造宽松、愉悦的学习氛围,构建和谐、融洽的师生关系,培养学生主动交流、合作意识和能力,不断提升综合素养。

3."灵动探究"版块——关注实践创新

创新是一个民族的灵魂,是一个国家兴旺发达的不竭动力,而教育是知识创新、传播和应用的主要基地,也是培育创新精神和创新人才的摇篮。通过"灵动探究"版块的学习,激励学生自主发现问题、自主提出问题、自主选择研究课题,根据已有的知识和经验,围绕课堂、课外社会生活中的真实问题进行自主探究。"灵动探究"版块的开设目的,不仅仅是让学生经历研究历程,积累活动经验,更重要的是让学生通过参加与真实世界相关的学习任务,让学生亲身经历探究的过程,学会探究的方法,提高他们自主学习的兴趣和能力。在学生完成研究任务的过程中,他们不仅要应用到自己所学的本领，还要锻炼自己与人合作、主动沟通交流、作出决策、解决问题等多方面的能力，有利促进学生能力水平的全面提升。

"灵动阅读"版块——关注数学文化

无论是个人发展还是民族进步，都与阅读素养有着紧密联系。随着时代的发展和新课程改革的逐步深入，学生的阅读习惯以及阅读素养逐渐被大家所重视。国际阅读素养进展研究（PIRLS）认为："阅读素养是学生从小学开始就应该掌握的最重要的能力"。在许多人心目中，阅读是语言类学科课程的任务，但是我们认为，培养学生的阅读素养，各学科应该联手行动，共同为此付出努力。因此，我们在《灵动数学》中专门开设"灵动阅读"版块，通过生动有趣的文字，向学生介绍厚重的数学文化，数学发展史，有趣的数学故事，著名的数学大家……同时，鼓励学生阅读有关数学乃至科学的书籍，并专门在每册书中向学生推荐阅读书目，鼓励学生爱上阅读，通过学校图书馆尽可能地为学生提供类型多样的阅读材料，帮助孩子提高其自身的阅读素养。

（二）典型案例

2012年我校初步设计研发《灵动数学》校本课程，现在已经正式出版教材，全面推广。在这个过程中，无论是老师还是学生，都得到了长足的进步。大家都越来越喜爱数学学习，喜欢相互交流分享，喜欢共同探讨研究问题，享受到了教学相长的无限乐趣。《灵动数学》校本课程的构建及实施都取得了喜人的成效。

精品课例：灵动游戏——汉诺塔

田桂梅 李全博

教学目标：

1.在"汉诺塔"游戏中，引导学生在玩中学，做中思，感悟其中的道理，培养学生发现并提出问题的意识和能力。

2.感受数学学习的乐趣，在合作交流中分享成功的喜悦。

教学重点：

培养学生的问题意识，渗透递归的思想。

教学过程：

【活动一：故事引发思考】

师：在古印度的神庙中有一块钢板，上面有三根柱子，在一个柱子上放置了64个圆环，小环在上，大环在下。一位主神说："每次移动一个圆环，不能出现'大压小'把这些圆环全部移动到另一个柱子上，如果完成这一任务，也就到了'世界的末日'。"

师：你听了这个故事，有什么问题吗？

生：64个圆环要移动多少次？一共需要移动多长时间？这里面是否有规律呢？……

（教师出示游戏规则：小环压大环；每次只能移动一个圆环 ；全部移动到另一根柱子上。）

（设计意图：通过汉诺塔的故事，激发学生学习的兴趣，引发学生的思考，培养学生发现和提出问题的意识和能力。）

【活动二：实践启迪思维】

师：要研究64个圆环最少移动多少次，你打算怎么做？

生：太难，需要降低难度。

师：怎么降低？你是怎么想的？减少到多少个合适？

用8个环的汉诺塔体验游戏规则。对于游戏的规则，你还有什么疑问吗？（学生

尝试)

全班汇报：谁移动成功了？没成功同学有想法了吗？再减少个数，减少到几个？

师：我们明确了研究的方向和内容，接下来，两人为一小组合作完成，一个人记录，一个人尝试实践，两个人可以一起商量。温馨提示：当你们的研究遇到困难的时候，可以选择"锦囊"来帮忙。

（全班围绕三个内容进行汇报：研究的数据；在研究中的发现；"锦囊"给你带来了什么启发？）

（1）汇报3个圆环的移动方法：先由学生汇报用了几步并在大屏幕上演示；其他学生提出思考和建议。

（2）汇报4个圆环的移动方法：观察数据，对于不一样的数据，发表自己的意见。

（设计意图：通过学生三次动手实践，逐步感受思考与实践对成功同样具有重要的意义，即做与思相结合；把移动不同块数与移动次数之间建立联系，在思考中实践，在实践中提升。）

【活动三：总结提升】

师：科学家经过计算得出64个圆环一共需要18446744073709551615步才能移动完成，如果每移动一个圆用1秒，全部移完需要5800亿年。

生：这么长时间啊……地球末日早着呢！（全班笑起来）

师：通过这节课的学习，你想和大家分享哪些收获？

（设计意图：学生经历了动手实践、不断引发思考、分享收获的过程，丰富了学生的认知体验，进一步培养了他们的研究能力。）

教学反思：

数学游戏"汉诺塔"这节课是我从教20多年来准备时间最长的一节课，在这次活动中，无论是作为教师的我，还是孩子们，都有很多收获。

这节课的研究内容来源于我校《灵动数学》校本课程的"灵动游戏"版块，这个版块的学习目标之一就是激发学生的探究兴趣，同时还要关注思维水平的提升。同时，学生的问题意识培养也是本节课力求体现的一个学习目标。我们希望学生在玩汉诺塔的过程中能够不断引发思考。在第一个环节讲故事后要引发学生的第一次思考并说出自己的想法："听完这个故事，你想到了什么？""你有什么大胆的猜想？""……"学生的想法比较多，愿意进行大胆的猜想。作为教师的我则积极鼓励学生提出问题，并为他们提供了比较广阔的研究空间。学生的思维如泉涌，提出了很多有价值的想法。

虽然只是一个问题的设计，但是能否站在学生的思维起点来提出问题，能否给学生提供比较宽广的思维空间，决定了这个问题是否能够真正促进学生的思维发展。在这个探索的过程中，我也向学生们学习到了很多，真是受益匪浅。

《汉诺塔》这节课虽然结束了，但是孩子们的探究热情却再一次被掀起，他们继续与同伴交流，甚至与家长切磋探讨，最后连家长们也全都兴趣盎然地加入到研究的队伍中。第二天，在家长的微信群中，有的家长由衷感慨说："昨天和儿子一起挑战汉诺塔到7块，向8块进军，夜里越想越兴奋，这真是一个很好玩的数学游戏！""这几天一直在跟孩子玩数学，其乐无穷啊！""原来数学学习也可以这样有意思！"……

在接下来的几天中，不断有家长和我探讨汉诺塔的问题，有一位家长自己制作汉诺塔：厚纸板做底座，粉彩纸做包装，各种盖子做塔环，三根筷子做立杆。在操作中发现了 2^n-1 的规律……

历时近一个月的准备，在每一次教学设计修改中我都在不断地走近学生，走进学生。在这个过程中让我对每一个孩子有了更多的认识和了解；家长的每一次参与都令我激动不已。数学游戏的研究给每个家庭带来了丰富的快乐感受。在这个过程中，我也成长着、快乐着……

四、课程成效

（一）"灵动探究"版块为孩子打开探索之门

"灵动探究"版块注重让数学回归生活，让学生在生活中亲身经历"用数学，做研究"的过程，让学生亲近数学，喜欢数学，进而培养他们的综合能力。同时，根据学生的年龄特点以及知识、能力发展水平，我们在不同年级设计了小课题实践研究内容，让孩子们在实践活动中经历挑战、应用所学内容，独立或合作开展小课题研究，并撰写课题报告。

如低年级在学习《百以内数的认识》后组织学生在生活中找"100"。孩子们数100粒豆子，数100根小棒，数100张纸，数100个人……在数数的过程中，不断感受10个"一"是1个"十"，10个"十"是1个"百"，从而感受到了"1个百"的大小，很好地发展了学生的数感。

又如中年级学生已经学习了收集、整理、分析数据的方法，于是结合"六一儿童节准备午餐"的问题情境，让学生经历数据的收集、整理、表示与分析的过程，积累统计活动的经验，学会用数据说话，体会统计在生活中的应用，感受数学与生活的联系。

高年级学生在学习了《圆的认识》后，开展了《奇妙的车轮》系列实践探究活动，打造了《制作异形车轮》《运动起来的车轮》《做路面——让异形车轮平稳行驶》的系列研究活动，引导学生经历实践探究活动全过程，提高学生综合运用所学知识思考、解决问题的能力。

这个版块的学习最重要的是让学生体验探究的过程，激发好奇心，培养学生的探索精神，积累活动经验，锻炼各方面的能力，提升综合素养。

（二）"灵动思维"引领孩子畅游实践空间

在这个版块的学习中特别关注学生数学思想方法的渗透，并有意识地设计了系列化的学习内容，取得了很好的成效。

如在"等量代换"这一内容的学习之后，一年级刚好学习了第二单元《比较》中的《比轻重》这节课，课后我们先和孩子们一起阅读绘本故事《公主的重量考试》，这本书中出现了各种比轻重：公主和国王比轻重，一袋面和三袋面比轻重，故事中的年轻人还用大树、扁担、筐制作了一个简易的天平。于是课后我们让孩子们制作一个可以称东西的简易天平，孩子们发挥自己的想象力，利用手中的一切工具，拼插玩具、晾衣架、积木、水桶、吸尘器、小篮球框等，孩子们的创作给我们带来惊喜，家长们也参与到活动中来，为孩子们出谋划策，拍照片上传微信群，他们纷纷感叹："这样的活动真有意思，打破了有限的课堂，超越了书本，为孩子们积极主动的学习创造了条件，现在的孩子们真幸福！"

（三）"灵动游戏"为孩子搭建展示自己的舞台

这个版块得到了全体师生甚至家长的一致喜爱！孩子们在玩魔尺、魔方、九连环、鲁班锁等有趣、有益的游戏中，动手动脑，独立探索，展示才华，相互学习，交流分享，获得了积极的情感体验，积累了宝贵的学习和活动经验。

特别值得一提的是数独游戏这个项目，我们进行了一至六年级贯通的整体打造，并将这个游戏确定为灵动游戏版块的主打游戏，旨在通过这个游戏的持续学习，提高孩子们的学习兴趣，并在游戏的过程中发展学生的逻辑思维能力，培养学生良好的数感。2016年，我校成立了数独社团，让一群喜爱数独的学生可以在一起研究数独，共同成长。2016年至2018年，我校连续三年组织学生参加了北京市中小学生数独比赛，并在2016年获得了甲组团体铜奖，2017年获得了团体银奖，本校甲组也在2017和2018年连续两次获得团体冠军，孩子们在个人的数独角逐中也获得了银奖和铜奖的好成绩！

数独——让他灵动起来

李 莉

小谢刚入学时是一个比较内向的孩子，在校一天也说不了几句话。他看人的眼神总是躲躲闪闪，不敢与人对视，即使与我交流，也总是避开我询问的目光。上课时他总是安静地坐着，同学们热烈地讨论、高兴地互动，他却总能保持惯有的平静，像看惯了世态的老者。他乖得出奇，从来不给老师添麻烦。说实话，作为教师的我特别心疼这个孩子，有时候倒是希望他能闹一下，释放一下本属于孩童的天真与热情！

开学初，学校要组建校级数独团队，要求每班推荐两名同学。当我询问哪位同学玩过数独时，不少人高高举起了手，我惊喜地发现，这其中竟有小谢！他犹豫着，胳膊虽然抬起，但手却蜷着。我不容他犹豫，特意点了他的名字："小谢你们几个举手的同学，中午测试，胜利的人就是咱们班推荐的数独社团成员。"测试结果出来了，小谢居然被选中了！当我在班里宣布测试结果时，我看到了他少有的动容——眼睛里有了一丝光彩，唇角也有了笑意！同学们也觉得有些意外——平时不吭不哈的小谢，数独玩得还不错嘞！

小谢参加了学校数独社团，每周三次活动他都会早早地做好准备。看他对数独学习如此上心，我就安排他负责组织去上课同学的路队，他郑重地点点头，认真地接受了任务。

到了我们班学习数独这一内容时，小谢的表现让我和同学们大吃一惊：他完成数独题的速度不是一般的快！当我让他给全班同学介绍经验时，他颇有些自豪的说："我每天都练习！"和他一起参加数独社团的同学说："他在数独社团也是每次都很快完成题目！"要知道，社团里可是高手如云啊！

为了培养同学们学习数独的兴趣，我们班特意聘请"高手"学生当小老师，课堂上给大家讲解破解谜题的思路，课下帮助有困难的学生，小谢理所当然地被聘为数独小老师。

刚开始讲题时，他声音很小，不敢看讲台下面的同学，但他清晰的思路和准确的语言也能吸引同学们认真地倾听。慢慢地，小谢变得自信起来，经常主动要求到讲台上讲解，声音也洪亮了许多！课下的小谢，与同学交流渐渐多了起来，朋友也多了。有一些活动，小朋友会主动叫小谢一起参加，一起玩！

第二学期家长开放日活动时，小谢在数学课上积极发言，主动交流。开放结束后，小谢的妈妈找到我，激动地说："老师，太感谢您了！我家孩子由原来的胆小内向，变得这么自信大方，我都不敢相信！"

我深深知道，灵动数学的学习为他打开了一方与他人愉快沟通交流的天地，让他收获了自信，变得阳光快乐，变得和其他同学一样活泼灵动！而我，全程目睹了他的这些成长！我想，这就是做教师的幸福吧！

我和我爱的灵动数学

学生：万宸玮

在我的书包里，有一本我最喜爱的书——《灵动数学》。为什么它是我最爱的呢？因为它为我的数学思维和能力带来了扩展。这本书刚发下来我就爱不释手，瞬间就对书里有趣的内容和精美的图画有了浓厚的兴趣，在老师还没讲的时候我就迫不及待地把书上的题全部做完了。

记得五年级，老师上灵动数学课的时候告诉我们要学习一个小游戏——魔方，我顿时心潮澎湃起来，同学们和老师都还不知道，我是一个"魔方小达人"！我喜爱魔方的一个个小色块，色块排列得整整齐齐，活像一排排队伍正等待我的检阅呢！没想到我们的灵动数学书上也有这个版块的内容，真是太棒了！从那以后我每天都练习魔方，我玩得越来越熟练，还在魔方课上大显身手，让大家都惊叹不已！

除了灵动游戏，我们还有灵动阅读的内容，让我印象最深刻的是"聪明的高斯"这一课。在这一课里面有一篇文章讲的是在高斯小的时候，老师给他们留了一道题："一加到一百等于多少？"有很多同学在自己的本上一个一个数加起来，而高斯却利用了一个公式：首项加末项的和乘项数除以二，很快就把这道题做出来，而且答案完全正确。这就是著名的等差数列公式。当时我就在想，如果换成是我，我会自己寻找、"发明"运算公式吗？估计够呛！我可能也是那些机械计算中的一个……这个故事深深地印在我的脑海里，它时时提醒着我：遇到问题要积极想办法，智慧地去解决，而且不仅仅要解决一个问题，更应该努力追求从中获得新的发现，从而能够解决同类的更多的问题！而这已经成为我数学学习，甚至是生活中面对问题时经常的想法了。在跟老师交流时，老师说，学会思考比我掌握一个等差数列公式更重要，更有价值！

灵动数学——孩子们数学兴趣的诱导师

三年级　周济泽家长

每学期新开学，总会有一本与众不同的教材，它是五一小学的校本教材，孩子回来自豪地说，这本书全世界只有五一小学的学生能够拥有，它是五一小学的数学老师们亲自编写的，名字叫"灵动数学"。

每次看到《灵动数学》这本书，孩子们总能被它吸引。从一年级开始，这本书就结合孩子不同认知阶段编写了丰富有趣的数学内容，就像一个数学导师一样，一点一点地启发孩子们的数学兴趣，带领孩子们开启数学思维的大门。这里有有趣的绘画故事，通过图画描述数学故事；这里有精美的图片，引导孩子们认识平面和立体空间；这里有"魔珠、数独、24点"等等丰富好玩的游戏，既增长智慧，又能给孩子们带来无穷的乐趣，在游戏中增长多种数学能力；这里还有很多数学趣题，通过不同的解题方法增强孩子们分析问题的能力……

灵动数学课以别出心裁的方式，丰富了数学的学习内容，并与同时期的国家数学教材相辅相成，真正带领孩子们逐渐对数学产生兴趣，培养了他们良好的思维能力和学习习惯，对孩子们开发潜能，提高综合能力都有着极大的帮助！衷心感谢五一小学的老师们为孩子们设计了这样"好吃又有营养"的数学课程！

五、思考与展望

《灵动数学》校本课程实施近六年来，得到了师生、家长的一致喜爱和高度评价，这也坚定了我们继续思考、探索与不断创新的信心。未来，我们将不断完善课程体系，充实、更新各版块学习内容；更加关注数学与生活的密切联系，提高实践创新意识和能力；让信息技术支持学生更开放、自主的学习，增加教材与学生、教师与学生、学生与学生之间的对话，让《灵动数学》教材成为一本"会说话的数学书"……

拓展性学习——趣味建筑

张雪刚

一、前期思考

秉承学校"为学生的幸福人生奠基"的办学理念，遵循以学生为主体，以探究为核心，以满足社会和学生的需要为主线的原则，设计开放性的科学实践探究，进而培养具有自主性、独立性的人；为了使科学学科这门国家课程更好落地，对国家课程创新教育进行更好补充，同时为了适应学生面向21世纪发展的需要，以STEAM教育的最新理念为依托，我们开发了《趣味建筑》精品课程。

二、课程设计

《趣味建筑》以建筑为载体，引导学生从历史、文化、环境、功能、结构、技术、艺术风格等多元视角对建筑进行研究，运用木工知识和技能，为学生搭建一个生活化、活动化、主体式、开放式的学习环境。通过学习实践，掌握一些解决问题的基本方法，提高学生多方面的综合能力。

（一）趣味性、综合性和创新性的课程特点

1.趣味性

"趣味建筑"课程的内容丰富有趣，以贴近生活的建筑或结构为载体，学生通过自主学习发现问题，以活动、体验、探究为主要学习方式，在不断尝试解决问题的过程中体验学习的乐趣。

2.综合性

这是一门多学科融合的课程，围绕建筑开展学习。它的关注点不仅仅是建筑学的原理，更是引导学生从历史、文化、科技、环境、人文等多元视角去探究建筑中的学问，在实践中有效提升学生数学运算、语文阅读、科学实践、美术画图等多方面的能力。

3.创新性

在课程学习中充分调动学生的积极性，鼓励他们结合实际大胆想象，设置具有开放性的研究内容；尊重不同个体的差异，激发他们的创新思维。

（二）主体性、整体性和生成性的课程原则

1.学生的主体性原则

课程以尊重学生的个性发展需要为根本出发点，把促进学生的综合素质全面发展作为课程设计的中心，以整体、优化的课程结构观为核心内容，课程内容的选择从学生的学习兴趣出发。

2.活动的整体性原则

课程内容中涉及到的活动都是大主题、长周期的探究活动。

3.活动的生成性原则

挖掘和利用地域性建筑资源，构建富有学校特色的、适合学生发展的特色课程，并根据教学效果和学生的反馈不断地调整和完善。

三、课程实施

（一）学习内容及安排

课程在五六年级实施，每次两课时连排，隔周上课。学校配有趣味建筑专业教室，教室里备有丰富的实践活动工具和教学资源，并由专职教师授课。

课程内容循序渐进式地整体设计与安排，使学生的建筑学习经历由简入难，不断深化，努力满足高年级段学生的兴趣爱好和发展需要。为此，在教学内容的选择上，做出了如下板块的设计：

1.有趣的中国古建筑

对中国古代建筑 "榫卯结构" "古代砖墙" "四合院" 三个主题内容进行探究，从一个点，到一个面，再到一个院，开展研究性学习和模型制作活动，并在实践过程中引导学生逐步掌握木工工具的基本操作方法和技巧，为后面的深入学习奠定基础。

2.中国古桥的实践探究

学生将对中国古代桥文化进行学习和探究，内容涉及中国古桥文化研究、中国古桥艺术欣赏、古桥的设计与制作、作品展评，共四个长周期活动，很好地弘扬和继承中华传统文化，提升学生的审美情操。

3.西方建筑的探索

从中国建筑扩展到西方建筑；从一直关注的房屋外形、功能、特征等的探索，转移到房屋内部的设计、格局、装饰风格等具体细节上来；从古老建筑，到现代建筑，再到未来建筑。内容包括："西方建筑文化之旅""现代家居风格""创意居家空间设计"三个板块内容。

4.为母校设计地标

开展"为五一小学设计地标建筑"这个长周期的创意实践活动。通过设计未来校园标志性建筑，赋予自己独特的设计理念和内涵，并通过模型制作出来，表达对母校的热爱之情。

（二）典型案例

自2015年课程实施以来，各方都给予了很大的帮助和支持，并提出了宝贵的建设性意见。课程内容经过了多次修改和补充，以使教学内容更能够适应学生的学习、发展需要。

精品课例：制作小杯垫

孟宇

教学目标：

1. 正确认识十字枨榫卯结构的特点。

2. 能够结合结构与功能间的关系开展小杯垫的设计和实践。

教学重点：

通过实践活动，发现榫卯结构在生活中的重要价值。

教学过程：

【活动一：走近身边的古建】

师：同学们，上周末我去了颐和园，近距离感受了我国的古建筑。最近，大家也在参观了解中国古建筑。咱们交流一下吧！

（出示"走近身边的古建"实践活动单）

我走近的古代建筑	
我的发现	
我的感受	
摄影作品	

师：结合视频内容，走进古建，你发现了什么？感受到了什么呢？

（设计意图：通过近距离观察古建筑，学生能够发现榫卯结构广泛应用于中国古建筑，有广泛的实用价值，以及榫卯结构凹凸咬合连接的结构特点，能够发现榫卯结构构造精细、紧密连接的特点。感受中国古建筑的奇妙之处。）

【活动二：神奇的应县木塔】

师：（出示应县木塔资料。介绍榫卯结构在其中的作用和意义。结合应县木塔全貌和细节的图片进行观察，重点发现榫卯结构凹凸连接咬合的结构原理，才是使其千年不倒的真正原因。）

（设计意图：以"结构与功能"为主线，贯穿于榫卯结构的认知，为第二部分的活动"制作小杯垫"做好铺垫。）

【活动三：有趣的榫卯结构】

（学生通过iPad榫卯APP自学，了解榫卯的结构和分类，初步观察和探究各种榫卯结构的特点。）

师：通过学习，你认识了哪几种榫卯结构呢？你能说一说榫卯结构的特点吗？

生1：通过在木质材料上打造出凹槽和凸起结构，并将两种结构紧密连接咬合在一起，达到牢固连接的目的，这样的结构就是榫卯结构。

生2：榫卯是在两个木构件上所采用的一种凹凸结合的连接方式。凸出部分叫榫（或榫头），凹进部分叫卯（或榫眼、榫槽），榫和卯咬合，起到连接作用。

师：十字枨结构为什么是榫卯结构？哪里是榫、哪里是卯？具体说一说。

（设计意图：通过APP当中各种榫卯结构的探究，学生发现榫卯结构的共性特点：即凹凸紧密咬合的木件结构，并发现十字枨结构是最简单的榫卯结构。）

【活动四：设计并制作小杯垫】

师：榫卯结构真的很神奇！它不仅运用在中国古建筑和家具上，也可以运用在生活当中的小物件上。

出示两组图片：在玻璃茶几上，一个玻璃杯下无杯垫，一个有杯垫，让学生说一说不同之处。

师：你们有什么发现？

生：两杯热水，一个杯子下边发现杯垫。

师：你想到了什么？

生：放置杯垫能够有效地隔热，防止杯底崩裂；可以降低桌面的磨损；还很美观！

师：如此看来，这么一个小小的杯垫，既实用，又美观，还能够增添生活乐趣！

师：同学们，这回你猜到老师为什么让你们在这次活动前准备好玻璃杯了吧？对啦，在这次活动中，咱们就用榫卯的结构设计和制作一个小杯垫。

（操作演示：小杯垫样品的组装和拆卸。）

师：大家看一看，这个小杯垫是运用哪种榫卯结构制作出来的呢？

生：十字枨结构。

（设计意图：突出榫卯结构与功能间的关系：由于小杯垫的作用是使小杯子平稳地放在桌面上，因此需要结构整体结实、平稳。）

师：小杯垫具有怎样的功能？制作十字枨结构的小杯垫需要注意些什么？如何合理地使用工具？如何合理地分工呢？小组交流你们的想法。

（学生分析材料，根据材料的特点，结合"十字枨"结构的特点，探究小杯垫连接结构的制作方法。）

生：探究步骤：

（1）根据杯子底部的大小，测量木条的尺寸；

（2）确定榫卯结构连接点的位置；

（3）测量木条的宽度，确定卡槽的尺寸宽度；

（4）选择合适的加工方式。（电动锯或手锯锯直线、雕刻刀挖凹槽、锉刀打磨）

生：木条长于杯底半径左右各1cm，长度太长，不利于材料的节省和美观；

木条短于杯底半径左右各1cm，长度越短，越不利于受力面的压强，越不平稳。

形成小杯垫的设计制作方案，进行合理地分工。

（设计意图：小组合理分工，形成设计和制作方案。）

（学生根据设计方案，合理选用材料和加工工具，小组分工合作，制作小杯垫。）

①测量、画出尺寸；②用电动锯或者手锯进行锯割；③打磨木料的锯割面；④组合成小杯垫；⑤发现问题，进行调整；⑥重新组合小杯垫，完成制作；⑦力求作品有良好的工艺性、榫卯连接点咬合精准，紧实；⑧及时记录过程中发现的问题和收获的经验。

（学生展示小组的作品，阐述设计方案，交流制作经验和收获。）

生1：通过小组合作，我们发现合理地分工可以提高材料加工的效率。

生2：为了确保精准锯割，应该准确地测量尺寸，并标记。在加工时，沿着标记线的内沿进行锯割。

生3：在标尺寸时，可以借助已做好标记的材料，对准做好标记，这样可以提高效率。

生4：杯垫的半径要略大于杯底半径1cm左右，但不要过小或者过大。

生5：在对材料进行锯割时，运用电动锯锯割直线可以提高效率。运用雕刻刀开槽可以提高效率。

师：快来看看这些工艺品吧！它们都是由榫卯结构制作而成的！看到这些，你们有哪些感受？

师："十字枨"榫卯结构是这么的奇妙啊！通过它的巧妙连接，我们可以制作这么实用的小杯垫。下次活动，咱们一起来尝试制作更多以十字枨为连接结构的小杯垫吧！

（设计意图：培养学生的审美情趣，激发学生对中华传统手工艺技术的热爱与传承的情感。）

教学反思：

这节课我将学习地点从课堂中延伸到课堂外，鼓励学生通过实地考察，发现身边古建中的榫卯结构，并组织学生以结构与功能之间的关系为思路开展探究活动。孩子们综合多学科习得的知识与本领，运用各种工具，采用多种方式对材料进行加工制作，在实践过程中，学生从提高实践效率以及提高加工精度的角度出发进行思考和探究，取得了较好的教学效果。

同时，在这节课中我还尝试运用了iPad平台和教学APP等信息化手段辅助教学，有效地促进了课堂目标的达成。

这节课的研究与实施也引发了我新的思考。

在《趣味建筑》课程建设和实施过程中，我们积极尝试了信息技术融入课堂教学。信息技术在促进学科教学方面可以有以下两种方式：一是设置有特色的主题式活动，技术用来建构和运用。本节课就是以榫卯专题探究活动为载体，运用信息技术，丰富了课程资源内容和实施手段；二是紧密围绕学科教学知识点来呈现。信息技术有不同的表现方法，教师可以把它作为引导学生开展探究和实践的工具来用，但在运用时一定要考虑信息技术是否不可替代及是否具有优化的作用。本节课，我运用榫卯APP为学生提供了学习资源，帮助他们发现榫卯结构的共性特点，为他们的研究奠定了良好的基础；同时通过实时影像，促进学生更深入地进行交流探究，及时捕捉课堂新的生成，优化学生探究品质，提高了实践效率。

四、课程成效

（一）灵巧双手，将创意变为现实

《趣味建筑》课程不仅带领学生畅游建筑艺术的海洋，还使他们在学习的过程中，提升了自己的创新实践能力。孩子们用自己灵巧的双手，制作出优秀的作品，展现了自己的独特创意。

在每年的科技节活动中，学校会开展《让世界刮起中国风》和《创客桥》的创意建筑模型制作活动。活动中，学生充分利用身边的废旧材料，通过团队的设计、交流、制作、展示，创作出极具科技感和独特设计理念的创意建筑作品。活动有效地调动了学生的积极性和创造力，学生全员参与到科技节科技创作的活动中来。

每学期，学校都会在校园中开展科技节创意作品展评活动，全校同学通过"贴星点赞"的评价方式来评选出优秀的作品。

（二）毕业课程"一个好设计"

即将阔别母校，六年级的同学们充满了美好的回忆与眷恋，对于母校依依不舍的情怀愈加浓烈！他们把这种感恩之情融入到创意建筑作品之中，运用《趣味建筑》课上学习到的知识和技能，通过灵巧的双手发挥创意进行制作，开展意义深刻的主题创意实践活动。

以"为母校设计地标"为主题，发挥创造力，对自己最喜爱的校园里的某个建筑进行设计再创作，制作成建筑模型，使它成为学校最有代表性的标志。

结合"趣味建筑"课程，学生对地标的文化和功能进行探究，参观北京典型地标，近距离感受地标之美；阅读相关书籍，了解最新设计理念。将所有的学习收获融入到设计之中，发挥创意，分工合作，运用灵巧的双手，为母校制作地标模型沙盘。

地标作品的设计制作以小组为单位。每班评选出4件优秀作品，进入第二阶段评选，最终全年级选出8件优秀作品，登上毕业大舞台。在万众瞩目的毕业典礼上，由制作小组的所有同学登台，把自己最有纪念意义的作品作为礼物赠送给母校！

（三）普惠教育，助力社团发展

学校积极为学生创设交流空间，定期组织建筑模型比赛活动，促进创意分享，在欣赏建筑模型所带来的魅力的同时，鼓励学生把创意转化为作品，提高学生对多学科知识以及科学技术的综合应用能力，为学生的想象力和创造力推开一扇创意之门。通过组织学生参加建筑模型竞赛活动，提高他们手脑并用的能力，发挥创造力，普及建筑知识。

趣味建筑课程的开展，不仅使学生发现了自己对建筑的兴趣和热爱，同时，也为学校建筑模型社团输送了大量的人才，在国家和区级各项建筑模型比赛中，都可以看到他们的身影。在2016、2017年度的海淀区建筑模型比赛中，学校社团学生取得了优异的成绩，累计获得一等奖17人，二等奖27人，三等奖37人。

成绩是重要的，更为重要的是，学生们把在课堂上、生活中学到的建筑知识和技能，一一展现在赛场上，展现在每一件作品中。他们通过自己的巧手制作，将创意蜕变成一件件美丽的作品，使趣味建筑的教育成果"化茧成蝶"般美丽地绽放！

五、思考与展望

从学生的发展需要出发，我们的课程不断地丰富和壮大。展望未来，我们将会把《趣味建筑》课程与信息技术更加深入地融合起来，把3D技术、人工智能与手工制作有机地结合在一起，进一步优化课程内容，培养能够面向未来、具有信息素养、创新意识和实践能力的学生！

拓展性学习—— **无线解码**

张雪刚

一、前期思考

行走在国家课程校本化路上,我们常常在想:"科技教育如何以更多的途径普惠到每一位学生?"科技团队大胆尝试,集中优势资源拓展开发了《无线解码》校本课程。

"无线解码"课程以电子学、信息情报学、业余电台技术为载体,通过解密生活中的无线电现象、普及无线电知识、训练搭建电路电台的技术,使学生对整个探究过程产生浓厚兴趣,从而使学生形成爱国爱校的情怀。小学阶段课标修改的重要部分就是增加技术与工程模块,"无线解码"更多地倾向于认识电子技术,它是我校实施素质教育的重要载体。我们努力完善它的教学内容,拓展它的教育功能,使其在内容、形式上更富有多样性和时代气息,引导学生在活动中获得稳定的基本品质结构,提高他们在思想、知识、身体、心理品质等方面的综合素质。

课程通过多层次、多渠道、多形式地开展活动,使学生的创新能力得到充分地挖掘,同时这也是对全体学生进行科学素养的普惠教育。通过结合十余年的无线电竞赛经验,很好地提升了我校无线电教育的整体水平,并以此促进一批教师的成长。

二、课程设计

随着当前科学技术的不断发展，人们与"无线电"的关系越来越密切，从听广播和看电视到使用手机、对讲机、车载电台等等，都离不开无线电波的发射和接收。这项集体育、科技、趣味于一体的传统活动项目，被形象地称作"猎狐"活动，适合在户外较大的场地，例如：山地、公园等。

本课程考虑到学科的性质，延伸了教材电学的相关内容，关注到学生的实际生活经验，引导他们用科学的眼光和技能寻求现实生活的改善，同时努力拓宽学习视野，添加了部分军事情报学的相关内容，很好地激发了学生的探究兴趣，向他们渗透了国防教育，传播基本的国防技能，培养爱国情怀。

"无线解码"课程在我校的三年级开设，每周安排1课时的教学内容，每学期共计开设16课时。在课堂教学中，我们努力使学生依据已知信息提出猜想，深入探究进行体验，带着问题探究思考，学会小组合作、学会观察、学会倾听与表达，最终实现学生科学素养以及综合素养的全面提高。

三、课程实施

（一）学习内容及安排

【第一学期学习内容】

第一单元：叩开无线解码的大门

第一课：《电路迷宫》

第二课：《最简单的电路》

第三课：《我知道是它们——元件的认识》

第四课：《发光的秘密——发光二极管与闪光二极管》

第五课：《让电路更丰富——串联与并联（1）》

第六课：《让电路更丰富——串联与并联（2）》

第七课：《电路的保护——电阻》

第八课：《阻碍的作用——色环读数法》

第九课：《高阶探索——三极管与放大电路》

第十课：《让电路智能起来——传感器》

第二单元：红色字符

第十一课：《认识它、点亮它》

第十二课：《1-4-7转换》

第十三课：《2-3转换》

第十四课：《随我变变变（拓展）》

第十五课：《变化 发光 发声——制作信号机（1）》

第十六课：《变化 发光 发声——制作信号机（2）》

【第二学期学习内容】

第三单元：你该怎么办

第一课：《危机四伏》

第二课：《危急信号——摩尔斯码和它的故事》

第三课：《电报游戏1 小小通讯员》

第四课：《电报游戏2 你写我猜》

第五课：《救援电台——创意电台架设1》

第六课：《救援电台——创意电台架设2》

第七课：《感受电波——了解无线电的基本常识》

第四单元：窃听风云

第八课：《我的军用密码——情报学史和拓展1》

第九课：《我的军用密码——情报学史和拓展2》

第十课：《收发装备——对讲机的使用》

第十一课：《规范化——报发礼仪用语》

第十二课：《踏上国际化战场——标准读音及收发1》

第十三课：《踏上国际化战场——标准读音及收发2》

第十四课：《踏上国际化战场——标准读音及收发3》

第十五课：《破译群码——对抗赛实战1》

第十六课：《破译群码——对抗赛实战2》

典型案例：横扫电码

桑 尼

教学目标：

1. 知道无线电信号可以用于定位；掌握用测向机接收无线电信号的方法——横扫。

2. 通过对横扫操作的探究过程，提高用无线电知识解决生活中问题的能力。

3. 提高知识与实际生活联系的意识，提高对探究无线电知识的兴趣。

教学重难点：

熟练掌握用测向机接收无线电信号的方法

教学过程：

【环节一：问题提出】

师：手机导航是用无线电信号定位的。没有手机导航的时候是用什么定位的？上节课我们学过的测向机可以搜索无线电信号进行定位，今天我们就体验这个过程。

出示课题：横扫电码

（设计意图：通过生活化情境，联系所学，使学生认识到无线电信号可以用于定位。）

【环节二：问题探究】

师：教室里放了一个电台，能找到它在哪里吗？

（学生活动并回答电台位置，重点在于说出电台对于学生的相对位置）

师：这次放两个台，还能准确找到它们的位置吗？提示：注意音量要调小一些。

（学生活动并回答电台位置，强调学生说出自己对于两个电台的相对位置）

师：为什么听到的结果不同？这是因为信号相互干扰。

怎样解决这个问题？其实是有方法的。请大家认真看老师的操作：

第一步，听到一个电台；

第二步：按住单向开关，一直不要撒手；

第三步：伸直右手，将磁棒天线平行于地面，从右向左缓缓扫动一周。如果扫到某个位置时声音突然变大，就说明电台的位置就在那里。

像这样扫描定位电台的方法我们称之为"横扫"。

（学生尝试用横扫的方法，再来找找两个台的位置。重点在于让学生听辨音量大小与电台位置之间的关联）

（设计意图：通过从聆听一个电台到听两个电台的活动，使学生认识到横扫操作的重要性。通过对横扫操作的示范、练习与强化，使学生初步掌握横扫的操作。）

【环节三：问题解决】

师：谁能又快又准地找到三个电台的位置？

（学生活动并回答电台位置，在拓展环节中，强化对学生的正向引导与评价）

生：通过用横扫接收到无线电信号可以帮助我们准确定位

师生总结横扫电台与之前测台方法的不同

（设计意图：通过横扫收听更加复杂环境下的电台，强化学生对横扫的操作。）

【环节四：拓展延伸】

师：无线电除了可以帮助我们定位以外，还能干什么？

（学生回答。教师鼓励学生走出教室，从生活中的诸多角度出发激发，学生的思维，并以此了解学生对下节课无线电应用的前概念。）

（设计意图：通过对无线电功能的探讨，使学生认识到无线电在生活中无处不在，从而进一步增强学生对无线电的学习兴趣。）

教学反思：

本课具有很强的趣味性、参与性和活动性。然而这一切实现的基础是对语言的把握，要在精准的基础上多样化。历经这次磨课，我对以下几方面产生了一些思考。

1.讲授性语言要"严"而"整"

"Knowledge is expressed in the class"（知识在课堂中表达），尽管这句话的内涵到今天已经有了很大改变，但只有在学生已经获得了一定基础的前提下才能转化为新知识或技能，并通过迁移将所学进一步检验、充实。所以是否能严谨又完整的将本课的核心概念传递给学生就成为了课堂教学的重中之重。

本课的讲授性语言主要集中在对摩尔斯电码两种信号及其发送方法的讲解上，同时也是揭示本课核心概念的关键所在。因此要求在语言上严格而完整，不能出现任何概念性偏差，更不允许因为一两个字的偏差使科学概念本身发生了重大失误从而产生科学性错误，在学生中产生误导。例如原先的教学设计有这样一句："我们能不能帮它想想有什么可以向外传递信号的手段？"在说时候感觉非常啰嗦，表达起来并不连贯，而且很容易将"信号""信息"等概念相混淆，学生接受起来也比较困难。后来修改成"它有什么求救方式？"这样既解决了上述的问题，也能使语言一下子简明不少。

2.指导性语言要"简"而"明"

"任何一个人的精神世界总是和他的语言世界相连接、相吻合的，精神世界的开拓同时就是语言世界的延伸，语言世界的扩展也同时是精神世界的充实。"教师要在有限的时间内通过多样化的活动将自己所教、所要表达的思想传达给学生，将自己的世界与学生的世界相对接，这就需要指导性语言的衔接了。

本课活动性环节较多，因此提要求时教师要在确保精炼的前提下保证基本要点的完整，而这就需要在语言上简单而明确。

3.评价性语言要"零"而"散"

评价是师生反馈中重要的一环，同时也是能调控、改进课堂教学，使课堂更加灵活多样，适应并更有利于学生的发展。简单的来说，就是要做到很零碎，不必刻意为了评价而评价，可以散布在全课的各个环节中。本课在评价上下了一些功夫，从原来简单的"这位同学说得真好""真棒"等单调的话语逐渐变得丰满起来。

四、课程成效

通过多轮的教学实践，《无线解码》课程取得了令学生、家长和学校满意的教学成果，成为众多科技类校本课程中的重点课程。

在两次区级竞赛中，我校学生克服各种困难，获得了个人金牌2人，银牌3人、铜牌2人，一、二、三等奖100多人，以及团体第一、第二、第三等的优异成绩，参加全国无线电阳光测向锦标赛获得了个人银牌1人，一、二、三等奖30多人，以及团体两队获第一名、一队获第三名等优异成绩，同时培养了一大批测向爱好者，这些学生在意志品质、团队精神上有了较大的提高，在科技素养和体能素质上有了长足的进步。承担课程开发以及担任教学的教师，在教师专业发展上也取得了可喜的成绩，多人荣获海淀区优秀辅导员称号。

无线电测向校本教材在教材内容的科学性、适应性、实效性上都进行了深入的研究，在教学方式的选择上符合分阶段教学的特点和课改的精神，为推进学校校本课程的建设提供了宝贵经验。

五、思考与展望

《无线解码》课程实施两年来得到了家长和孩子们的一致喜爱。学生的科学素养得到有效提升，他们在科学探索方面的兴趣也在不断增强。在今后的课程实践当中，我们将进一步完善课程实施，不断提高其体系性、趣味性和生活化，尝试运用游戏闯关的形式更好地促进三年级学生的自主探究，并尝试通过更加丰富的评价方式促进学生自我、生生、师生间的评价，设置更多的任务供学生选择实践，并通过不同的任务习得共同的科学观念，促进学生科学素养的形成。相信在我们的共同努力下，《无线解码》课程会在实践研究中更加稳步推进，使更多的学生从中获益。

拓展性学习—— 创意编程

张雪刚

一、前期思考

随着科学技术的迅猛发展，智能控制（单片机）技术的应用已经渗透到了我们生活中几乎所有领域。导弹的导航装置，智能IC卡，家电、智能仪表、智能玩具、机器人制作……单片机在所有那些标有"电脑控制""智能控制"的产品中唱着主角。同时，在发展速度越来越快的当今世界，创新是人最基本、最重要的生存素质。"创新是一个民族进步的灵魂，是一个国家兴旺发达的原动力。一个没有创新能力的民族，难以屹立于世界先进民族之林"。可见创新在个人乃至整个民族、国家中的重要性，只有敢于创新，善于创新，才能面向未来。

因此，在学校大力发展科技教育，让学生更多的接触高新科技、激发和发展学生的创新意识、创新能力就显得尤为重要。

二、课程设计

《创意编程》校本课程以国家课程作为指导思想，对基础课程进行有益地补充和丰富，使学校课程更为多元化、个性化，使学生的学习更加有趣味性，使学生在主动学习中，了解科技发展，发现问题，模仿、设计、创新，并在这个过程中，逐步加深对科技发展重要意义的感受。同时，通过科技活动进课堂，在推动学校科技发展的同时，有效提升教师和学生的科学素养。

《创意编程》课程通过活动体验式学习，使学生在操作的同时领会并了解一些浅显的科学知识，在成功的喜悦中提高学生们的动手能力以及实践创新能力。在实现相关技术普惠教育的同时，也实现了科学学科教师专业水准以及校本教研能力的全面提升，有效助推了学校"金鹏电子分团"更快速、更优质的建设。

小学生对于自己不知道的、有趣的事物具有强烈的好奇心，他们勇于尝试，喜欢动手，喜欢天马行空地想象，对一切新鲜事物充满着好奇。音乐贺卡如何演奏出悠扬的乐曲？电视节目中的抢答器到底是由什么控制的？交通路口的红绿灯怎样做到有规律地不断循环变化……《创意编程》课程为他们提供了自己动手通过编程去解开生活中一些现象的机会，很好地激发了他们的好奇心和求知欲。

三、课程实施

（一）学习内容及安排

《创意编程》校本课程是科技领域的三门精品课程之一，我校学生在四年级时，都会接受关于编程方面的普及教育，它为学生搭设了实践创新的平台，让他们充分展现自己的智慧，发挥创造才能，体验成功的喜悦。通过学习有效提升学生对于解决难题的自信心，发展他们的科学素养以及综合能力。

《创意编程》课程为每周1课时，每学期开设16课时。本课程在其专业教室进行授课，所用的器材都由学校提供，保证每位学生都有器材，都能够很好地参与学习。

创意编程校本课程内容划分了不同的梯度，由易到难、由基础到提高。它以"数字编程"为载体，实现培养学生学习兴趣，积累结构化程序的基本常识，形成独立完成功能设计、结构搭建、程序编写技能的三维目标。在课程教学中，教师有意识地引领学生主动探索求知，由模仿到尝试创新，不断树立努力投身于发展科技的意识。学生在课程学习中，既学习编程的基本技术，也培养学生独立思考、解决问题的逻辑思维，并鼓励学生尝试利用本课程学习的本领进行创新之作，培养和发展学生科技创新的意识和能力，最终实现全体学生科学素养的提升，培养学生的探究能力和创造潜能。

本课程的教学内容包括DP901的基础学习；各种各样的传感器和模块（声控传感器、光敏传感器、八段流水灯模块等）的拓展学习，并最终能够应用于生活，制作形成创意作品（如智能楼道灯、智能风力小车、智能公园人流量控制设计等）的综合学习，了解单片机的功能和作用，发现智能控制技术在我们生活中的应用。

相比知识的学习，学生思考问题、解决问题的思维方法显得更加重要，而编程活动则特别注重培养学生的逻辑思维能力。因此，创意编程课程的学习可以帮助学生形成严谨的思维习惯，对其它科目的学习也具有积极的促进作用。

课程中的学习内容对于学生来说，更像是一个具有吸引力的玩具，让学生在玩中学，在做中学，感受科技发展对我们生活的影响，感受学习科学的快乐，从而发展学生对科技的兴趣。

本课程采用多种教学方法相融合的形式，如：课堂讨论和翻转课堂模式相结合的方式，也会有实验课的学习方式。课上，教师教授基本知识，然后提供多个可选择的任务题目，让学生在自由选择的基础上自由编程，只需"言之成理""效果达成"即可完成任务。在提升编程素养的同时，提高学生富有创意地组织结构化算法的能力。在学习中学生可以自由编程，以"编程–评价–再调整–再评价"的学习方式，实现在课堂上多轮任务驱动式的学习。

【第一学期】

第一课：《走进DP901世界》

第二课：《让DP901听我的命令》

第三课：《点亮彩灯》

第四课：《彩灯闪动起来》

第五课：《彩灯跑动起来》

第六课：《小小演奏家》

第七课：《让901唱起歌》

第八课：《901世界的"清扫工"和显示指令》

第九课：《让数码管听话》

第十课：《会算数的901》

第十一课：《初识传感器》

第十二课：《美丽的八段流水灯》

第十三课：《眼花缭乱的世界（一）》

第十四课：《眼花缭乱的世界（二）》

第十五课：《起风了》

第十六课：《等风来》

【第二学期】

第一课：《回顾指令》

第二课：《操作练习》

第三课：《认识传感器》

第四课：《连接传感器——声控模块》

第五课：《通转指令——09(一)》

第六课：《通转指令——09（二）》

第七课：《声控点亮》

第八课：《感受光变化的精灵》

第九课：《探索的眼睛》

第十课：《玩转传感器》

第十一课：《我是按键哥哥》

第十二课：《我是彩灯弟弟》

第十三课：《断转指令——08》

第十四课：《神奇的干簧管》

第十五课：《做个电风扇》

第十六课：《小风扇旋转起来》

综上所述，课程形成了技术与应用双线交织的结构：

《创意编程》课程内容维度

（二）典型案例

2015年初步设计研发《创意编程》校本课程至今，其课程的构建及实施都取得了喜人的成效，在实施中得到了学生们的一致喜爱，取得了家长和学校满意的好成绩，成为了众多科技类校本课程中的重点课程。

精品课例：声控点亮

王 也

教学目标：

1. 科学知识：

（1）初步认识声控传感器，并且能够与901主板连线。

（2）学会通转指令，会运用指令完成程序的编写。

2. 科学探究：

（1）在编写程序的过程中，掌握所学指令。

（2）通过控制901主板上的灯，了解声控传感器的作用。

（3）通过学生独立完成和小组合作，培养合作意识和交流能力。

3. 科学态度：

（1）感受DP901有趣的功能，进而提升对科学探索的兴趣。

（2）通过声控传感器控制901，使学生在实践中体会科学技术的魅力。

教学重难点：

建立声控传感器与09指令的关联

教学过程：

师：同学们，王老师可以说"啊"，就让901上的灯发生变化，你们相信吗？

师：那你们看好了，见证奇迹的时刻到了！（教师说"啊"）

师：你们看到什么现象了？

生：4号灯亮了几秒，又灭了。

师：生活中有没有类似的现象，听见声音，灯就会自动亮起来过一会自动就灭了？

生：楼道的声控灯。

师：今天我们就让901来模拟楼道的声控灯。

（设计意图：通过"小魔法"以及生活中的现象激发学生学习兴趣，引出本节课的主要学习内容。）

【活动一：认识声控传感器】

师：如果想要完成这个任务，我们需要一个可以识别声音的部件。你知道它是什么吗？

生：不知道；声控传感器。

师：每个小组的蓝盒子里都有它，把它拿出来看一看，究竟是什么？

生：声控传感器。

师：没错，就是用它来识别声音，控制了灯的亮灭。这节课，我们就一起来用声控传感器控制灯的亮灭。

（板书课题：声控点亮）

师：接下来我们先来认识认识声控传感器，然后将声控传感器与901主板进行连线。（连线注意事项：正极和正极相连，负极和负极相连，信号针与输入口0相连，一定注意不能连反了，连的时候不打开开关。）

师：如何用声控传感器控制灯的亮灭？

【活动二：利用声控传感器以及901主板模拟楼道的声控灯】

师：刚才的问题，你们想好了吗？要用到什么指令？

生：09 N M 检测指令。

师：你可以自主选择用声控传感器控制哪个灯亮，亮多少秒就灭了。

（学生尝试着写一写，小组讨论、交流，教师适当引导。）

【活动三：用声控传感器以及901主板更加贴近生活实际的来模拟声控灯】

师：我们刚才写的程序，就是让灯亮一次就灭了，但是楼道的声控灯，是不是只要有人走过，发出声音，就会亮，对吗？那可以用901实现这个功能吗？

师：这么多同学都成功了，真不错。看来我们班同学很聪明啊。那现在我就要提升点难度了，看看你们能不能成功。

（小组内商量一下，尝试写一写程序，输进去试一试。）

（学生之间互相探讨、交流，最后得出正确的答案。）

（设计意图：通过前两个小活动，拆分第一环节中出现的问题，需要连接声控传感器和输入程序才能够完成任务。第三个活动是让学生在掌握前面知识的基础上，继续进行自主探究。）

【活动四：巩固与提升】

师：除了楼道的声控灯用到了声控传感器，你知道还有哪里用到了吗？

师：其实声控传感器还可以在听到声音的时候发出警报。比如有人遇到危险，大喊了一声"啊"，声控传感器检测到声音，然后发出警报。901可以实现这个功能吗？

师：如果用901模拟警报器，会看到什么现象？用到了哪些指令？

（学生小组内讨论）

师：看来这个任务有点难度了，我们是不是可以先做些什么，把复杂的问题简单化？

生：思维导图。

（先讨论思维导图，学生按照思维导图进行研究，编写程序以及输入；教师进行引导，学生小组内再次修改，尝试编写和输入。）

（设计意图：在学生掌握了用声控传感器控制灯的基础上，进一步灵活运用声控传感器，结合前面所学的亮灯和奏乐的知识，培养学生综合运用所学知识的能力。）

【活动五：拓展与延伸】

师：刚才我们只是用声控传感器控制了灯、控制了警报器，除了这些，你还想用声控传感器做些什么呢？

师：你觉得声控传感器用在生活的哪里，能够比没用之前更方便呢？

（设计意图：本环节是对声控传感器应用的提升。希望学生能够发散思维，自主创造独特的，能够应用与生活，方便于生活的作品。）

四、课程成效

我们针对《创意编程》课程开展了星级评价。在整个内容结束以后，教师可以根据学生在课堂中的突出表现给予学生评价。教师综合学生的思考、记录、制作、表达、合作等方面，给予学生一个较为详细的评价。

【评价标准】

☆☆☆：积极思考，能主动参与到探究的过程中，并在探究过程中能做到互相帮助，共同学习。

☆☆：认真思考，乐于参与到探究的过程中，并在探究过程中能做到互相帮助，共同学习。

☆：乐于思考，能参与到探究的过程中。

《创意编程》课程实施已有三年。通过这三年的实践，我们不断修改和完善教学内容，力求使每一节课的内容更加符合学生的年龄特点和兴趣需求。并且为了适应普惠化、精品化、趣味化的需要，我们在课程的形式上、难度上、外延上都做了一定修改，更加注重生活与课程内容的关联性，鼓励学生不仅学习编程知识，更应该把知识应用到生活中去，能够创造"电子产品"为我们所用。

在课程的实施过程中，我们能够发现学生们在课程的学习中有了很多的收获。在课堂上，学生们通过活动体验式的学习，在操作的同时领会并了解一些浅显的科学知识，大大增强了他们的学习兴趣。学生在课堂上还利用了理论与实践相结合的方法来进行课程学习，使学生们在成功的喜悦中提高了动手能力。除此之外，本课程是由一个个小任务和小挑战题组成，学生通过闯关的学习增强了他们的学习动力。学生们通过对编程的学习，在一定程度上拥有了严谨的思维逻辑。学生非常喜欢这门课程，做事变得更加主动和投入，更主要的是很多学生做事更加有条理了。这些都与老师在课堂中对学生逻辑思维、创新意识的培养与鼓励是分不开的。而且通过承担课程开发的任务，学校老师也在素质和能力上得到了很大的提高，一些学习好并且对编程很感兴趣的学生也在更大的舞台上，获得了更优异的成绩，这些都是学生们学有所获的成果体现。

从2014年开始，我们就组织学生参加了各级各类的单片机比赛。在比赛中，学生们不负众望，在团队赛和个人赛中均获得了国家、市、区级一等奖的好成绩，在展现了自己才华的同时，也为学校赢得了多方赞誉。

令我们更为骄傲与欣慰的是，在五一小学的课堂上，每一名五一学子都能够积极、主动地投入到探究与学习之中，他们聚精会神地实验，相互帮助，共同攻坚克难，为难题的成功破解发自肺腑地大喊"耶"……这一刻，师生都陶醉在科学探究的广阔空间里，乐此不疲。也许这就是这门课的魅力所在吧！

第二节

融合课程篇
RONGHEKECHENGPIAN

融合性学习—— 幸福起航

申春娟

一、课程思考

小学低年级是学前教育向小学教育过渡的重要阶段。为提高低年级学生的综合素养，丰富其学习体验，我们开发了指向"全人"、指向人的全面发展的"跨学科综合活动课程"，即"幸福起航课程"。该课程以杜威的"活动课程理论"为指导，借鉴IB课程（国际预科证书课程）中的PYP的跨学科主题教学理念，从兴趣、习惯、能力三大发展要素入手，围绕"儿童与自我""儿童与社会""儿童与自然"三大跨学科实践活动，融合语文、数学、科学、音乐、体育、美术六大学科内容，连接社会生活，注重活动体验，力图让学生从不同视角对同一主题或内容形成比较全面的认识，努力打造活动化和综合性相结合的幸福起航课堂特色。

二、课程设计

"幸福起航"课程的定位是促进低年级的学生顺利地适应小学生活，激发学习兴趣、丰富情感体验，使学生获得身心的发展而开发的综合性课程。在综合性的学习活动中，让学生学得安全、学得丰富、学得快乐、学得精彩。"幸福起航"课程虽然是综合性较强的活动课程，但绝不是所有学科课程的叠加，而是指向"全人"、指向人的全面发展的新课程，课程侧重于学生直接经验的获得。

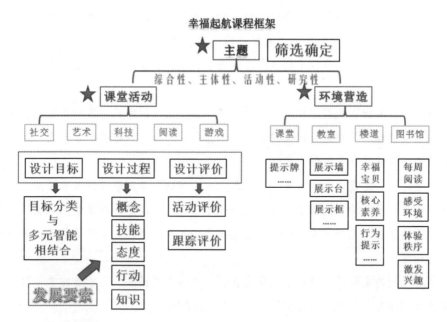

幸福起航课程框架

三、课程实施

（一）学习内容及安排

幸福起航课程每个学期的活动内容是围绕着三个主题来设计的，每个主题大概六周左右时间，力图让学生从不同学科、不同角度开展学习活动，让学生对同一主题形成比较全面的认识。

	一年级	二年级
起航课程主题	上 学	动 物
	秋 天	美 食
	时 间	购 物
	节 日	交 通
	春 天	植 物
	身 体	环 保

课前自主探究：采取"查一查、看一看、找一找"的方式，让孩子们做好课前准备，引导学生带着思考、带着准备走进课堂的学习。

课上互动汇报：采取"小组交流、主题活动、点拨引导"的方式，架起课前活动与课上学习的桥梁。

课堂上，孩子们把课前搜集到的资料，课前的准备在小组长的带领下进行组内交流展示，要求人人发言、人人有观点，教师巡视指导，在孩子们充分交流的基础上，选派组员进行汇报展示，全班交流，相互启发，互相学习。在此过程中，根据主题需求，教师创设活动形式，采取"演一演、说一说、读一读、唱一唱、画一画、做一做"等形式，让孩子们通过各种身临其境的课堂活动，感受不同主题的特点。

课后拓展延伸：采取"读一读、编一编、展一展"的方式，鼓励孩子们去阅读与主题有关的绘本故事进行阅读活动，并通过课堂汇报、作品展示等形式，对学生进行评价，激发孩子们的创作欲望。

课下，根据主题内容，为孩子们推荐相应主题的绘本故事进行自主阅读，并鼓励孩子们进行绘本故事的自主创编，绘制孩子们自己的故事，在课堂上创设孩子们交流展示的机会，用评价展示的方式激励孩子们的学习兴趣，使孩子们真正成为课堂学习的主人。

通过系列的主题活动设计，为学生提供一个多学科融合、开放性的学习过程，在多样化的学习方式里，实现孩子的真成长、真获得。

典型案例1：感恩重阳节

李全博

教学目标：

1. 通过查阅相关资料，了解有关重阳节的知识。知道重阳节是我国的传统节日，又是我国的老人节。

2. 感受人与人之间相互真诚的情感，体验中华民族传统文化的深远，培养学生尊老、爱老、助老的意识。

3. 培养在日常生活中，以实际行动尊敬、关心老人，主动为老人做事的意识。

教学重、难点：

体会怎样才能给老人带来快乐。

教学过程：

【活动一：了解重阳节】

师：你们都知道哪些中国的节日？分别是哪天？（在黑板上贴出一些节日：儿童节、春节、教师节、中秋节、重阳节……）

师：今天咱们就聊聊重阳节。你对重阳节有哪些了解，给大家说说。

生：介绍查到的资料。（如：九月初九，又叫重九、登高节、老人节；一两个习俗；古诗等）

师：同学们知道的真不少，你是怎么知道的？

生：上网、看书、询问……都是获取信息的好办法。

师：老师这儿有一个视频，请你仔细看一看，了解一下什么是重阳节？（播放视频）。

师：你了解到了什么？说一说。

生：重阳节习俗有登高、赏菊、插茱萸、吃重阳糕……在1989年，我国把重阳节正式定为老人节，成为尊老、敬老、爱老、助老的老年人的节日。

（学生欣赏重阳节的古诗《九月九日忆山东兄弟》）

（设计意图：通过此环节，让学生了解这个节日，知道重阳节是中国特有的传统节日，已有一千七百多年历史，在这个传统节日中民间有哪些习俗等；同时让学生知道获取信息的基本途径有上网、看书、询问等方法，为今后查找资料奠定基础。)

【活动二：了解重阳节是老人的节日】

师：猜谜语——早上用四天腿走路，中午用两条腿走路，晚上用三条腿走路。这是什么？

生：人。

师：为什么是人？你怎么猜到的？

师：从小到大，人有很大的变化，每个人都会老，每个家庭都有老人，课前老师请你采访了你的爷爷奶奶，谁来给大家讲讲他们年轻时候的故事？

调查表	
爷爷奶奶或者姥姥、姥爷	年轻时最骄傲的事：
	年轻时吃过的苦：
	最难忘的事：

（设计意图：通过学生的前期调查，使孩子们真正了解家中的老人，知道他们年轻时也曾经为国家、为社会、为家庭付出很多，贡献很大，让孩子们发自内心的感到老人值得我们敬重。)

师：（出示一组老人照片）这些人年轻的时候，也像你的爷爷奶奶一样，为祖国为社会做了很多贡献，现在他们年龄大了，你觉得他们有什么变化吗？

生：行动不便；视力、听力下降；头发白了……

（学生体会听力下降的感觉）

师：请你用棉球塞住耳朵，我轻声说几句话。

师：（拿出棉球）听声音有什么不一样？

师：其实老人听力下降，他们听声音就像你们刚才塞住耳朵时一样，经常听不见或听不清。你们再跟爷爷奶奶说话时怎么办呀？

生：大点声，说慢点，多说一遍……

（学生体会视力下降的感觉）

师：透过薄膜看东西，什么感觉？

生：模糊不清；灰蒙蒙的一大片……

师：面对老人的这些现状，我们能做些什么呢？

生：帮助老人读书看报；说话的声音尽可能大一些；

走路有困难的老人我们要主动搀扶；家中的饭菜要做得软烂、清淡……

（设计意图：通过此环节的设计，使学生了解老人的困难和需求，并能提供力所能及的帮助，同时知道不仅要理解和关爱家中的老人，对于社会上的老人我们一样要尊重和关爱。）

【活动三：尊老敬老过重阳】

师：全社会都很关注老人的生活，提供了很多便利条件，比如说：65岁以上老人可以免费乘公共汽车，免票进公园散步……今天就是重阳节，你打算怎么给老人过节呢？和同桌说说你的方案。

生：① 带领老人去秋游，亲近自然，锻炼身体。

② 给长辈送去好吃的，不在多，在于健康。

③ 陪陪长辈，一家团聚，听听长辈的故事。

④ 给不在身边的老人打电话、视频聊天，让他们感受关爱……

师：今年的重阳节，有几个小同学没有花钱买礼物，可他们的礼物让爷爷奶奶特别高兴，想知道他们送的什么吗？我们来看看。

（设计意图：使学生懂得，老人最喜欢的不是用钱买的礼物，他们最希望的是亲人多陪在他们身边，全家人在一起时才是他们最幸福的时候。）

【活动四：尊老敬老在平时】

师：是不是只有重阳节才想起尊老敬老？在平时我们可以为老人做什么？先来看看五一小学金帆管乐团的同学，他们是怎么做的？

（播放录像：学校乐团同学去敬老院慰问演出。）

师：这些哥哥姐姐为老人做什么了？看来我们可以用自己的一技之长为老人送去快乐，带来温暖。

师：你平时是怎么尊敬你身边的老人的？你是每天都这么做的吗？看这几个同学做得怎样？（课件出示图并分析）

（设计意图：通过分析，让学生明白我们身边的老人越来越多，全社会都在关心帮助老年人，我们也应该尊老敬老，从尊重身边的老人做起，从帮助老人的小事做起，把尊老敬老的行为落实到每一天的行动中。）

【活动五：小小贺卡传真情】

师：上完这节课，你们肯定有很多话想对爷爷奶奶说，把你想说的话以及对爷爷奶奶的祝福写在这张纸上，做成一张漂亮的贺卡，送给他们吧！（在《常回家看看》歌声中结束本课教学。）

教学反思：

本节课主要让学生通过活动，了解关于重阳节的来历、习俗等相关知识，知道尊老敬老是我们中华民族的传统美德，让学生懂得感恩，学会孝顺。

1. 尊老敬老话重阳

前期让学生们去了解重阳节的知识，课上汇报，培养了学生查阅资料的好习惯，同时渗透查阅的方法，如上网、读书、询问等多种途径，为今后的学习奠定基础。老师为学生提供一段重阳节视频资料，让学生观看后进行提炼总结，加深对重阳节来历、习俗的认识，还欣赏了有关重阳节的诗句，大大丰富了学生的知识面。

2. 记录回忆说贡献

1989年我国将重阳节正式命名为老人节，倡导大家尊老敬老。所以这一环节我们设计一个小小调查表，让孩子们调查家中老人年轻时的经历，从而使孩子们真正了解家中的老人，知道他们年轻时也曾经为国家、为社会、为家庭付出很多辛苦、做出杰出贡献，从而让孩子们发自内心的感到老人值得我们敬重。随后我们又通过看视频、辨析图片等活动，让孩子们知道了如何做才是真正的尊老敬老，将尊老敬老内化于心并付诸于行动。

3. 小小贺卡传真情

通过前两个环节的设计，孩子们对于重阳节有了很深的认识，激发了他们尊老敬老的热情，将自己想要抒发的情感通过画笔、文字来传达出来。培养了学生动手能力、提升了学生的审美能力。

课堂中老师没有提过一个"爱"字，但每个活动的设计都充分激发了孩子们对老人的敬重，从而发自内心的想去表达自己的情感，并愿意付诸于行动，这也正是我们这节课想要达成的目标。

典型案例2：欢欢喜喜过春节

陈娜

教学目标：

1.了解春节的习俗，发现并探究迎春节活动的新鲜事、有趣事。

2.体会我国传统的春节活动的热闹氛围，通过体验写"福"字，感受人们对美好生活的热烈向往。

3.收集春节活动（如福字、对联）相关的资料。

教学重点：

了解春节前后过年的习俗，发掘过年的趣事。

活动准备：

1.在家长的帮助下收集有关春节的图片资料（如窗花、对联、福字等）

2.老师收集各地庙会活动的图片、照片或音像资料。

3.准备毛笔、红纸、垫板。

教学过程：

第一课时——带着问题寻春节

【活动一：搜集资料做准备】

教师在春节系列活动开始之时，布置以下三个问题，让学生带着问题去搜集资料。

1.什么时候是春节？

2.春节和元旦是同一天吗？

3.都有哪些国家或地区过春节？

（设计意图：学生学习会有较强的针对性，这个过程中会主动地寻找相关材料，增加对春节的了解，而且可以减少无用信息的干扰，让学生能够更加高效地进行学习。）

【活动二：登上讲台讲春节】

学生在收集资料后，利用关键词，到讲台前为同学们介绍自己收集到的资料。交流后，同学们对于春节有了一个对于时间、范围等基本知识的了解，为后续学习做好准备。

在学生进行讲解之后，全班学生进行春节与元旦的区别研究，制作调查报告，完成一年级学生的第一次小调查。

第二课时——七嘴八舌话春节

【活动一：百读不厌读绘本】

《春节的故事》这个绘本主要讲的是春节的传说。利用绘本材料，用讲故事的方式来完成教学目标。在教学中带领孩子阅读绘本，了解故事后，为每个小组布置任务单：

1.绘本中为什么过春节也叫过年？

2.每家在春节时为什么会燃放爆竹？

3.年夜饭吃什么？

各个小组接受任务后开始看图片，找资料，查找答案。然后汇报自己的阅读结果。通过讨论，完善结论。

【活动二：书声郎朗诵童谣】

《春节童谣》蕴含着丰富的春节习俗，讲述了腊月二十三拉开的过年序幕。在轻松愉悦的诵读中，学习春节的传统文化知识。

【活动三：津津有味讲传说】

班级学生水平不一，部分学生识字量非常大，他们喜欢阅读，喜欢交流，鉴于学情，开展《讲故事大会》，让这部分学生行动起来，带动其他学生一起阅读，加深对于春节文化的了解。

教学反思：

1.场景中感受浓浓的年味

中国传统习俗中有一种说法，把腊月二十三称作过小年，一直到正月十五，年才算大致结束。于是活动中，我创设了过年的场景，学生从腊月二十三的小年过起，一直过到正月十五，在这个过程中感受到了年的浓厚。

2. 拓展中感受厚重的文化

（1）感受中华文化的源远流长

在学生活动的过程中，适度穿插了一些问题，补充了一些资料，给学生相应的引导，收到了比较好的效果。如：补充了一段视频资料，关于贴春联和贴福字的讲究。

（2）赋予中华传统文化以时代气息

时代在发展，社会在变化，在弘扬中华传统文化的过程中，融入时代因素，赋予传统节日——春节以新的时代内涵，更有利于中华优秀传统文化的继承和发扬。

孩子们对春节的了解增多了，从活动中感受自己动手剪窗花、贴春联、包饺子的快乐，体会民俗节日的情趣。这是孩子们成长道路上一段宝贵的经历，真正做到以传统文化打开传承密码，让孩子们在做中学、游戏中学、生活中学习，用实践活动沁润爱国情怀。

典型案例3：我有一双明亮的眼睛

王云飞

教学目标：

1. 知道眼睛在学习和生活中的重要作用，学习正确的用眼常识，养成爱护眼睛的良好习惯；了解不良的用眼习惯可能造成的伤害，给自己学习和生活带来的不便。

2. 在亲身体验、观察、调查汇报活动中，逐渐形成交流、分享的学习能力。

3. 体会拥有一双明亮眼睛的幸福与快乐，愿意拥有一双健康明亮的眼睛；增强保护眼睛的意识，愿意养成保护眼睛的好习惯。

教学重难点：

1. 了解不良的用眼习惯给眼睛造成的损害和给生活带来的不便。

2.养成正确的用眼习惯，学习保护眼睛的好方法。

教学过程：

【活动一：游戏感悟，导入新课】

师：同学们，你们喜欢做游戏吗？那我们就先来做个游戏吧？（游戏活动：画"丁老头"：一个丁老头，借我俩圆球，我说三天还，非要四天还，还要送个大鸡蛋，加上耳朵更好看。）

师：请你睁着眼睛在纸上按照歌谣顺序画一画"丁老头"。画得怎么样？

师：大家跟老师一起说歌谣，闭着眼睛在纸上再次画一画"丁老头"。看看你第二次画的丁老头，为什么你们会哈哈大笑呢？

师：为什么画得不如第一次好呢？

师：其实除了画画，我们生活中还有很多事需要眼睛的帮助呢！谁来说说？我们每个人都有一双眼，我们的学习和生活都离不开眼睛的帮助，眼睛可真重要啊！你们想拥有什么样的眼睛呢？

（设计意图：本环节中，利用两次"画一画"的游戏活动，调动学生的学习兴趣。在用眼看着画与闭眼画的对比过程中，初步体验、感知眼睛在生活中的重要性。同时调动学生以往的体验和生活认知，感受生活中时时处处需要眼睛的帮助，为下面的教学活动打下坚实基础。）

【活动二：故事明理，感受近视不便】

师：咱们每个小朋友都想拥有一双明亮的眼睛，可是有一个叫明明的三年级同学，他的眼睛发生了这样的变化，我们来听听明明的故事。

师：明明的烦恼是什么？你知道什么是"近视"吗？近视之后看东西是什么样子的呢？你有什么感受？

师：你们猜猜是什么原因使眼睛近视了呢？

生：看书写字不注意距离；看电视太多……

师：原来生活中这么多因素、这么多不良习惯都会导致我们视力下降，那眼睛近视后，对我们的生活有什么影响呢？

师：同学们，我们课前采访了近视的人：你了解到近视给他们生活带来了哪些影响呢？（学生四人小组交流采访记录。）

师：看来，近视确实给我们的生活带来了太多影响。

【活动三：眼睛的其他问题】

师：其实，除了近视外，眼睛还会出现很多的问题，你们还知道哪些呢？

师：想要拥有一双明亮的眼还真需要好好努力，看来我们必须想办法保护眼睛呀！

（设计意图：以明明的故事为线索创设情境，了解近视带来的危害和麻烦，引发学生对眼睛近视的思考。同时观看模糊的图片，使学生了解近视的人看到物体的样子，产生一定的情感体验，激发学生想要保护眼睛的美好意愿。）

【活动四：联系生活，掌握护眼方法，预防近视】

师：你知道哪些保护眼睛的好方法？

生：做眼保健操；看书时间长了以后要休息一下；看绿色植物；看远处；吃对眼睛有益的食物……

（学生集体做眼保健操）

师：有的同学说我没有那么多时间做眼保健操怎么办呢？老师教你一个简单的"热敷操"：小手搓热闭眼敷，眼睛真舒服！

（设计意图：在讨论、交流、体验、操作环节中，学习正确的护眼方法，帮助学生产生自觉行为，调整自己不规范的用眼姿势。使学生愿意掌握正确的护眼方法，提高教学的针对性，达成本课教学目标。）

【活动五：课后延伸，保护眼睛天天做】

出示"我的爱眼日记"评价表格，认真坚持每天填写。

（设计意图：任何习惯的养成都不是一朝一夕的事情，需要学生长期的坚持、家长的督促和老师的帮助。利用评价表格的形式，记录养成良好习惯的痕迹。培养学生达成目标的持续行动能力。）

师：今天咱们一起学习了这么多保护眼睛的好方法，我们一定要把它们记住，课间的时候记得趴窗户看看外面绿色的大树，放松一下我们的眼睛哦！

（设计意图：和学生一起归纳本课重点学习内容，帮助学生在认识行为方面有所提升。）

教学反思：

本节课围绕学生发展核心素养的要求，根据低年级学生的身心特点和认知规律，契合课程理念，从本班学生的生活实际入手，创设一系列的教学活动。活动中，教师巧用绘画、故事、影像等形式，展开多种形式的师生互动，不断创设问题情境，提供给学生充分参与的时间和空间。在师生双向交流的过程中，教师始终以学生学习的参与者、指导者、合作者的角色出现，学生在课堂中成为学习的主人。在探究的过程中学生深刻体验并感悟到眼睛的重要性，学会了正确的爱护眼睛的方法，增强了护眼的意识，并愿意通过每天的坚持，养成良好的护眼习惯。既解决了本课的教学难点，同时又有效地增强了课堂教学的实效性。

典型案例4：北京特色小吃

任 芳

教学目标：

1.简单了解北京特色小吃的品种和烹饪方式，感受北京特色小吃的历史文化。

2.通过学生小组合作学习，培养学生的团结协作精神和语言表达能力。通过品尝、分享小吃，引导学生学习就餐礼仪。

3.通过了解北京特色小吃，感受京味文化，体验探究、发现的愉悦，激发学生对北京的喜爱之情。

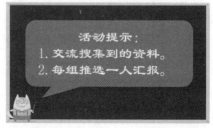

教学重点：

感受北京特色小吃背后的历史文化。

教学过程：

【活动一：从老北京特有的吆喝声，感受京味文化】

师：老师给大家带来了一段声音，仔细听，一会儿说说你听到了什么？（播放冰糖葫芦的吆喝声）

（交流后引导学生尝试模仿。）

师：这是北京特有的吆喝声。今天，我们就跟随这吆喝声，进入我们的主题——北京特色小吃。

（出示课题：北京特色小吃）

（设计意图：老北京的吆喝声离同学们的学习和生活相对较远，运用声音片段引导学生感受原汁原味的老北京吆喝，并通过模仿京味吆喝，引导学生从声音感受京味文化特色，从而激发学生学习的兴趣。）

【活动二：交流自己了解的北京特色小吃，从色、形、味感受京味文化。】

师：出示小组活动提示，指名读。

（1）小组合作交流。

（2）指名小组汇报。

（3）学生相互补充了解到的信息。

师：在小组活动中，你还知道了哪种北京特色小吃？

师：（小游戏——从图片中找出北京小吃）你能从图片中找出哪些是北京小吃吗？不是北京小吃的这几种是哪个地方的特色小吃？

（设计意图：北京小吃在学生的生活中很常见，很多孩子都品尝过部分北京小吃。课前，引导学生查找一种自己最喜欢的北京特色小吃的资料，课上进行汇报。课中学生通过小组合作交流，从颜色、外形、味道等不同方面了解更多北京特色小吃，感受京味文化。同时通过游戏活动，激起学生的学习热情。）

【活动三 通过文字资料，感受京味文化】

师：阅读资料，读后小组说说，你对北京小吃有什么新的了解？

生：不同的烹饪方式。

师：你了解这些烹饪方式吗？（不理解的部分教师提供图片帮助学生了解）北京小吃有这么多种烹饪方式，看来，老北京小吃的做法可真讲究啊！

生：资料中的歌词。

师：从这句歌词中你还了解了什么？

生：千年都城史的"活化石"

师：从中你感受到什么？正像著名作家舒乙先生概括的"小吃大艺"四个字。北京小吃，讲究的是制作的技艺，传递的是北京的历史文化。

（设计意图：文本不仅介绍了北京小吃的分类和烹饪方式，而且还让我们感知了北京小吃历史悠久、品种多、味道好等特点，非常适合培养学生提取信息的能力。因此在课堂中，我们通过小组交流的方式，引导学生将自己从文本中提取的信息在组内交流，在相互补充中获取更多的信息，从而感受京味文化。）

【活动四：观看北京小吃视频介绍，从多种方面感受京味文化】

教师播放声音和图片的介绍，学生交流感受；小组交流了解到的信息并汇报。

（设计意图：通过图片、声音、视频，多种形式引导学生感受北京小吃在颜色、历史等不同方面的特点，以及其对于选料及制作工艺的讲究，从多种方面感受京味文化。）

【活动五：聚焦老北京特色小吃十三绝，感受京味文化】

师：如果让你从这些小吃中评选出"前十三名"，你会推荐谁入选？

（学生交流推荐理由。）

师：出示"老北京小吃十三绝"的图片。"老北京小吃十三绝"不仅颜色诱人，而且制作精美，还有这深厚的历史文化。"十三绝"中哪种小吃能成为宫廷小吃？说说理由。

（设计意图：引导学生聚焦北京特色小吃十三绝到宫廷小吃，从颜色、外形等不同方面的讲究，感知北京小吃的特点，感受北京的历史文化。）

【活动六：品尝小吃，从礼仪、分享等多方面感受京味文化】

师：（投影展示，认小吃实物。）吃东西前，你有什么要提醒大家的吗？

学生交流；小组品尝小吃；分享品尝后的感受。

（设计意图：品尝小吃的过程，更体现学生的综合素养。在品尝的过程中学习用餐礼仪，学会与同伴分享，在交流品尝感受的过程中，学生将小吃的特点与味道相结合，更直观地感受京味文化。）

【活动七：了解小吃品尝地点，推荐京味文化】

师：作为北京的小主人，你会推荐大家到哪儿去品尝这些小吃？老师也给大家推荐几个地方。

（配图介绍：护国寺小吃、牛街、南来顺。）

（设计意图：在锻炼学生表达能力的同时，激发学生作为北京人的自豪感，引导学生树立北京小主人的意识。）

教学反思：

目的在于通过各种活动，培养学生的探究能力。在我校二年级综合课"美食"这一主题下的《北京特色小吃》板块中，我引导学生开展研究性学习，简单了解北京特色小吃的品种、色形味方面的特点和烹饪方式等。在综合性的实践活动中，多方面感受北京特色小吃，体验京味文化。

课前，每个学生由家长陪同品尝北京特色小吃，同时进行资料的搜集，课上再对搜集到的资料开展分享与讨论。在独立思考与小组合作探究相结合的过程中，学生对北京特色小吃有了更多的了解，也培养了学生的科学探究意识和团结协作精神。

课中，我利用声音、文字、图片、视频等形式，调动学生多种感官参与学习。如观看都一处烧麦制作的视频，引导学生从选料、压花、捏褶等不同方面，感受北京小吃对于制作技艺的讲究，以及小吃背后的文化寓意。课堂设计的每个活动内容力求将科学、人文和自然、社会等多个领域进行整合，不仅简单了解了北京特色小吃的特点及烹饪方式，同时也在课上渗透了就餐的礼仪，更全面地感受京味文化，激发学生对北京特色小吃的喜爱之情。

整个综合活动中，学生从北京特色的吆喝声以及北京特色小吃的特点、名字的由来和传说等不同方面感受、体验京味文化。上课伊始，学生先欣赏冰糖葫芦的叫卖声，从声音感受京味文化；之后，通过对北京小吃分类资料的研究和观看北京小吃的介绍，从口味、烹饪方式和特点感受京味文化；接着通过观察、品尝北京特色小吃十三绝，从形状、颜色、味道方面感受、体验京味文化；最后通过品尝地点推荐，引导学生推荐京味文化。

综合实践活动不仅体现了多学科的综合性，更使学生的探究能力在研究过程中不断提高。

四、课程成效

"幸福起航"课程自2014年开始研究到现在，带给老师、学生的变化是巨大的。整个课程从研究主题到授课形式也越来越综合化、活动化。课程带给老师们巨大的变化。老师从刚刚研究接触"幸福起航"课程的懵懵懂懂到现在能够驾轻就熟地开展研究，离不开学校的支持，老师们刻苦的学习以及大家智慧的碰撞。学校为了让这门课程落地开花，为老师们搭设了许多学习平台，大家潜心学习，多次利用假期、周末时间共同研究、探讨。通过不断地学习、研究，大家努力创新课堂新样态，设计研究性问题，引导学生在活动中体验，探究，努力让自己的课堂更开放。

课程带给学生的变化是巨大的。课程突出的特点是主体性、研究性、活动性。在课堂上我们充分将课堂交还给学生，体现了主体性的特点，孩子们通过前期的资料搜集、课堂上的合作学习来解决问题，老师只是起到了提示、总结的作用。随着信息技术在课堂的应用，孩子们在老师的带动下也开始玩转课堂。从简单的ppt课件制作到APPLE TV投屏、希沃课件制作，他们研究也越来越深入，学生的综合能力大大提升，课堂也越来越开放。2017年开始，课程研究更加深入。我们开始论证主题、构建框架、绘制主题思维导图，有了这样的改变，教师授课时更能得心应手，也使我们的课程更加科学、系统。

开放、活跃的课堂是每位学生向往的，"幸福起航"课就是要打造这样的课堂，现在我们的课程有时在教室上，有时在操场上，有时在图书馆上，有时甚至在博物馆、公园上。老师们也从单一的讲授改变为在各种各样的活动中传授，起航课堂更开放，学生更自主，探究、体验的味道更浓烈。

从主题论证谈起

屈亚茹

起航课程所选择的主题都是紧紧围绕孩子生活且对孩子幸福的生活具有指导意义的，因此，每一个主题的确定和小主题的讨论都是经过研究小组不断斟酌、讨论、实践、再交流、再改进的。从大主题的确定到小主题的论证；从课程的目标到活动的实施；从教师的高标准要求到学生的高素质培养，每个环节都举足轻重。接下来，我们就以"美食"这一主题的论证开始谈起吧！

1. 主题连接，全面有效

说起美食，每个人都会想到自己最喜欢的好吃的，但将美食带进小学课堂，只有好吃的远远不够。美食拥有其文化传统，拥有其地域差异，拥有国际邦交作用，拥有人类健康的奥秘，因此，美食是一门学问。那如何将这门学问带入课堂呢？因此必须有系统的模块，每个模块服务于美食主题，需要带给孩子不同的知识。经过研究商榷，研究团队最终将美食主题确定为四个版块：舌尖上的中国、舌尖上的世界、舌尖上的你我他、舌尖上的健康。从中国走向世界，再走近你我他，最终我们都离不开的是舌尖上的健康，四个主题遥相呼应，不可或缺。

2. 主题目标，意义深远

每个大板块下都有其小版块，每个小版块又有其深远的教学意义。以舌尖上的中国为例，舌尖上的中国分为四个小版块："忆苦思甜品历史 中华儿女学文化"、"六朝古都文化汇 味觉盛宴在北京""中华辽阔孕四系 风味独特传八方"和"五十六朵民族花 食俗不同是一家"。这四个小版块分别从美食的历史文化、北京美食、地方美食——四大菜系和民族美食谈起，学生通过学习，不仅了解中华美食历史和北京美食及四大菜系的特点和代表性美食，学习中华美食传统文化和餐桌礼仪，提升了自己的民族荣誉感和爱国主义情操。

3. 主题活动，趣味盎然

一切的主题版块都服务于学生的学习，枯燥无味的讲解不适用于7、8岁的孩子，因此，研究团队一致强调：从儿童的角度出发，创造儿童喜爱的课堂。为此，我们再三研究，将每个小版块，用一个个精彩的活动方式呈现。在学习中华美食传统文化时有"中华筷子我会用"的夹乒乓球活动的游戏学习方式；在学习鲁菜时有"美味鲁菜我会捏"的动手操作学习方式；在学习藏族美食时有学祝酒歌跳祝酒舞的唱跳学习方式；在学习壮族美食时有演一演壮族热情待客之道的表演学习方式；在学习舌尖上的健康时有读绘本《肚子里有个火车站》和《食物的旅行》的阅读学习方式……

所有的主题最后经由研究团队反复研究反复商讨，碰撞激情迸发火花，最终，实现了为孩子们打造营养而美味的主题大餐的课程体系。

百花争艳　约绘春天

张　硕

春天，是姹紫嫣红的季节。在一节起航课上，孩子们满怀激情和喜悦，带着画笔，在一幅幅长卷上绘出自己对于春天的理解……

"老师您看，我画了一个房子还有好多花花草草，旁边那个小朋友就是我，我在春天里玩耍。""小哲，我在这边画一条彩虹，你在上面画几朵云彩吧！""好呀好呀，我们一起创作出属于我们的春天！"在宽阔的操场上，孩子们尽情挥舞手中的画笔，在数十米长的画卷上绘出自己对美好生活的憧憬，彩虹、云朵、大树、小动物……在孩子们的创作下更加可爱，增添了一份春天的气息。

其中一个小朋友小睿引起了我的注意，还记得开学初，他坐的离讲台最近，但是课上却总是走神，心情不好的时候容易发脾气，偶尔还会摔书本，而今天他安安静静地趴在画卷旁边，专心致志地画着心中的春天。我上前问道："小睿，你很喜欢画画吗？""是的。""你画的春天是什么样子呢？""我画了一个多姿多彩的大花园，有很多花草树木，天上还有彩虹，父母在和我一起欣赏风景。"小睿依旧认真地拿着彩笔，斟酌如何能绘出更加绚丽的春天。原来小睿的心中是那么童真和美好，绘春天对他来说不仅仅是画画，更是绘出心中的期望，对春天的愿景，同时也能够陶冶情操，让他有成就感，发挥长处，提升自己。

"我画大树，你画房子，小芳画太阳和白云，小羽画草地和花。""我的草地和花画完了，我来帮你们画吧。""颜料干了，我去接点水！""我觉得你的草地里还能画几只蝴蝶，我给你添上吧！"小朋友们虽然是低年级，但分工意识很明确，团结合作，齐心协力完成一幅作品，果然，他们的速度要比其他小朋友快不少。我走过去忍不住问道："我看到其他小朋友都是自己画自己的，你们是怎么想到一起创作的呢？"其中一个可爱的女生回答道："我们昨天就已经商量好了，而且我们在白纸上画出了小样，今天我们对照小样画就可以了，能节约时间。"绘春天的活动能够锻炼动手能力，让这个春天更加丰富多彩，童趣盎然。

这就是我们的起航课程，丰富多彩，灵活多样，不拘泥于课堂教学，更多的是让孩子们动手操作，身体力行，感受生活的美好。丰富的活动不仅能发挥孩子们的想象力，调动孩子们的热情，同时也能培养孩子们的团队意识，分工意识，以及交流合作能力。

五、思考与展望

"幸福起航课程"已经不单单是教育形式上的改变，也不只是课程的改革，而是一种教育观念和教育范式的变革。

通过将近三个学年的实践和探索，我们的老师在幸福起航课程的研究过程中再次起航，展开全新的研究历程，在广大低年级教师中掀起一轮跨学科实践活动的热潮；我们的学生在跨学科的活动中，勇于尝试，练习合作，广泛阅读，形成习惯，提高素养，收获信心，这都为他们适应学校生活奠定坚实的基础。学生的变化就是对教师最大的鼓舞，我们还将在低年级的跨学科实践活动领域继续研究下去，建立起学科之间、主题之间、活动之间的联系，努力地让幸福起航课程成为五一小学幸福素养课程的闪光点，成为五一学子幸福人生的起点！

融合性学习——戏剧表演

刘 莹

一、前期思考

戏剧是人类文化创造的宝贵成果之一，是一种重要的艺术形式和文化传播方式。西方古希腊戏剧、莎士比亚戏剧、东方印度戏剧、中国京剧等都是世界艺术宝库中的瑰宝。进入20世纪90年代，随着世界艺术教育改革浪潮的掀起，开放、多元、综合的艺术教育被广泛认同，戏剧教育作为艺术教育的内容之一，逐渐被许多国家纳入基础教育内容。

（一）戏剧课程开发的必要性

1.国际趋势

在西方发达国家，戏剧课程是中小学普遍开设的一门常规课程。"全美最佳教师"雷夫的教育绝活之一就是通过戏剧课程改变贫民孩子的生命气质，激发他们对未来人生的信心和信念。在我国的香港和台湾，教育戏剧专家活跃在中小学的各个角落，戏剧课程已经被教育界所熟悉。

2.国家发展

2015年9月28日，国务院办公厅发布了《关于全面加强和改进学校美育工作的意见》，要求我国中小学在三年内逐步开齐开足美育课程，而戏剧作为单列的课程内容第一次被国务院正式提出来。

3.学生需求

戏剧课程不是以戏剧知识和表演技能的学习为唯一目的，而是通过戏剧的方式，展开综合性的教育活动，它是指向全人教育的综合课程。它集语言、形体、音乐、美术等多元智能于一身，综合提升中小学生的感受力、表现力、理解力、创造力以及动手能力和团队合作精神等，而这正是中国现行课程体系所欠缺的。

（二）戏剧课程的研究意义

为充分发挥艺术教育在培养学生综合素质方面的重要作用，自2012年9月开始，我校打破学科与学科、课内与课外、校内与校外之间的壁垒，自主开发了作为学校五大融合性课程之一的戏剧课程，意在：

1.培养学生艺术能力，提升学生综合素质

戏剧课程坚持让学生在多种艺术形式中，了解表演、歌唱、音乐、舞蹈、故事、舞美等不同艺术风格，使学生在学习、编导、排演不同剧目的过程中体验戏剧故事中人物情感变化，了解社会历史文化背景，提高学生对艺术的感受力、鉴赏力和创造力。重视学生的阅读体验、实践能力和情感表达能力的培养，提高学生对话剧的认知和兴趣的同时，增强学生合作、沟通、交流等综合能力。

2.弘扬和继承优秀文化，形成多元戏剧文化

戏剧课程在坚持弘扬和继承本民族戏剧文化精神的同时，要引导学生了解和关注人类世界文化艺术遗产，关注不同民族文化的戏剧表达方式，关注世界文化的发展，尊重、理解和宽容多元戏剧文化。

二、课程设计

（一）课程定位

戏剧表演是一门综合性艺术，以对话方式为主，剧作、导演、表演、舞美、灯光、评论缺一不可。在经历完整戏剧课程的学习中，让每个孩子了解戏剧知识，感受戏剧的魅力，提高自己的综合素质。

（二）课程原则

1.全员参与与重点培养原则

2.教师培训与专业团体原则

3.学校活动和专业参赛原则

4.戏剧课程与学科课程原则

5.理论学习与实践表演原则

6.规范管理和灵活实施原则

（三）课程目标

1.通过系列性经典作品的阅读和表演，使学生的审美、认知、表现等方面的综合能力得以提升。

2.帮助学生理解戏剧课程内容，较为扎实地掌握学科及有关戏剧知识。

3.引导学生不断发现自己，体验成功的快乐，发展学生的个性和特长。

4.增强学生的合作意识，提高学生感受美、欣赏美、表现美、创造美的能力。

5.培养学生高尚的道德情操、健康的审美情趣，形成正确的价值观和积极的人生态度。

6.促进学生美学、智力和情感的提升。

（四）课程内容与结构

1.课程内容

戏剧表演课程以学生为主体，以自选剧目组成剧组为主要形式，在教师指导下完成自主创作、编排生成的课程，包括：课本剧、经典剧、原创剧等

2.课程结构

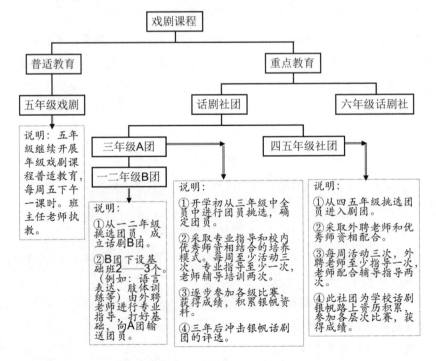

三、课程实施

（一）戏剧表演课程课堂教学模式

1.读议文本。师生共读文本，相互交流研读。通过阅读互议，让学生分析出剧情、剧中人物及节选部分的内容、背景情况。

2.创编剧本。学生编写剧本是对课文的再创作。随着研究的深入，在教师的指导下，由学生自行编写剧本。

3.编演剧目。按自己对文本的理解以剧组为单位进行话剧表演，如课堂即时表演、片段型表演、完整型表演等。

4.道具制作。在对文本创编、编演之后，孩子们根据角色的特点和道具的需求，自制服装道具并使用。

5.互评展示。学生和老师分别针对各个小组和成员的编剧和表演进行评价并通过戏剧节或其他戏剧展演活动进行展示。

（二）具体授课安排

1．普适教育：班级授课

2．重点教育：社团授课

（三）学习探讨研究

这段研究共经过四个阶段：组建核心团队，先期研究阶段；学习研讨，不断提升阶段；加强普适教育，提高实效阶段；不断积累，总结固化阶段。

精品课例：甘罗十二拜上卿

朱 琳

教学目标：

1.继续将上节课创编的剧本进行修改和完善，掌握改编剧本的方法。

2.通过群议剧本，合作探究的形式，培养学生合作、沟通、交流的能力。

3.以剧组为单位进行排演，体会角色性格，感受人物特点，从中渗透话剧知识，激发学生对话剧表演课程的喜爱。

教学重点：

以剧组为单位进行排演，体会角色性格，感受人物特点，从中渗透话剧知识，激发学生对话剧表演的喜爱。

教学过程：

（一）导入

师：上课之前我们先来做一个游戏。请同学们离开自己的座位，保证有足够的活动区域。以小组为单位，根据我拍手的节奏顺时针跑圈，等到我喊停，请你用无声的肢体语言模仿一种小动物。

师：好！现在游戏难度升级。请根据老师拍手的节奏顺时针跑圈，等到我喊停，请你用声音、表情加肢体语言来演绎一种小动物！

（此环节旨在调动孩子的戏剧表演积极性）

（二）回顾故事主要情节

回顾时代背景及主要人物关系。

师：之前我们读了《甘罗十二拜上卿》，这也是出自我们《幸福阅读》的必读书目《上下五千年》中的一个历史故事。

师：上节课我们尝试着将这个故事的文本改编成了剧本，今天我们继续来修改、完善、排演这个剧本。

师：我们先来回顾一下这个故事吧。谁来说一说这个故事主要讲了什么？这个故事发生在什么时代？

师：在秦楚韩赵燕魏齐七雄争霸的特殊历史时期，甘罗作为秦国丞相吕不韦的门客，劝说武将张唐赴燕，并成功出使赵国，凭借聪明才智使秦国得到了十六座城池，十二岁就被封为上卿。我们把这两个故事分别起一个小标题：《说张赴燕》《舌战赵王》。

（出示板书）今天我们着重对这两幕的剧本进行修改、完善和排演。

（三）群议剧本

师：同学们在创编剧本的过程中都过了一把小编剧的瘾，谁来和我们分享一下你认为自己修改得最精彩的一处？（出示第四张PPT）

（四）以剧组为单位，融汇剧本，对词练习，场地排演《说张赴燕》这一幕。

师：我们群议完这个剧本，接下来就是各剧组编排的时间了。请各剧组在编剧的指导下，修改完善《说张赴燕》这一幕，融汇成一个统一的剧本。时间5分钟。

师：各剧组在导演的组织下，按修改后的剧本进行对词练习。时间5分钟。

师：请各剧组在导演的指导下，按修改后的剧本进行场地排演。时间10分钟。

两组展演评价（导演说戏、演员展演、观众评价）

（五）各剧组独立完成《舌战赵王》幕的剧本修改和场地排演。

师：这一幕是老师带着大家分步来修改完善和排演的。现在时间交给同学们，请各剧组自行完成"舌战赵王"幕的修改和排演。时间30分钟。

师：刚才那一幕我们是穿着校服来表演的，那么这一幕戏同学们想不想随我一起穿越回战国时代？来，推出服装架！

请一组展演评价（导演说戏、演员展演、观众评价）。

（六）安排后续活动安排

1.各剧组准备材料，制作道具。

2.课下继续编排，为年底的戏剧节做准备。

师：同学们的表现太精彩了！你们真正地站在了舞台中央，真正地驾驭了课堂。看看大家手中的这张纸，我们发现，文本和剧本并不是割裂开的。中间的这条分割线，我更愿意叫它，这座桥。这是由于这座桥，将我们习以为常的语文和我们不太熟悉的戏剧紧紧地融合在了一起，使得对我们来说的天堑变成了通途。这节课到这就结束了，但我们的戏剧之路才刚刚开始。下节课我们将继续服装道具的制作，同学们也可以利用课下的时间继续编排这个小戏剧，为我们年底戏剧节做准备，好吗！

《红孩子》参演感想

李思颖

2015年5月29日，话剧《红孩子》在学校大礼堂隆重上演！剧目表演时间长达一个小时之久。在台上，我们每一位演员都认真努力地演绎了自己的角色。在幕后，由同学们自己担当的场记、剧务、灯光师、LED屏幕播放师，都一丝不苟地完成了自己所承担的事务。几个月来付出的辛苦没有白费，我们成功了！当台下的观众全体起立鼓掌时，我们感到无比自豪和激动，我们在心里给自己点赞，好样的！

成功得来不易。在排练的初期，我们的心里都是七上八下的。我们都很担心自己不会表演，演不好怎么办，此时细心的白老师给我们吃了定心丸："孩子们，你们要学会挑战自己！无论是学习还是生活都充满了很多未知的东西，只要你们勇敢接受，努力补充新的知识，就会看到一个全新的自己。"就这样，在白老师的鼓励和带领下，我们慢慢地成为了一个小"演员"。在紧锣密鼓的排练中，白老师不厌其烦地提醒我们："演戏不要去故意作戏，单单为了完成任务而作戏。你们要进入角色，认真去感受那个人物、那个背景、那个年代。多看，多想，多读！"我们将这些话刻在脑海里，为了演好角色，更好地体会揣摩人物的心理，我们一遍又一遍地翻看剧本，一遍又一遍地看这部电影，一遍又一遍地练台词……

一分耕耘一分收获。在白老师的精心指导，在班主任康老师以及古老师和徐老师的悉心陪伴，还在家长和同学热心的鼓励和支持，我们终于迎来了今天在舞台上的绚丽绽放！我们深知这一次的演出可能并不完美，但是，我们有信心下一次做得更好！希望老师们、同学们和家长们通过观看我们的表演，能够感受到那段红色历史，和更深一步地体会那个战火纷飞的年代。而我们也会更加珍惜现在的美好生活，珍惜学校提供的闪亮舞台，抓住一切机会，来展示我们的多彩青春与幸福梦想！

学生与戏剧的故事

——走进戏剧课程

陈春燕

再次点击1月9日我们的戏剧课程演出录像，又看到了同学们那精彩绝伦的表演，又听到了观众那一声声开怀的大笑，真是美了眼，醉了心！

秉承为孩子们的人生奠基，彰显孩子们个性发展的理念，学校的每个年级都有自己不同的工作重点，而我们五年级的重点就是通过戏剧课程让每一个孩子都知道：我，很棒！

"每班一台戏，班班有创意，人人要参与！"的号角一吹响，同学们就开始投入了紧张的准备工作。大家分头搜集剧本，任务一下达，第二天我的讲台桌上就出现了《空城计》《爱丽丝漫游记》《西门豹治邺》等N个剧本。经过大家的商量，确定了本学期要表演的剧目《西门豹治邺》。为了能够高水平的演出，同学们自由结合成两个小组，分别推选出组织能力强的王俣涵和何林蔓两位同学任总导演。

孩子们的活动孩子们做主，我完全放权于他们。大家在总导演的组织下研究剧本，分配角色，可根据剧情需要自行修改剧本。两个小组比一比，三个月后推选出最好的，代表班级在学校做汇报演出。规则一定，这两个小组谁也不示弱。每周五下午第二节课，一个小组在教室内练习，另一个小组在楼道内练习。两个小组的同学严守各自的机密，都想在评选中获胜。

很快，3个月即将结束，时间好像更是加快了步伐，卯足了劲似的要飞到那一决雌雄的时刻。班级展演开始了，何林蔓她们小组那一颦一笑牵动着我，神情夸张，极具笑点。王俣涵他们小组的一言一行吸引着我，语言幽默，极具笑点。两个小组不分仲伯，各具特色。就在这不知如何是好的时候，一位同学建议把两个小组合二为一，吸纳各自的优点，创编出我们班的新剧目《新西门豹治邺》。建议一提出，同学们一呼百应。接下来的练习，我们把重点放在了"笑点"上。如何引发观众的笑点？神情已经很夸张啦，只能从语言上入手。

孩子们的兴趣被激发，心中的那团火越烧越旺。每个同学认真研究自己的角色，上网查找各种资料，智慧的火花在同学之间摩擦着、碰撞着，更多的心得在同学之间交流着。于是在2015年的1月9日，大家欣赏到了我们班那爆笑全场的《新西门豹治邺》。

回顾整个戏剧课程，从开学初的学习戏剧知识到名家进校园的讲解，从在台下观看专业演员表演的《七耳兔》到同学们亲自上阵，走上舞台表演《新西门豹治邺》，整个过程孩子们享受其中。从那绽放着笑容的脸颊上让我们看到了他们的成功！过程中的点点滴滴，难以忘记。活动虽然结束了，但是留下了那一个个说也说不完，笑也笑不够的小故事。

即便是配角，也要用心演好

五（10）班 沙轩逸家长

5月29日下午，儿子参演的话剧《红孩子》圆满落幕了，伴随台下雷鸣般的掌声，望着台上儿子演出时投入的表情和谢幕时专注的神情，我仿佛感受到了他的喜悦和自信。要知道，这一切还真来之不易呢！

儿子在剧中扮演一个红军战士，只有两次短暂的出场机会：一次是开头，一次是谢幕。也许是觉得戏份太少了，演出前一天晚上，当听说我要去观看演出时，儿子略带内疚地望着我说：“妈妈，我们群众演员就上场两次，并且都没有名字。”我听了微微一笑：“没关系，儿子，记着我们的约定！”别看我说得轻松，其实心里一阵感动。儿子内疚，说明他本想在家长观摩时，展现一个更加突出和优秀的自己。这与他前两天的认识真是天壤之别啊！

演出前一周，儿子支气管发炎，咳嗽不停，不得不去医院输液。而这时恰好是《红孩子》剧组排练最紧张的时候，因为周三就要正式演出了。我急着问他怎么办？儿子轻描淡写地说：“老妈，就我那点动作，我早就会了，到时候我直接演出不就行了吗！”看他满不在乎的样子，我更加着急了，但还是强装平静，耐心地对他说：“儿子，配角也很重要。你想，如果没有配角，舞台上显得多孤单啊，效果出不来。再说，很多主角也是从配角开始演起的……你能跟妈妈约定，即便是配角，也要投入地演好吗？"儿子听了很受鼓舞："好的，老妈，我与您约定！您跟康老师说一下，我输完液后下午就去排练！"就这样，儿子连续两天坚持上午输液，下午排练，晚上回去还饶有兴趣地跟我们讲述排练时的趣事。看着儿子的变化，我由衷地感到高兴。

小小的一次演出，让我陪儿子共同感受了一个励志道理。感谢五一小学丰富多彩的戏剧课程，正是通过这样的机会，使我们对孩子的教诲少了些说教，多了丝体验，"随风潜入夜，润物细无声"，这不正是教育的力量吗？

（二）课程效果

戏剧课程，为学生搭建展示自我风采，彰显个性才华的舞台，通过阅读书目、创编剧本、制作道具、排演剧目等方式，让孩子们从中学会自信，以更好的状态应对人生每一个挑战。课堂上，学生在老师的指导下编写出以语文教材为蓝本的课本剧，改编出以世界名著为载体的经典剧，创编出以学校热点、焦点问题为素材的原创校园剧，通过戏剧教学五步学习法，在学习中感受戏剧魅力。戏剧课程让每个孩子找到自己的角色位置，感受成功的快乐。在普及的基础上，我们还注重提高，戏剧节上孩子们成功排演了《新编红孩子》《新编小兵张嘎》《九色鹿》《木偶奇遇记》《灰姑娘》等精彩剧目。舞台上孩子们不仅展示了自我才艺、张扬了个性风采，而且学会了交往、合作与担当。

虽然我们的戏剧课程离真正成型还有很长一段路要走，但是它对于孩子成长的作用或许已远超过我们的想象。孩子们在戏剧教育中了解了自己，懂得了向生活学习，正自信地走向未来，让我们通过教育戏剧来点燃孩子心灵的智慧之光，照亮孩子的锦绣人生吧！

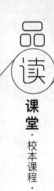

融合性学习—— 快乐家政

隋红军

一、前期思考

联合国教科文组织在1972年就提出把"学会认知、学会做事、学会共同生活、学会生存"作为国际教育的主题，而家政教育的核心作用是引导学生掌握生活基本技能，并逐渐形成认识生活、适应生活、创造生活的主体意识，它正是使青少年"学会生活"的一个重要教育内容。

新课程的培养目标就是使学生"具有适应终身学习的基础知识、基本技能和方法，具有健壮的体魄和良好的心理素质，养成健康的审美情趣和生活方式"。从近20年课程改革的趋势与要求不难看出，强化课程内容的生活化、综合性、实践性，以此培养学生生活能力，提升学生综合素养，帮助学生在实现自我价值过程中形成独立人格，始终是课程改革所追求的一个终极目标。快乐家政注重实践，注重在贴近生活的实践中培养学生自主自立、习惯礼仪、沟通合作、规范规则等方面的品质与能力，与课程的改革发展高度契合，也与五一小学"为学生的幸福人生奠基"的幸福素养课程相吻合，成为我们继续推进并完善幸福素养课程体系的新路径。

二、课程设计

根据小学生的年龄特点和教育规律，我们认为，小学家政课程应当属于小学综合实践活动课程范畴，具有显著的综合课程特征和校本课程特色，是一门具有生活化、综合性、活动性、体验性和开放性特点的融合性课程。

我们将课程的目标确定为：引导学生学会部分必要的生活技能，提高学生自主自力与解决生活问题的能力；引导学生热爱生活，追求科学的生活方式，指导学生幸福健康地生活。

从课程内容角度来看，五一小学快乐家政学习内容的选择，基本设计思路就是"双线并行"，即一条线是围绕学生日常生活中衣、食、住、行的实际情况，从解决问题、指导生活的角度设计；另一条线则是依据家政课程实施年级学生的年龄特点与教育规律来设计。

三、课程实施

（一）学习内容及安排

目前，五一小学快乐家政主要在四年级开设，其内容整体架构的顶层设计经过初期的实践，已经初步构建，涉及家居环境、服饰文化、人际关系、饮食文化、健康起居、消费管理等六大领域，收纳整理、清洁卫生、使用与维护等16个专题，并从认知、方法、实践活动、学科融合四个维度对每一个专题的教学提出了具体的要求。未来，我们还将通过实践不断对这一架构进行调整与完善。

在实施过程中，我们遵循着三个基本原则，即实用原则、整合原则和体验原则，努力提高学生的综合素养。

我校的快乐家政课程在四年级全面开设，学校委托专门的行政人员引领此项研究，成立了专题研究小组，由专人进行课堂教学，实现了专时专用和全员普惠。

（二）典型案例

吃的学问

于 丹

教学目标：

1.通过观察"桌摆牌"的活动，帮助学生认识科学饮食的重要性，树立科学饮食的意识。

2.小组活动学习"膳食宝塔"，进行学科整合教学，学习掌握科学饮食的有关知识，培养学生科学搭配饮食的能力。

3.通过动手操作活动，深入感受均衡膳食的重要性。

教学重难点：

通过小组合作，学习"膳食宝塔"，培养学生科学搭配饮食的能力。

教学过程：

【活动一：创设情境，激趣入课】

师：（播放"舌尖上的中国"视频片段；展示"肥胖、消瘦"图片）你有何感受？为什么会产生这种情况？

【活动二："桌摆牌"学问】

师：呈现下图，认识桌摆牌

生：小组合作，研究"桌牌"上的学问，选出2个小组成员共认的比较重要的知识点。

师：总结。"吃什么？怎么吃"（板书）

【活动三：学习"膳食宝塔"学问】

师：（出示模型及资料）你能看懂什么？能找到哪些学问？

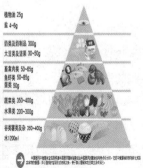

2.小组讨论学习

生：小组研究膳食宝塔中的"面积"知识。

师：为什么谷类放在了最下面？它能为我们带来什么？

生：学习各个食物种类的"数值范围"知识。

【活动四：动手操作活动】

小组操作台：一台电子秤、四种食物（牛奶、坚果、盐、油）、记录表

1.小组合作：

（1）用30秒时间快速进行小组分工。

（组织员、操作员、记录员、观察员、发言人各1人）

（2）操作流程：

①先对四种食物进行估重，并记录数据。

②称重，记录数据。

③计算实重，记录数据（瓶身自重为32g）。

2.对比各小组数据结果（允许范围内误差）

讲授"3：4：3"的学问

3.贴图活动：每人选取一种，丰富空白宝塔。

师：播放校园午餐后的一段视频（浪费/光盘/未吃完继续取餐），你有什么小建议吗？你知道哪些不良的饮食习惯吗？（板书：合理膳食）

师：课堂总结

听故事：展示各个家庭的晚饭照片，提小建议。

布置学生实践作业：中午自己打饭，将饭前和饭后的餐盘情况留照。

教学反思：

传统的学科教学中，孩子们有充分的理性知识的学习过程，而短于具体的实践操作。我们进行家政课程的尝试，一个最重要的目的就是将抽象的知识和真实的生活之间建立起必要的联系，指导他们在生活实践中应用所学知识，掌握一些必要的生活基本技能，拓展知识的视野，激发热爱生活的情感。

家政课堂的氛围是轻松愉悦的，孩子们充满了探究欲望。《吃的学问》是一个很广的话题，但是我们结合孩子们日常生活中遇到的问题，精心选取了适合孩子年龄特征的学习内容。本节课，我加入了更多的操作活动，孩子们通过动手活动，体验着生活带给他们的快乐。比如说，在"称重"环节，平时孩子们都是直观地看数值，而当他们亲自动手操作时，却发现自己平时所认为的"量"并不是他们真正的面貌，进而惊叹连连。

所以我想，在为孩子们的幸福人生做奠基的道路上，这样的学习对于他们的成长，一定会起到事半功倍的作用。

四、课程成效

对于五一小学而言，家政课程建设还处于起步的阶段，国内基础教育领域也尚无成型的可借鉴的经验，因此，如何对家政课程进行有效的评价，我们也处于探索之中，所以未来我们在课程评价方面将逐步开展如下几方面工作。

首先，我们借助专家力量和学校"中芬教育交流与培训项目"，对快乐家政课程内容的设置、教学操作手册的设计与实施的效果等方面进行认真的论证，并给出改进建议。目前，这项工作已经顺利展开，我们已经收到了芬兰家政课程专家对于我们家政课程整体架构给出的调整建议。

其次，设计了家政课程的测量工具，适时设计并发放学生与家长的调查问卷，对测量工作和问卷进行科学统计与分析，从学生与家长的视角，总结家政课程实施的实际效果，归纳并梳理存在的不足，为家政课程的调整与改进提供真实具体的数据。

第三，细致梳理实施家政课程过程中积累的丰富资料与相关数据，对其进行科学分析与深度反思，开展基于家政课程实施过程中出现的问题、现象的行动研究，不断反馈并指导家政课程的持续推进。

截至目前，经过研究与探索，我们已经初步取得了两个方面的成果：一是实践性成果，包括出台了快乐家政的实施方案，构建且细致调整了快乐家政的整体框架，完成了课程中16个专题的教学设计，使其中5个专题走进课堂，在实践中得到完善；二是认知性成果，主要是通过研究与实践，进一步提升了老师们对家政课程的认识，具体表现有三点，即家政课是一门学生喜欢家长欢迎的课程，是一门能够直接影响学生家庭生活的课程，是一门真正将学科融合与实际生活紧密联系的课程。

实施中的故事：

温情家政课 奠定好未来

鲁怡然

"鲁老师，下次我们学干什么家务活啊？"每次家政课下课，总有学生问我这样的问题，每当听到这样的声音，我总是处于深深的感动之中。这声音来自家政课程实验班的孩子，回想起构建家政课程之初的点点滴滴，心中满是感慨。

我深知，有效地实施起始课的教学是非常重要的，赢得学生的爱戴、引起学生对学科的浓厚兴趣，将直接影响家政课程后续的开展。我清楚地记得上完第一节《物品收纳整理》课的那天晚上，孩子们在班级群里争相上传自己在家叠衣服、卷裤子、整理衣柜的照片和视频，家长也兴奋地写到："这样的课生动、有趣，更重要的是真的太实用啦，孩子不但学会了整理物品的方法，还培养了规划分类的意识，养成了良好的习惯，为咱们大美五一点个赞。"通过短短的第一节课，就让学生在家庭生活中有了变化，我内心暗自高兴。

家政课作为一门可以亲自动手操作的课程，对学生有着极大的吸引力。从地面清洁、冰箱维护，到鲜榨果汁、冷菜拼盘，再到理财购物、穿衣搭配，一节节趣味横生的家政课使学生在自主自立、习惯礼仪、沟通合作、规范规则等方面都得到了培养，也使他们的制作能力、智力才能、情感追求得到充分释放。

有一天，4班一名学生交来一件亲手制作的小书架，小巧的造型精美别致，错落有致的书格能收纳不少物品呢！我当着全班同学的面表扬了他。可是他说："老师，我做这件作品简直差点'死'了。"我笑着告诉她："你是'死而后生'，应该有一种幸运和快乐的感觉吧！你能否写一个关于家政学习的体会，让大家共享你的快乐与曾经的痛苦呢？"他很干脆地答应了。第二天，他就把心得体会如约地交给了我，他把自己在选择材料、使用工具、绘制图纸等方方面面的困难和解决方案真实地记录了下来，文章里没有太多华丽的词藻，也没有过多的修饰，有的只是真实的感情流露，以及内心中的那一份真挚感受。

学生在快乐家政课程中的收获与成长令人欣慰，但是更令人欣慰的是我们从中获得的教育启示：家政课程的开展必须指向学生的核心素养，它的价值在于顺应未来社会发展对人的需求，为学生今后的幸福人生奠定基础。唯有如此，才能触及学生灵魂，唯有触及学生灵魂，教育才算是真教育。

快乐家政课有感

五（4）班 鱼文溪

五一劳动节的前一天，我们迎来了一节期盼已久的家政课。上课那天，来访的几位金发碧眼的芬兰客人在陈姗校长陪同下在一旁观摩，我们既兴奋又紧张。

在课堂上，老师把我们分成了几个小组，每个组的任务都是制作一个书架。老师先给我们简要地讲解了制作要求，并为我们准备了木板材料和一些平常很熟悉的工具，有钉子、锤子、剪刀等，然后就让我们开始动手制作了。

开始制作前，我们小组四个人面对材料和工具开始讨论制作方案，但很快我们就发生了分歧，分成了两派，僵持不下。两位男生觉得书架应该由两部分叠加在一起，而我们两位女生则觉得应该做一个连体书架。大家都觉得自己的方案更好，讨论的颇为激烈。最后，男生们妥协了，同意先尝试一下我们的方案。说干就干，但制作过程中发现如果做成一体式书架就根本没有钉钉子的地方。于是我们马上改变了方案，尝试男生们提出的双层书架方案。经过小组同学们相互配合辛苦的组装，终于用老师给的6块木板和十几颗钉子做出了一个完整的书架。这个书架是由两个工字型组成，两层叠放在一起，可以放书，也可以放花，非常美观。

通过这堂家政课，让我认识到设想和现实是有差异的，必须通过实践才能验证设想是否合理。当然，团队合作也很重要，在发生分歧时，要相互理解、相互包容，只要大家心往一处想，相互协作，就一定能够圆满地完成任务。

五、思考与展望

在课程研究以及推进过程中，我们面临着很多挑战，也存在很多困惑，但既然我们认定家政课程是一门有益于学生幸福生活的融合性课程，既然它能够更有效地落实我们"为学生的幸福人生奠基"的办学理念，我们就有足够的理由在家政课程这条路上做出更多的尝试与努力，以此来不断推进核心素养时代新一轮课程改革在五一小学综合实践活动领域的持续深入。

融合性学习—— 主题研究

黄建鹏

一、前期思考

随着教育改革的进一步深化，学校课程改革的发展与建设，直指学生发展核心素养。教育目标是以学生的发展为核心，不仅注重对学生知识技能的培养，更注重学生的创新精神和实践能力的培养，将学生塑造为一个具备综合素质、竞争力强的"完整的人"。

如何培养具有综合素质、竞争力强的"完整的人"呢？这需要在保持学生独立探究兴趣的同时，逐步提升他们自主研究的意识和能力，在此过程中积累丰富的学习经历和体验。能够主动运用和重构知识体系，并逐步养成与他人合作、共享的个性品质，最终，使得自身的综合能力得以提升。

主题研究课程是五一小学"融合性课程"中的一门核心课程，也是我校"课程整合，自主排课"项目推进方案中要着重打造的一门特色课程。它主要以"PBL问题式学习理论"为指导，以研究性学习为主要实施方式，以国家课程中每个具体学科的课程目标为依据，扩展学科课程领域，打破学科壁垒，改变学科与学科、学习与生活、学校与社会之间分离的状态，为学生创设更加适切的学习内容、方式和环境，使得学生能够全方位、多角度地运用所学的知识，借助自身已有的各种经验进一步强化和提升自己的综合能力，最终促进学生健康、快乐、自主、和谐地发展。

二、课程设计

（一）课程定位

主题研究课程强调三个 "自主"。学生在老师的引导下，依据自己的兴趣、爱好和条件从学习生活和社会生活中自主选择和确定不同的研究课题；在开放的情境中，自主确定研究方法；开展研究中，通过多种渠道自主收集、分析、处理信息，并加以综合应用，解决实际问题的一门新课程。

（二）设计思路

依据五一小学幸福素养课程培养目标，我们将主题研究课程的主题定位"品味民族"与"国际理解"两大主题开展研究。在整个研究的过程中，学生在指导教师的带领下，经历从选题到分组；从制定研究方案到收集、整理、分析信息素材；从撰写研究报告到课题答辩的全过程。通过课程的开发和实施，不断提高学生学习的主动性，使他们学会从不同的角度思考问题，在搜集、整理、分析信息的同时，能够综合运用多学科知识与技能解决问题，养成会合作、懂分享、积极进取的良好个性品质，最终形成对学校、自然、社会内在联系的整体认识。

(三)课程结构

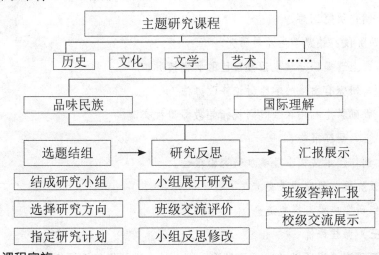

三、课程实施

（一）实施原则

兴趣：研究兴趣比研究结果更重要

体验：过程体验比研究结果更重要

自主：独立思考比研究结果更重要

创新：敢于创新比研究结果更重要

（二）实施步骤

第一阶段：与学生一起选题

1．引导学生发现问题（生活中你有哪些疑问，对什么感到好奇），了解学生怎么看待这个问题。（问家长，上网查，想到问题但是没有去寻找答案……）

2．引入解决问题的新方法——自主研究性学习，展示学生研究课题的例子。

3．和学生一起选择研究题目。

要求：（1）必须可操作；（2）有科学性

第二阶段：与学生一起讨论研究计划

1．让学生了解自己选择的题目需要用什么研究方法。

2．与学生交流研究应该怎么做。（其他学生也帮助出主意想办法）

3．一起讨论并制定简单的研究计划。

第三阶段：与学生一起制定研究工具

1．讨论研究工具怎样制作。（问卷、访谈提纲、观察记录等）

2．制作研究工具。

第四阶段：鼓励学生开展研究

1．课上选择部分学生汇报自己的研究情况。

2．与研究有困难的学生讨论修改办法。

3．鼓励学生利用课余时间找指导教师单独交流。

4．撰写研究报告。

5．制作演示文稿准备参加研究汇报会。

第五阶段：研究成果交流

组织研究成果汇报交流会。

（三）课程评价

主题研究课程不以考试或量化的手段对学生进行终结性评价，因此评价要突出发展、注重过程；要体现多元、关注差异；要强调自评，注重反思。

主题研究课程采用"2+4"的评价方式：

1.评价中的"2"

⑴研究活动过程中学生的情感、态度和价值观的发展状况。主要包括评价学生参与活动的主动性、积极性和创造性状况；评价学生在活动中的合作精神。如：是否认真参加活动，努力完成自己所承担的任务，能否与他人合作，采纳他人意见等；评价学生各种良好思想意识的发展状况，如：环境保护意识、社会责任感、服务意识、安全意识、效率意识等等。

⑵研究活动过程中学生的行为能力、交流合作能力及创新与发现能力。包括评价学生的活动兴趣、方法、设计与反思及独立探究等能力；评价学生活动中的合作精神及沟通与分享能力；评价学生的创新、发现及反思能力；

2．评价中的"4"

⑴自我评价

学生自我评价是学习过程中的一个重要的有机组成部分，要引导学生采用一系列的方式对自己的进步，成果以及不足加以记录，通过自我评价有助于学生认识活动目标以及自我调控进程，增强学习的信心和责任感。

⑵小组评价。

主题研究活动强调合作，活动的过程与结果离不开小组集体的力量，因此，各项目首先由小组依据评价标准原则进行评价。

⑶教师评价。

教师在主题研究活动过程中不是中心，但无论在哪一阶段，教师的指导都是必要的，教师要根据学生的实际情况，运用发展性评价原则，给予学生评价，教师的评价可以是正式评价——即量化或分等，更重要是非正式评价，如一句激励性话语等。

⑷家长和社会人士的评价

主题研究课程可以是跨学科，跨行业的活动，通过家长和社会人士的一定评价，可以更深入或更客观的指导活动过程，评价的目的是对后续活动的一种指导、激励。

（四）典型案例

从课程开发之初一直到今天，经过不断地修改、调整，我们的主题研究课程也越来越完善，有力地助推了教师和学生的共同发展。在整个研究的过程中，无论是教师还是学生，在享受研究快乐的同时，也为未来的成长和发展积攒了后劲。

【学生研究报告】

班级	三年级 10班	组别	第一组	指导 教师	彭老师
小组 成员	陈恩凝、张家宁、沈宇昊、任逸凡、刘梓奥					
研究 主题	迪卡侬受欢迎程度的调查					
研究 内容	1.主要消费人群。 2.消费金额范围。 3.最受欢迎的商品 4.顾客喜欢的商品类型。 5.顾客光临的频率。					

研究过程
一、设计调查问卷 我们小组5名成员一起讨论，设计了调查问卷初稿。包括顾客光临频率、喜欢的商品种类及原因、购买人群及年龄段。 二、修改调查问卷 我们5人小组将问卷初稿交给指导老师审阅，指导老师给我们补充和调整了几个问题，增加了消费金额，调整了年龄段范围及喜欢原因。 三、做问卷 小组共5人，每人完成50份调查问卷，合计完成250份。 我们调查问卷的形式包含：迪卡侬现场调查、电子问卷调查、学校和小区内调查。 四、整理问卷 我们每人拿一张统计表格，统计各自手中的调查问卷，记录问卷中问题每个选项的总人数，最后汇总。 第二题汇总结果如下：A:92；B:128；C:29；D:1。 五、汇总 问卷结果统计如下：

表1 问卷数量记录表

总问卷份数	迪卡侬现场收集	电子问卷收集	小区及校园收集
250	48	161	41

表2 受访人信息表

受访人 信息	迪卡侬现场收集	电子问卷收集	小区及校园收集	
	男	103	女	147
	老年人	53	中青年人	174
	青少年		23	
	不带小孩	62	带小孩	114

表3 问卷问题各选项人次统计表

1

1. 多久来一次迪卡侬	A.1-2次/月	B.3-4次/月	C.1次/几个月	D. 其他		
	77	36	126	网购	2	一天到晚 1
				偶尔去	6	偶遇了一次 1
2. 喜欢购买商品类型	A. 运动器械类	B. 服装类	C. 配饰&零食类	D. 其他		
	92	128	29	儿童运动用品		1
3. 是否喜欢迪卡侬	A. 非常喜欢	B. 有点喜欢	C. 无所谓	D. 不喜欢		
	102	98	49	1		
4. 喜欢迪卡侬的原因	A. 器材能试用	B. 种类丰富	C. 价格实惠	D. 服务态度好	未选	
	80	122	124	48	1	
5. 为哪个年龄段人购买	A. 0~5岁	B.6~18岁	C.19~30岁	D.30岁以上		
	40	74	39	102		
6. 每次大约消费金额	A. 0-200元	B. 200-400元	C. 400-600元	D.600-800元	E.800元以上	
	43	116	65	16	10	

7. 对迪卡侬还有什么建议	衣服品质最好再提高一些	1	多开实体店	2
	应该再有一些高端产品	1	实体店开的更多一点,布局更合理一些	1
	更多品牌入驻	2	把网购做好点,运费太贵影响购买欲	2
	产品更丰富些	5	可以加一些标志牌	1
	多点老人的衣服	1	有点乱,特别是滑板车试用区等	1
	希望有更多轻便产品	2	东西摆放整齐	1
	滑冰相关不多	1	多为顾客着想些	1
	多做1-3岁的东西	1	降低价位(价格再便宜一些)	3

四、课程成效

随着主题研究课程的不断推进，我们欣喜地看到学生们的成长！尽管他们的选题还不深刻，研究问卷还不够完善，研究报告还明显稚嫩，但在实践中他们自主设计选题、围绕选题选取可行的研究方法、自行设计问卷、整理分析问卷、完成研究报告的过程，无疑把学生们一些感兴趣的话题顺利转化为实际"研究"成果，从而提升了学生们自主选择、独立思考、综合分析、着重解决问题的能力。同时，在研究的过程中，还让学生们学会了合作、互助，培养了他们勇于创新和探索的求知精神。发生在学生们身上的变化也正是我们主题研究课程的初衷所在。另外，在整个研究过程中教师的身份也在悄然发生着变化。他们从原来的课堂主导者逐渐转变成了研究的引导者、参与者、合作者，真正从"老师"变成了"导师"。

实施中的故事：

展开主题研究的翅膀　飞向学习的天空

——《飞机发展史》主题研究心得

四（7）班　刘明远

我们在五一小学的快乐学习生活已经进入第三年，三年级老师向我们介绍了一个新的课程——主题研究。开始时，同学们对这个课程都比较陌生，不知道如何研究，老师就细心地给我们讲解。从如何组成研究小组、如何选题、到如何收集信息资料、如何制作汇报的PPT，老师的引导和帮助使我们对主题研究课程有了初步的认识，也使我们有了研究的信心。

三月份的时候我和我们班的李可馨、王浩霖和薛宇博组成了一个主题研究学习小组。在选题阶段大家热烈地讨论选择什么题目进行研究，有说研究诗歌的、有说研究兵器的，还有说研究历史建筑的，后来，大家的意见慢慢统一到飞机上来。大家都说坐过飞机，自己的玩具里也有很多飞机，有的是模型、有的还可以飞起来。大家对飞机都很有兴趣，而且还有许多关于飞机不明白的事，希望能了解更多的知识，于是我们就选了《飞机发展史》作为研究题目。

研究题目确定下来后，我们根据老师之前的指导进行了分工，确定了每个人所负责的具体任务，大家还选我做了小组长。根据分工，我们开始兴致勃勃地收集有关飞机发展的资料，有的在网上找资料图片，有的查阅学校和家里有关飞行和飞机的画册，薛宇博还从家里拿来有对飞机详细介绍的参考书。我们收集材料后还进行了讨论和分享，把各自了解到的知识和信息进行交流，大家都有了更大的收获。

我也把主题研究的事告诉了爸爸妈妈，爸爸妈妈告诉我在国外的中小学和大学里，这种主题研究的学习方法很普及，是每个学生必须掌握的基本学习技能，了解和掌握好这项技能可以帮助我提高学习效率，感受到学习的乐趣。他们希望我好好把握这个机会，仔细地想、认真地学，还教我如何快速地从网上找到需要的资料和图片。有了他们的鼓励，我的干劲更足了。

在大家的共同努力下，我们终于取得了一些小小的研究成果。我们把收集和了解的关于飞机发展的资料制作成PPT，并一起向全班进行研究成果发布，通过我们的分享，同学们都了解了更多飞机的知识，我们可自豪了。

这个学期里我们班还成立了许多的主题研究学习小组，同学们的学习兴致高涨。通过这些小组的研究，使我们了解到汉字的演变、古尔邦节、电脑的发展、少数民族的房屋等等以前不知道的知识，也帮助我们提高了团队分工协作、沟通理解、时间计划、汇总提炼、呈现表达的能力，拓宽了学习的思路，变被动学习为主动学习。

《主题研究》激发潜力 课内课外一体联动

四（3）班田睿彬家长 任 琦

北京教育科学研究院院长方中雄曾经说过："主题研究的探索，符合课程改革发展的方向，符合小学教育的规律，切实把学生引领到生活中去，去研究、去思考，并建立一种解决问题的系统思维方式。"五一小学开展了《主题研究》课程实践活动，从三年级到现在一年多的时间里，学生通过学习实践掌握了主题研究的程序、方法，并且逐步养成了善于发现、勤于动脑、深入思考、主动实践的良好习惯，激发了学习的活力和潜力，受益匪浅。

正如西城研修学院的李燕玲院长所说："教育最终解决的问题就是激发兴趣，让学生感受到整个学习过程中的乐趣，从而为终身学习保持不懈的动力。"在这一年多的时间里，每当学生接受了主题研究任务回到家后，我们都能看到学生那生龙活虎的学习劲头，要么翻看书籍，要么上网查询资料，要么向爷爷奶奶、爸爸妈妈问东问西，全身心都在她所关注的问题上，甭提有多带劲儿了。因此，我们感觉到学校开展主题研究活动是十分的必要，这种主题研究的缘起和由来都是有需求驱动，来源于学生的需要，包括老师在观察学生发现问题时的感受，并且这种研究又是一种开放性的活动，研究内容随着不同年龄段，不同的时代而不断变化，这种方法可以为学生们终身受用。

在主题研究课程设置过程中，老师始终起到了启蒙、引导和帮扶的核心作用，在课内传授基础、点拨关键，向课外不断辐射、强化，让家长与学校互动、课内与课外一体，真正实现了研究大主题、建立大课堂、形成大视野的目标。

大主题：学校一直强调学生在主题研究的课题设置上要"开小口挖深井"，选题虽小，但是问题的意蕴深长。我还记得学生们在研究满族风俗习惯的时候，聚焦风俗习惯，通过文献调查的方法，广泛地收集资料，寻找满族与其他民族相比特有的风俗习惯，聚焦一点，做深做细。通过学习少数民族的独特的风俗习惯，让学生更加深刻理解了中华大地五十六个民族的大团结、大融合，以及中华文化的博大精深和源远流长。

大课堂：主题研究的课程设计和组课形式不同于传统的课堂讲授，开放式的思维拓展可以说是一种质的飞跃。课堂讲授的形式比较单一，虽然有些在内容形式上进行了改进，比如学校在规范学生习惯的时候强化了学生的预习习惯和能力提升，强调了学生的自主学习，然而主题研究所产生的"前伸后延"，更加激发了学生的兴趣和活力，他们确定了主题目标后，就开始按照研究的程序和提供的方法不断去搜集资料、分析对比、甄别选取有价值的资料，然后再将自己的想法融入其中，将课堂搬到了家庭，让教学融入了生活，把家长带到学校的统一部署当中，充当起了助手和"校外导师"，学生们自我统筹、自主研究、自我创新的能力得到了提升。

大视野：主题研究给学生们提供了科学的方法，它可以称作是学习研究中的"葵花宝典"或者是"月光宝刀"，学生们掌握了这种方法就可以手持利剑，勇闯天涯，涉猎更加广泛的知识，睁大眼睛观察世界、发现世界、研究世界，不断形成科学的、广阔而博大的世界观，为今后的成长奠定更加扎实的基础。

"宝剑锋从磨砺出，梅花香自苦寒来。"谈到主题研究，我们还不时想起学生们在书桌旁、在博物馆、在田间地头、在计算机旁，那种专注、执着、渴望追求真理的活力，仿佛又回想起我们小时候的那种对知识的渴望和期待。在淡淡的思绪中，我们感恩国家的发展、感恩学校提供的优质平台、感恩奋斗在教学一线的园丁、感恩那些带领学生成长、细心呵护学生的班主任老师。桃李不言，下自成蹊。相信不久的将来，学生们进入中学、进入大学、进入社会，将他们所学到的知识不断贡献社会、贡献国家，如果他们再回想起母校六十五周年华诞，他们一定会为现在所付出的努力而感到庆幸，一定会因为他们是五一小学的一员而感到骄傲和自豪！

埋下"科学的种子"

彭文晶

我们班在三年级开设了主题研究课程，那什么是主题研究课呢？主题研究课程就是以培养学生的综合素养为目标，以任务和项目为载体，以研究性学习为实施方式，通过对相同主题的共同研究和学习，最终使得学生能够全方位、多角度的运用所学的知识以及借助自身已有的各种经验进一步强化和提升自己的综合能力。依据五一小学幸福素养课程培养目标，围绕人文类主题，学校从历史、文化、科学、技术等方面开展"任务式小课题研究"。

对我而言最大的挑战是角色转换——从"老师"到"导师"。作为一名老师，我可以给学生们讲清楚各个知识点，但是主题研究课程与我们以往的课程还真不太一样，我不能手把手地教学生要这样做、那样做，而是要引导学生理解主题研究的思想，初步感受科学研究方法，并尝试利用科学方法来得出一些结论。这些结论并不是老师给学生归纳出来的，而是需要学生根据自己的研究而得出。这样一来，我还是学生们的"老师"吗？其实我觉得"导师"更贴切一些，为学生提供一些基本的理论知识，引导学生自主确定主题及研究方法，从而得出专属于这个研究的结论。但由于三年级的学生比较小，所以采取小组合作的方式，4—5人为一组，共同对该主题进行研究。在我介绍完基本研究理论后，让每个小组确定自己的研究主题，而我的任务就是帮助这些小组把控大方向和答疑。

全班共有10个研究小组，每个组的研究内容和研究方法都不太相同，以陈恩凝小组为例，他们组研究的主题是《迪卡侬受欢迎程度的调查》。该组从主要消费人群、消费金额范围、最受欢迎的商品、顾客喜欢的商品类型和顾客光顾的频率这五个维度进行研究，该小组最终选择利用问卷调查法对其进行研究。问卷的初稿是由该小组成员共同完成的，然后由我帮助该小组修改、完善题目，最终形成一份有研究味道的问卷。经过学生们的调查研究，得出很多有价值的结论。结论对于迪卡侬来说，也是有一定启发的，但更重要的是对学生综合能力的提升，通过研究性学习方法的启迪，学生会受益终生。

主题研究课程的实施对我来说算是一项很大的挑战，因为内容设置和理论深浅都要符合三年级学生的年龄特点，对于做过研究的人来说，这些理论方法都很好理解，但是对于小学三年级的学生来说，真的只可意会，不可言传，于是我尽可能地引导学生感受科学研究的合理性和巨大的价值。相信这次主题研究的历程会在他们心中埋下一颗"科学的种子"。

五、思考与展望

从2011年课程改革一直走到今天，虽然，我们的主题研究课程历经了很多主题的变化，但是，我们始终不曾改变的是带领学生们经历研究的全过程、享受研究中的快乐。尤其是课程得到了教师、家长、学生的一致认可后，更坚定了我们开展好主题研究课程的决心和信心。今后，我们将开发更多贴近学生生活、符合儿童特点的主题，让学生们寻找身边自己感兴趣的主题继续开展研究，慢慢地让他们掌握更多研究的方法，积累更多研究的经验，体会更多合作分享的快乐。

我想，在不久的将来，当学生们慢慢长大，慢慢步入更高的学府，他们一定不会忘记五一小学的主题研究课程给他们带来的那份研究的幸福和快乐……

融合性学习——幸福明天

贾京洪

一、前期思考

六年级作为从小学到中学、从童年到青少年的过渡年级，不论从孩子的生理、心理、认知方面，还是孩子的行为、学业、同伴关系方面，都将发生重大的变化。如何保持住良好的行为习惯，如何去适应中学阶段生活，如何做好小升初的衔接，如何去面对青春期的变化，对这一年来说，都是重要的挑战。毕业年级的孩子对学校而言，也具有重要的影响力，如对校园重大活动的支撑，对低年级学生的正面影响，优良校风的形成和传承等等，都将取决于他们，鉴于此，我们开发了幸福明天毕业课程。

1.德育培养体系的重要构成

幸福明天毕业课程作为学校课程体系中的一部分，是学生人生道路上的重要一课，是对学生进行感恩母校、孝敬师长和理想教育的良好载体，对引导学生唱响青春、收获感悟、合理健康排解内心烦躁不安等消极情绪有重要作用。

2.幸福素养课程体系的重要环节

紧扣教育改革的脉搏，把握教育课程改革的指导方向，五一小学幸福素养课程体系进一步完善。在"立足于学生当下的幸福，赋予学生获得幸福的能力，让学生在幸福的道路上幸福地奔跑，获得明天更大的幸福"的理念指导下，学校融合课程全面建构，特别为孩子的幸福明天做规划和指导的毕业课程是其不可或缺的环节

3.教学方式理念变革的发展需求

为了避免教条式的德育教育，避免强加给孩子的道德灌输，我们把握毕业环境对孩子身心发展影响的契机，以课程设计为载体，以毕业活动为手段，潜移默化，实现情感的表达与升华，达到学生自我认知的进步，把毕业的情感引向高雅和坚持。

二、课程设计

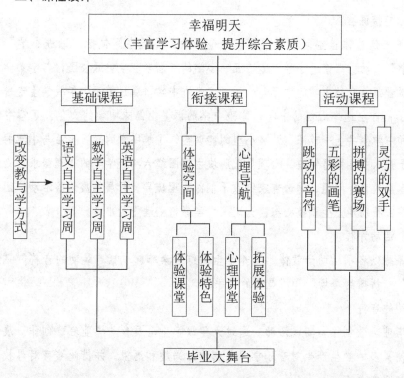

幸福明天毕业课程围绕一个主题——幸福明天，三个基本点——基础课程、衔接课程、活动课程，共设九大版块，含语数英自主学习周、体验空间、心理导航、跳动的音符、五彩的画笔、拼搏的赛场、灵巧的双手，最后，通过毕业大舞台（毕业典礼），让学生呈现课程收获，升华学生的情感体验。凭借课程的实施在学校和学生之间搭设起桥梁，传达学校对毕业生的期待，帮助他们总结、记录小学校园生活，既丰富学生的生活体验，又提升学生的综合素养，促进学生的可持续发展，帮

助学生塑造完美的人格。

三、课程实施

（一）基础课程

基础课程的侧重点放在改变教与学的方式上，主要以语数英的自主学习空间为主，在相对集中的时间里，引导学生自主学习，培养自学意识和能力，掌握自主学习的方法。

（二）衔接课程

衔接课程分为体验空间和心理导航两个版块。体验空间包括"请进小学"和"走进中学"活动。"请进小学"邀请五一小学的往届毕业生重返校园，与学弟学妹们一起畅谈理想、介绍中学的学习与生活；"走进中学"通过带领六年级学生走进中学，让孩子们自主选择心仪的中学，体验中学的课堂、品味中学的文化、了解中学的特色，和中学生共上一节课，开展小型的座谈会，了解中学的学习生活与小学的不同，为孩子升入中学做好铺垫。心理导航版块主要围绕六年级学生的心理需求、心理困惑、青春期教育等问题，聘请专家给孩子们做心理疏导，开展拓展体验活动、团体辅导活动等，帮助毕业生调整心态，为迈入中学做好心理上的准备。

（三）活动课程

活动课程以各项活动为载体，培养学生的综合素养，包括"跳动的音符""五彩的画笔""拼搏的赛场"和"灵巧的双手"。

1.跳动的音符

这是毕业班歌创作与实践活动。通过六年级学生全员参与毕业班歌创作、展演过程，促使更多的学生产生对音乐学习与创作的兴趣和愿望，并借此培育对母校生活的感恩与留恋之情。

毕业班歌创作与实践旨在为学生搭建展示自我才华的平台，让他们走上舞台深情演绎自己创作的毕业班歌，抒发对童年生活的美好回忆，对老师、同学的不舍和对母校的感恩之情。

2.五彩的画笔

这个板块的活动包含六年级毕业作品展和毕业主题创作两部分。每年举办六年级学生毕业美术作品展并打造成为学校大厅的亮丽风景线，以展现毕业生最高的艺术水平。

毕业主题创作由孩子们在美术课上通过讨论确定主题，全员参与，用艺术的形式，把对母校那份眷恋留在自己的作品里，为母校留下一份特殊的馈礼。几年来固定开展了《毕业名章墙》《我和校长妈妈》《剪纸五一赋》《我眼中的你》等活动，形成了浓郁的毕业文化体系，表达了毕业生对母校的感恩和不舍之情，深受师生喜爱。

《毕业名章墙》是学生用剪纸的形式，刻下自己的名字，拼贴在一起，组成一面有视觉冲击力的"名章墙"。几年来，这面"墙"已经很具规模，成为独特的校园文化标志。《校长妈妈》是由5厘米见方的小马赛克拼成的巨幅美术作品，毕业生全员参与，作品有很强的视觉冲击力；《剪纸五一赋》通过刻纸的形式，呈现出五一赋的长卷作品；《我眼中的你》是美术作品，用真挚的感情，画下了学生眼中的老师、同学，以及校园的一草一木，生活学习的点点滴滴，表达学生对母校深厚的情感和不舍之情。

"五彩的画笔"不但对学生进行了感恩母校的教育，还丰富了学校的校园文化建设，成为毕业生每年最喜欢的活动之一。

3.灵巧的双手

这个活动的目的在于通过创意制作活动，提升学生的动手实践能力和创新意识，抒发感恩母校的情怀。以"为母校设计地标"为主题，发挥创造力，对自己最喜爱的校园里的某个建筑进行设计再创作，制作成建筑模型，使它成为学校具有代表性的标志。

即将阔别母校，毕业生们充满了美好的回忆与眷恋，对母校依依不舍的情怀愈加浓烈，他们把这种感恩之情融入到创意科技作品之中，通过灵巧的双手发挥创意和制作，以作品设计和科技舞台剧的形式，开展一系列意义深刻的科技实践活动。在活动中，学生对地标的文化和功能进行探究，参观北京典型地标，近距离感受地标之美；阅读相关书籍，了解最新设计理念；将所有的学习收获融入到设计之中，发挥创意，分工合作，为母校制作地标模型，作为最有纪念意义的礼物赠送给母校。

"感恩""未来"属于科技舞台剧实践活动，毕业生运用自己六年来学习的科技知识和技能，发挥科技创造力和舞台表现力，制作舞台道具和场景，编排科技舞台剧。通过表演，把自己在母校科学学习历程中的成果和快乐体验分享给大家，释放心中的感动，表达对母校的感恩之情。

4．拼搏的赛场

这个板块展示的是五一学子的体育课程。为了让孩子们在小学阶段可以学到至少一项运动健身技能，拥有一项运动爱好，养成健身锻炼的好习惯，学校每年都会针对六年级毕业生开展丰富多彩的体育活动，如武术、健美操、篮球、足球……

在活动中，孩子们不仅增强了体质，更重要的是学会了团结与合作，养成了自信、勇敢、坚毅的好品质。拼搏的赛场，为孩子们创造一个又一个展示优异成绩的舞台，并定格为孩子们一生难以磨灭的五一记忆。

（四）典礼仪式课程——"毕业大舞台"

同学们面临毕业，有太多太多的不舍，无论是六年学习、生活中的精彩瞬间，还是成长中的挫折与苦恼，都将成为最难忘的美好记忆。毕业之际，孩子们感谢母校的培养，感恩师长的培育，如何让孩子们带着同伴的友谊、老师的希望、校长的嘱托，走向未来的幸福生活呢？为此，每年的六月中旬，我们要开展"毕业大舞台"活动，同学们可以在舞台上充分展现才艺，同时迎来一生中最重要的一次典礼——毕业典礼。

四、课程成效

（一）课程固化成果——《毕业纪念册》

每年的毕业生，最期盼的就是早一天可以拿到这本《毕业纪念册》，它既是毕业课程的指南，更是五一小学送给孩子们的一份礼物，是一份爱的传递。"你们是从五一走出去的学子，你们的身上具有五一学子的气息，弘道养正，日新其德。"校长的临别赠言，响彻每个毕业生的耳畔。班主任寄语、多彩的课程、伙伴赠言……这一切，都将化作最诚挚的祝福：祝愿每一位五一学子健康快乐！幸福成长！

（二）课程的评价体系

幸福明天毕业课程的评价遵循以下几个重要的原则：一是激励性原则，旨在引导学生自觉、自主地完成活动任务；二是差异性原则，旨在活动评价要做到因人、因题而异，注意个体的纵向发展；三是全面性原则，引导学生在活动过程中参与的热情，把对他人与社会的态度等作为评价的重要内容；四是过程性原则，评价活动要贯穿在活动的全过程当中；五是多元化原则，把学生个人、小组、教师、家长、社区等都引入到评价中来。

实施中的故事：

你，就在那里等我

——记幸福明天毕业课程之"请进小学"

六（4）班 章且谣

时间总是在最想挽留它的时候飞快地流逝，转眼就进入了初夏。知了在看不见的绿荫深处没完没了地鸣叫，撩拨起我的内心深处时起时落的躁动——我知道那是对中学生活的向往！每当路过我昼思夜想的中学校园，看到大哥哥、大姐姐们穿着灰蓝相间的校服，神气地踏进校园时，我总是下意识地伸长了脖子，眼巴巴地透过院墙向内张望：他们都学些什么呀？中学的生活是怎样的？

幸福的是我们学校开展了这样的课程——毕业课程，毕业课程活动丰富多彩，其中的"请进小学"板块，邀请来从五一小学毕业的学哥学姐重回母校进行初中生活宣讲，分享他们升入初中后切身感受到的学习和生活的变化，解开了我心中的团团迷雾。

热情亲切的笑容，幽默风趣的语言，学哥学姐为我们展开了一幅缤纷多彩的中学生活画卷。原来，初中除了有语文、数学、英语"老三样"外，还会新增生物、地理、历史、政治等学科，学习压力陡然增加，书本厚了，作业多了，信息量也大了。所以，学哥学姐们千叮咛、万嘱咐，反反复复强调注意科学的学习方法，还将自己的学习经验毫无保留地分享给我们这些学弟、学妹们，如课前预习、科学复习、及时请教、注意书写……此外还有我们更关心的音体美模块课、丰富多彩的社团活动、每日三餐……

最后，一位学姐语重心长地告诉我们：一定要记住，不论你考上哪所中学，都要调整心态，以全新的面貌迎接初中生活，良好的开端=成功了一半！我暗自握拳，努力拼搏，青春无悔！为我们的五一献上一份骄人的成绩，让我的人生因此而变得丰富多彩！

我的学习我做主

——记幸福明天毕业课程之"自主学习周"

六（13）班 杨天边

六年的时光，转瞬即逝，我们从美丽的五一小学毕业了，每每想起真是不舍。难忘精彩纷呈的学习课程，难忘丰富多彩的社团活动，更难忘那有益身心的社会实践，这些回忆纷纷化作一颗颗色彩斑斓、耀眼夺目的珍珠，串起了我们快乐的童年，美丽的时光。最令我难忘的是自主学习周活动。

六年级第二学期，我们迎来了自主学习周，听到这个消息，大家欢呼起来，我们将没有老师的"约束"，我们可以自主选择最喜欢的方式来学习，这让我们兴奋不已。我们的学习，将由我们自己做主！

我们先自主学习《寓言二则》，其中《东施效颦》让我收获颇深。我们学习小组一共5个同学，大家提议用自编小话剧分别出演角色的方式来理解和学习这篇文言文。话剧共有4个角色和一个画外音，4个角色分别是东施、西施、富人和穷人。演出还未开始，我们组里对角色的扮演者就发生了激烈的争论，是苗条西施还是丰满西施？是胖子富人还是胖子穷人？也就是说按正剧演还是按反讽演？是按正常形象对号入座好呢？还是反喻印象深刻呢？

经过一番唇枪舌剑的辩论，最后大家决定不搞戏说的套路，还是按照正常的理解来出演。于是就有了妖娆的西施（王晟君饰）、圆润的东施（姚语晴饰）、胖墩墩的富人（谢晨曦饰）以及瘦巴巴的穷人（李舜尧饰），而我，则是那个不能出场的画外音。

分配好角色，演出开始了，同学们各显神通，像大明星般互飙演技，一个个摇头晃脑、指天说地，古代的人物仿佛活了一般站在我们面前，向我们诉说着他们领悟到的人生真谛……可是没过多久，也许是大家过于兴奋和投入了，不知道是谁开的头，大家的台词不再按照古文的内容来讲了，开始天马行空，从东施效颦说到了山寨、傍名牌，又扯出了网红脸，每个人仿佛都是"杠精"附体，各执己见毫不退让。最终还是下课铃声把我们拉回了现实，结束了越跑越远的话剧演出。这样的一出小话剧，虽然后面有些跑题，但是让我们不仅理解了古人的真意，也让我们联系到现在社会的一些典型现象进行了深刻反思，获得了举一反三的效果。

自主学习周的这精彩一瞬，也让我深深明白了亲爱的王老师那良苦用心：学习是我们自己的事情，在自学周里不仅要学会知识，更重要的是学会合作，学会管理，学会思考。只有把所有的精力投到在学习里，我们才能真正在学习中得到快乐，获取知识。

"我的学习我做主"将成为我的座右铭！谢谢您，亲爱的老师；谢谢您，亲爱的母校。我们永远爱您！

无兄弟　不篮球

——记幸福明天毕业课程之"拼搏的赛场"

六（7）班　李中豪

每当看到写字桌前端端正正摆放着的金灿灿的六年级篮球联赛冠军奖杯，每当看到手机屏保上那张陈校长为我们颁奖的照片时，我都会无比自豪，都会情不自禁陷入深深的回忆，仿佛又回到那激情四溢的篮球赛场！

一年一度的篮球联赛是最受我们这些活泼好动的男孩子们喜爱的活动。刚进入五年级，班里几个"篮球迷"就利用一切能休息的机会，组队在篮球场上对抗、厮杀开了，不怕摔倒，不怕炎热，亦不惧严寒，并在联赛上获得了年级亚军的好成绩。　随着时间的推移，我们升入六年级，这也是我们在母校的最后一年，小伙伴们决心奋力拼搏，力争总冠军，为辛勤培育我们的班主任杨老师献上一份毕业大礼，更为自己的小学生活画上一个圆满句号。

在紧张的学习之余，我们看美国NBA比赛，学习篮球明星的球技；看篮球杂志，琢磨探讨比赛战术；高效完成老师布置的作业后，到球场上练习、实践。一轮又一轮比赛，面对不同的对手，我们顽强拼搏，永不言败，最终如愿以偿，捧回了金灿灿的冠军奖杯!

衷心感谢学校为我们提供这一展示平台,让我们在篮球竞技中品尝到无限快乐的同时,更收获了许多难能可贵的精神品质。篮球赛它作为一项竞技运动,不仅锻炼了我们的强健体魄,在比赛中"无兄弟、不篮球"已成为我们的口号,这六个字体现出来的队友与队友团结协作的集体主义精神及良好的体育道德,更是帮助我们学会了如何正确理解和处理个人与集体、竞争与合作的关系。

作为即将面临小升初的我们,学习压力之大可想而知,适当参与篮球锻炼,让我们劳逸结合,减轻压力,提高学习效率,从而在学习和身体素质方面全面发展。

我荣幸,我是五一学子!我骄傲,我是篮球冠军!

五、思考与展望

通过课程的实施,有一些地方值得我们思考:如何既满足普遍性培养,又释放个性培养?怎样让每一个板块都根据自身的特点,发挥出最大效应等等。

随着课程改革的深入推进与发展,同时,更是为了落实立德树人的根本任务,切实帮助学生了解国情、热爱祖国、开阔眼界、增长知识,着力提高他们的社会责任感、创新精神和实践能力,近年来,我校在毕业课程中加入了"研学旅行"课程,其主要目标是:

①以立德树人为根本目的,使学生在活动中学会动手动脑,学会生存生活,学会做人做事。

②通过实践,开发出适合我校学生、育人效果突出的研学旅行活动课程。

③给毕业年级的学生留下美好的小学生活记忆,让孩子在品味大好河山的过程中,结束六年的美好生活。

今后的研学活动将在与日常生活不同的环境中开展,拓展视野、丰富知识、了解社会、亲近自然,活动安排也将从学生的身心特点、接受能力和实际需要考虑,并注重系统性、知识性、科学性和趣味性,为学生全面的发展提供良好的成长空间。